Est-il votre Mars ?
Est-elle votre Vénus ?

Petit traité ludique
de l'amour et de l'amitié

Du même auteur

Ne brûlez pas la sorcière, Jean-Jacques Pauvert, 1976 (épuisé).

Astralement vôtre ou le Triomphe d'une vocation, coll. « Vécu », Robert Laffont, 1980.

L'Astrologie, science du XXIe siècle, Éditions n° 1, 1986; nouvelle édition 1994; Le Livre de Poche, 1995.

Vos étoiles jusqu'en l'an 2000, Éditions n° 1, 1989.

Astrologie-Passion (Encyclopédie illustrée), ouvrage collectif dirigé par Élizabeth Tessier, Hachette Littérature, 1992, épuisé (à commander sur le site **www.eteissier.com**).

Étoiles et molécules (en collaboration avec le Dr Henri Laborit), Grasset, 1992.

Vos étoiles jusqu'en l'an 2001 (édition enrichie), Éditions n° 1, 1993, paru également en format poche chez Marabout, 1994.

Les Douze Signes du Zodiaque 1995 (série de douze volumes – un par signe), contenant caractérologie, symbolisme, affinités, portrait soleil/Ascendant et Prévisions 1995, Éditions n° 1, 1994.

Les Étoiles de l'Élysée, Éditions n° 1, 1995.

Sous le signe de Mitterrand. Sept ans d'entretiens, Éditions n° 1, 1997, épuisé (à commander sur le site **www.eteissier.com**).

Le Passage de tous les dangers, 1999-2004, Robert Laffont, 1999.

L'Homme d'aujourd'hui et les astres. Fascination/rejet, Plon, 2001 (thèse de doctorat en sociologie, à commander chez l'éditeur).

Votre Horoscope, ouvrage annuel, Éditions n° 1, puis Éditions Filipacchi de 1982 à 2002.

Votre Horoscope 2004, TV Magazine/XO, 2003.

Votre Horoscope 2005, TV Magazine/XO, 2004.

Votre Horoscope 2006, TV Magazine/XO, 2005.

Votre Horoscope 2007, TV Magazine/XO, 2006.

Votre Horoscope 2009, TV Magazine/XO, 2008.

2012-2016. Cinq années qui vont changer le monde, XO, 2011.

Elizabeth TEISSIER

Est-il votre Mars ?
Est-elle votre Vénus ?

Petit traité ludique
de l'amour et de l'amitié

XO
EDITIONS

ISBN : 978-2-84563-604-0

Pour Gerhard, que le Ciel a mis sur mon chemin,
Afin que nous puissions marcher main dans la main.
Qu'il soit remercié d'être là, près de moi,
Pour partager le divin secret des étoiles.

Sommaire

De l'importance du paramètre astrologique dans les relations humaines

« L'astrologie est à la fois un art,
une science et une sagesse. »
R. ABELLIO

Avant que d'être un instrument prévisionnel d'une grande précision – dans le cas, bien sûr, de l'astrologie personnalisée –, l'astrologie est la science par excellence de la personnalité. Elle est en outre très précise – et précieuse – lorsqu'il s'agit de révéler ce qui, spontanément – et ensuite au fil du temps –, rapproche ou oppose les êtres. Par un jeu complexe de comparaisons d'angles (appelés « aspects ») entre les divers facteurs planétaires des intéressés, elle est en mesure de jouer le rôle de révélateur des affinités électives, mais aussi des difficultés d'entente, voire des incompatibilités qui caractérisent la relation.

Première Partie

PARLONS ASTROLOGIE...

I.
Ce livre est-il…

Ce livre est-il… un jeu ? Un divertissement ? Un ukase, un verdict sans appel ? Une approche pratique de l'univers des astres ? Un chant des sirènes (cosmiques) ? Un instrument de diagnostic du couple (ou d'une relation amicale, familiale ou professionnelle) ? Une invitation au voyage, à l'embarquement pour Cythère ? Un traité théorique des attractions zodiacales ? Ce livre est-il…

Un jeu ?

C'est assurément un jeu qu'il faut prendre (un peu) au sérieux mais non au tragique. Car, si la comparaison de vos signes solaires (surtout si vous y ajoutez le chassé-croisé avec vos Ascendants) vous donne une bonne idée du climat de votre couple – en quelque sorte, et pour user d'un langage « sérieux », une résultante de ses vibrations énergétiques de base –, pour autant cette comparaison est loin d'être exhaustive. Réjouissez-vous donc si le résultat est enthousiasmant. Mais n'allez pas, chacun de votre côté, vous tirer une balle dans la tête si votre score est lamentable, ou alors allez-y de conserve : vous ferez ainsi mentir les astres puisque, une fois au moins, vous aurez été d'accord dans votre vie de couple !…

Ce livre peut être l'instrument d'un amusement convivial, voire d'un jeu de société qui aura pour but de classer/analyser les couples présents… en espérant que cela ne sème pas trop la zizanie ! L'idée du jeu devrait être un garde-fou en ce sens. Cependant, pourquoi un jeu seulement ? Parce que, pour décider si deux personnes sont réellement faites l'une pour l'autre, je vais, dans le creux de l'oreille, vous avouer quelque chose : un thème est chose complexe. Il contient la position natale du Soleil – ce qui vous donne votre signe solaire –, mais aussi de la Lune, de Mercure, Mars, Jupiter, etc. Or, bien que le signe solaire reste le facteur essentiel d'une personnalité, les autres éléments sont loin d'être négligeables. D'où l'aspect ludique de cet exercice de comparaison, qui sera heureusement complété par une analyse plus approfondie (comme, par exemple, l'*Astrocouple*, sur www.eteissier.com).

Un divertissement ?

C'est le but et le résultat espéré. Avez-vous déjà écouté un divertissement de Mozart ? Cela coule, cela vous charme, vous envoûte ; cela a l'air, comme les *Fables* de La Fontaine, terriblement évident et facile, et pourtant… Un divertissement est un luxe, un plaisir, un enchantement, dont le noyau peut être plus consistant que ne le croient les esprits chagrins. Et, bien que je ne brigue pas la place du Mozart des astrologues – partisane des Anciens, je suis convaincue que cette place est prise depuis longtemps –, je préciserai simplement que je m'oppose par tempérament au terrorisme intellectuel qui condamne, comme un blasphème, les divertissements à partir de sujets sérieux. L'idéal classique n'était-il pas d'instruire en divertissant – et réciproquement ?

À mes yeux, ce n'est là que puritanisme et hypocrisie de l'esprit et je pense qu'un sujet authentique et noble tel que l'Astrologie n'a rien à redouter de la forme plaisante du divertissement (à condition toutefois que celui-ci évite de trahir ou défigurer l'Art royal des Astres par une simplification excessive). Le mieux n'est-il pas l'ennemi du bien ? *Last but not least*, on pourrait ajouter qu'à notre époque incertaine, menacée, morose et violente, un peu de soleil (fût-il astral) ne peut que réchauffer les cœurs et égayer les esprits.

Un ukase, un verdict sans appel ?

Oui, dans une certaine mesure – mais y a-t-il des demi-mesures dans un ukase ? –, notamment si vous mélangez les différents ingrédients des Soleils, des Ascendants, et surtout de Vénus/Mars, des partenaires. Vous comprendrez plus loin ce qu'implique cette petite cuisine et notamment ce que la comparaison des facteurs Mars et Vénus apporte en enrichissement et en précision dans l'évaluation de la relation amoureuse/affective. Alors finalement, un ukase, cet ouvrage ?

Non, si vous n'avez que vos deux signes solaires à mettre dans la balance. Il est bien évident qu'alors vous ne pouvez espérer qu'une grossière approximation. À une évaluation toute théorique et de même valeur que celle qui se dégage de la comparaison d'un Espagnol avec un Allemand, par exemple. Collectivement, sociologiquement, culturellement et dans l'esprit du quidam, les peuples ont, à l'instar de la typologie du zodiaque, certaines caractéristiques générales, plus ou moins démenties par les cas particuliers. Ainsi, si vous lisez plus loin qu'une Balance n'a que fort peu de chances de s'accorder avec un(e) Capricorne, demandez-vous (surtout si cette affirmation vous dérange) si un Allemand aime forcément toujours le travail, l'ordre, la discipline et la musique romantique, et si l'Espagnol ne peut échapper à la fatalité d'être orgueilleux et quelque peu fanfaron… Et cherchez à savoir si les thèmes de naissance de ladite Balance et dudit Capricorne accentuent ou affaiblissent la tonalité vénusienne de l'une et la saturnienne de l'autre, ce qui – dans le cas de l'accentuation – les rapprocherait de l'archétype de leur signe et confirmerait l'ukase négatif.

Ne prenez donc pas prétexte désormais de ces diagnostics élémentaires pour jeter à la face de l'Autre ses défauts basiques en le rendant avec quelque mauvaise foi responsable de vos difficultés de couple, mais dites-vous que vous êtes deux à être partie prenante dans ce mélange et que, d'autre part, il (ou elle) n'est pas aussi « nul(le) » qu'il vous plaît de le croire. Il est certain que la richesse des analyses personnelles permet une approche plus complète et subtile de la relation, mais à coup sûr, vous disposez ici d'un excellent aperçu de la qualité de celle-ci.

Une approche pratique de l'univers des astres ?

Oui, car bien que très simplifiée – évitons d'être trop techniques, donc rébarbatifs ! –, la mini-initiation en début (Caractérologie zodiacale élémentaire) et fin d'ouvrage vous apportera quelques lueurs astrales en vous familiarisant avec la base de la caractérologie astrologique et le symbolisme lié aux différents signes zodiacaux – leur jour, leur astre, leur métal, leurs couleurs, pierres, plantes… – dont les racines, fondées sur la théorie des correspondances, remontent à la nuit des temps.

Vous ferez également connaissance avec l'alchimie géométrique des signes du zodiaque, en résonance avec certains types particuliers – comment ? jusqu'où ? – et en dissonance avec d'autres.

Vous comprendrez comment le mois de votre naissance vous incline à être attiré(e) par certains individus et à être repoussé(e) par d'autres.

En fin d'ouvrage, vous comprendrez comment s'explique le *caractère cyclique* des événements et climats psychiques qui se répètent à intervalles réguliers dans la vie et comment ces points de réactivation des énergies natales (harmoniques ou dissonantes), surtout s'ils coïncident avec des positions astrales de l'Autre, peuvent expliquer les points de tension qui pourront se transformer en points de rupture du couple.

Un chant des sirènes (cosmiques) ?

Qui sait, vous serez peut-être séduit(e) par ce que Jean Kepler, le grand astronome/astrologue, appelait, après Plotin, la *musique des sphères*. Celle-ci, si vous tendez l'oreille et affûtez votre esprit, vous ravira. Vous la percevrez peut-être par le truchement des modestes bribes de cette noble connaissance contenues en cet ouvrage souriant ; cette connaissance qui est la seule à nous relier directement au grand Tout, à relier notre nombril de Terriens à la matrice cosmique *via* le cordon ombilical d'une tradition remontant à la nuit des temps. Une appartenance perdue de vue qu'il est urgent de retrouver pour l'homme du XXIe siècle, confronté plus que jamais à la solitude et à l'effroi du « silence éternel de ces espaces infinis » dont parle Pascal.

Un instrument de diagnostic du couple (ou d'une relation amicale, familiale ou professionnelle) ?

Sans nul doute. Et d'autant plus précis sera cet instrument de mesure que vous connaîtrez mieux vos thèmes respectifs. En effet, en tenant compte de la combinaison de vos Ascendants, vous avez déjà une idée très acceptable de l'alchimie de votre couple. Mais si, en sus, vous tenez compte des positions, pour l'un et l'Autre, de la Lune, de Vénus et de Mars, vous obtenez alors *un score de luxe* et approchez d'une évaluation très honorable.

Après le Q.I., le Q.A. ?

Vous avez donc en main un instrument de diagnostic de votre couple. L'attribution d'un certain nombre de cœurs à chaque catégorie de couple – notamment avec ses sous-composantes obtenues, comme évoqué ci-dessus, par les comparaisons des Ascendants, des

Vénus/Mars respectifs, voire du facteur lunaire si vous le connaissez – vous donnera une estimation assez juste du degré d'harmonie de votre relation. Amusez-vous aussi à calculer le *quotient affectif* des couples que vous avez pu constituer dans le passé – en supposant que le (ou la) partenaire vous ait suffisamment marqué(e) pour que son signe zodiacal vous soit resté en mémoire. Cherchez également à évaluer le degré de compatibilité des relations que vous entretenez dans le présent (avec famille et/ou amis) ou du couple que – secrètement – vous rêvez de former avec l'abominable homme des plages qui vous fascine, madame. Sans d'ailleurs, soit dit en passant, que vous parveniez à établir clairement ce qui vous fascine davantage, de ses tablettes de chocolat ou de l'aura spirituelle que vous lui prêtez généreusement. Ou encore, monsieur, découvrez l'harmonie virtuelle de cette idylle avec la nouvelle petite secrétaire pour laquelle vous soupirez, que vous vous êtes pourtant juré de tenir à l'écart de vos velléités coquines/sentimentales… mais qui vous tourne les sangs.

Une invitation au voyage, à l'embarquement pour Cythère ?

Par l'esprit sûrement. Mais rêver d'une idylle, n'est-ce pas déjà la vivre un peu ? Jusqu'où ? Jusqu'au bout ? Cette *Carte du Tendre* moderne vous invite, à l'instar et à la manière de l'allégorie galante du XVIIe siècle, à explorer les méandres du cœur, du vôtre et de celui de l'Élu(e). Le vent complice de l'aventure amoureuse, au hasard de vos rencontres, de vos flirts ou coups de cœur, de vos espoirs ou de vos caprices vous soufflera dans l'oreille les chances que vous avez de vous embarquer, corps et biens cette fois, pour Cythère, sur l'esquif plus ou moins solide, plus ou moins bancal de votre relation, avec l'espoir de la bénédiction de Cupidon… Et puis, si vous rentrez d'un périple à deux qui a échoué, si la tempête fut à l'ordre du jour, sans répit ni accalmie, qui vous rejette, brisé, l'âme aplatie et asphyxiée, sur les rives du désenchantement, replongez-vous… dans ce petit guide des harmonies astrales. Peut-être alors comprendrez-vous, si les astres sont complices, que de toute éternité, le ver était dans le fruit.

Or comprendre pourquoi l'on souffre, n'est-ce pas déjà souffrir moins ?

A contrario, la découverte de résonances prometteuses entre les deux natifs peut être un élément déterminant dans la décision de sauter le grand pas, de s'engager sérieusement dans une relation, voire de se présenter devant monsieur le maire, alors que si tous les croisements sont dissonants et si, dans le cas d'un couple amoureux, la relation Mars/Vénus est neutre (d'où une apparente absence d'attraction sexuelle), la conclusion pourrait, à défaut de remettre en cause un engagement, du moins apporter un éclairage utile *via* un questionnement supplémentaire.

Un traité théorique des attractions zodiacales dans une synthèse du Yin et du Yang ?

En quelque sorte. Cet ouvrage devrait vous familiariser avec la géométrie céleste sur laquelle repose l'astrologie depuis des millénaires, celle de Sumer et de Babylone, celle des philosophes grecs comme Pythagore, ou Empédocle auquel on doit les quatre éléments, celle de Ptolémée, les triplicités, les signes féminins et masculins, et la théorie des aspects qui en découle, autant de fondements multimillénaires de l'Art royal des Astres.

Vous n'avez plus alors qu'à apprendre le symbolisme des signes et des planètes, le calcul d'un ciel natal et celui des transits planétaires (où un programme d'ordinateur vous sera d'une aide décisive), et vous voilà déjà apprenti astrologue !

Le couple en tant qu'entité globale

Vous remarquerez certainement par ailleurs que la même cotation est appliquée au couple A-B, qu'il s'agisse de la variante monsieur A-madame B ou de la variante monsieur B-madame A. Cette façon de noter est évidemment assez abstraite et apparemment contestable, puisqu'elle ne tient pas compte de la différence de sexe, alors que la psychologie d'un signe comporte des nuances en fonction du sexe du natif. Cela est d'autant plus frappant lorsque, dans un couple constitué d'un élément très viril et actif (comme le Bélier) et d'un élément très féminin et passif (comme le Poissons), la femme est Bélier et l'homme Poissons. Ne devrait-on pas donner des valeurs différentes aux deux couples symétriques ? À première vue, oui. Mais après hésitation, j'ai opté pour la négative, considérant que c'est finalement l'*entité globale* du couple qui doit être harmonieuse, le Yin et le Yang des Chinois étant confondus – même si, surtout à nos yeux occidentaux, il est préférable que la femme constitue l'élément docile, vulnérable, émotif et peu ou prou passif dans le couple plutôt que l'homme.

D'ailleurs, si nous regardons attentivement le symbole chinois du Yin et du Yang entrelacés, représentatifs de la réalité universelle qui sous-tend le monde, nous constatons la présence d'un point Yin dans l'espace Yang et inversement un point Yang dans le Yin. Ce qui est en accord avec les découvertes modernes en endocrinologie, selon lesquelles l'homme normal possède aussi une certaine quantité d'hormones femelles – et réciproquement – et tous les mélanges, tous les dosages existent dans la nature, y compris l'hermaphrodisme qui contient théoriquement une quantité égale des deux genres.

Resterait à étudier s'il y a un rapport astro-hormonal chez les individus et si, par exemple, une femme fortement virilisée astralement (dominante martienne et/ou fortement marquée par le Bélier, ou dans une moindre mesure par le Scorpion, signe féminin selon la tradition mais gouverné par Mars/Pluton) possède une dose d'hormones mâles supérieure à la moyenne. Mais cela, comme disait Kipling, est une autre histoire…

En tout état de cause, en analysant les couples très contrastés dans cet ouvrage, j'ai chaque fois signalé quelle en était théoriquement la variante la plus souhaitable, et ce, sous réserve qu'une analyse comparative plus poussée ne vienne compenser cette résultante en démontrant le contraire. Ainsi, dans un couple Lion-Poissons, il est peut-être préférable, vu notre esthétique occidentale du couple, que le Lion soit l'homme et que ce soit une Ève-naïade qui incarne les valeurs de rêve/sensibilité/émotivité/passivité propres au Poissons nonchalant. Mais encore une fois, cette vérité est assujettie à nos critères socio-culturels et on peut imaginer un matriarcat où l'idéal serait… l'inverse. Autres temps, autres mœurs. Et puis, un Mars en Bélier ou Scorpion peut endurcir/viriliser le doux Poissons, de même qu'une tendre Vénus en Balance ou en Cancer peut adoucir l'intempestive Lionne.

Relisons *La Métaphysique de l'amour* de Schopenhauer, ce Poissons philosophe du pessimisme (normal !?) qui a bien compris/souligné le besoin apparent de complémentarité que l'on trouve dans la Nature, celle-ci visant à perfectionner l'espèce. Il explique ainsi l'attirance des hommes très grands et/ou très beaux pour des femmes très petites et/ou très laides… et la réciproque.

Last but not least, soulignons qu'en matière de couples, le dernier mot appartient aux rapports Mars/Vénus (dans les deux sens), facteur décisif pour l'évaluation de l'attraction amoureuse. Or, un couple vraiment soudé peut-il négliger cet ingrédient sans tomber dans la simple camaraderie – qui, au demeurant fondement et terreau de l'amitié, n'est pas sans valeur et peut avoir ses charmes ?…

De fait, les deux planètes Mars et Vénus jouent un rôle important dans les relations humaines: tout d'abord, bien sûr, dans les relations amoureuses; ces vibrations recèlent et dénotent l'attraction physique, sexuelle. Cependant, même dans les relations amicales, ou entre une mère et son fils ou sa fille, des échanges harmoniques entre les énergies de Mars et Vénus indiquent une affection boostée, des envies de toucher l'Autre, de le (ou la) caresser. L'odorat, le contact physique, le sens du toucher jouent un rôle dans cette « musique entre deux êtres », qui sont ainsi attirés l'un par l'Autre, comme aimantés par et dans une merveilleuse alchimie cosmique.

La troisième partie de ce livre traite de cette combinaison planétaire, qui m'a si souvent donné de précieuses informations au cours de ma longue pratique de l'Art royal des Astres, lorsque je me penchais sur des *synastries* (comparaisons de thèmes) pour des couples, quels qu'ils fussent. Cependant ne perdons pas de vue que les interactions du Soleil dans chacun des thèmes natals, symbole de notre personnalité et dans une certaine mesure de notre chemin de vie, restent la base d'une comparaison; ainsi que les interactions des Ascendants, comme dit plus haut – à la fois par rapport au Soleil de l'Autre, mais aussi par rapport à son Asc. [1] ou à sa Lune, etc. Signalons cependant que, vu l'objectif plus ludique que didactique de ce *Petit traité ludique de l'amour et de l'amitié*, on chercherait en vain les comparaisons

1. Cette abréviation désigne l'Ascendant.

in extenso entre tous les facteurs planétaires et autres points importants des thèmes comparés.

Pour cette raison, après avoir décrit succinctement *l'Art d'aimer* de chaque signe, j'ai rapproché les Soleils (signes) respectifs du duo à analyser en fonction de sa situation dans le zodiaque – ce qui détermine la *nature* particulière et basique du lien qui les unit, les plaçant ainsi dans une catégorie particulière de couple, pierre angulaire d'une relation humaine –, sachant que ce couple peut être constitué de deux personnes de sexe opposé ou de même sexe, mariées ou non. Les deux auront peut-être les mêmes buts dans la vie, la même *Weltanschauung* – ou vision du monde. Mais pour découvrir si oui ou non il y a attraction physique, c'est dans le rapport Mars/Vénus qu'il faudra chercher ; ce sont ces deux astres qui nous donneront sur ce critère essentiel des informations supplémentaires – et au demeurant précieuses.

Comme depuis les révolutions sociétales des années 1960 (conjonction Uranus/Pluton), la liberté des mœurs accorde une plus grande importance à la vie sexuelle et à l'érotisme, cette alchimie physique entre deux personnes joue par là même un rôle prépondérant et incontournable dans nos sociétés post-modernes. Dans mon expérience astrologique – depuis presque quarante ans maintenant –, j'ai effectué un grand nombre d'analyses de couples, comparant les positions planétaires entre deux thèmes, parfois même trois quand on voulait avoir des éclaircissements sur l'amant ou un autre « troisième homme », ou troisième femme dans le trio. J'ai chaque fois été frappée par les diverses résonances – négatives ou positives – entre les natifs, qui reflétaient la nature du rôle que chacun des personnages jouait dans ce concert amoureux. J'ai notamment constaté que les relations harmoniques donnent en général une sexualité épanouie, en tout cas équilibrée ; de même, les dissonances entre Vénus et Mars peuvent être très stimulantes, excitantes, mais il s'agit souvent d'une relation « repos du guerrier » – ou « chien-chat » comme je les ai appelés plus loin – où, après des disputes plus ou moins violentes, on se réconcilie sur l'oreiller…

Bien évidemment, les autres planètes, comme la Lune ou Mercure, donnent encore d'autres informations précieuses sur une relation. Concernant Mercure, nous apprenons comment nous communiquons, quels sont nos curiosités, nos intérêts intellectuels. Il y a des couples où le premier ciment est l'harmonie de Mercure, dans les deux ciels, avec des planètes ou axes (Asc. ou Milieu du Ciel) dans le ciel de l'Autre : le miroir d'une connivence intellectuelle, d'une vision similaire des choses, d'une aptitude ou facilité à communiquer chez deux êtres qui, par exemple, pourront échanger et discuter pendant des heures. Et cependant ils peuvent, sur le plan affectif ou sexuel, rester quasiment des étrangers, n'avoir pas forcément de chemin à parcourir ensemble, ne pas ressentir ce « quelque chose » qui les attire irrésistiblement l'un vers l'Autre. Ce sont ces couples « mentaux », raisonnables, souvent liés par des intérêts (matériels ?) communs – un mariage de raison ou d'intérêt – où tout passe par le filtre de l'échange ou de l'intellect, de la pensée ou du raisonnement.

En tout état de cause – et pour en revenir à Mars/ Vénus, une fois que vous aurez vu comment fonctionne votre couple (ou votre relation amicale ou avec votre patron), et quelles en sont les bases, vous pourrez découvrir votre facteur d'attirance physique. Des tableaux assez faciles à utiliser vous permettent dans cet ouvrage de trouver en quel signe se situaient Vénus et Mars lors de votre naissance et lors de la naissance de l'Autre. Ensuite vous trouverez dans un autre tableau si ces interactions entre vous et votre partenaire sont harmoniques, explosives ou neutres, ainsi que le texte expliquant cette combinaison astrale.

Bien sûr, cette approche ne vaut pas une comparaison plus poussée, même faite par ordinateur, entre deux thèmes individuels, qui prend en compte les influences croisées entre tous les facteurs (une douzaine pour chaque thème !). Il faut savoir que, pour un astrologue, l'analyse d'un couple est bien plus complexe que deux interprétations de thème, car les aspects croisés entre deux thèmes multiplient d'une façon exponentielle les possibilités d'interprétation. Un vrai casse-tête intellectuel si l'on vise une synthèse ! Est-ce la raison pour laquelle Balzac écrivait : « L'astrologie est la science des plus hautes intelligences » ? Ce qui est certain : comme dans le jeu d'échecs, on ne cesse jamais d'apprendre…

Et maintenant, amie lectrice, ami lecteur, oubliez tout ce que je viens de vous dire et JOUEZ !

II.
Quel est votre signe solaire et quel est celui de l'Autre ?

SI VOUS ÊTES NÉ ENTRE...	VOUS ÊTES	VOTRE SYMBOLE
le 21 mars et le 20 avril	Bélier	♈
le 20 avril et le 21 mai	Taureau	♉
le 21 mai et le 22 juin	Gémeaux	♊
le 22 juin et le 23 juillet	Cancer	♋
le 23 juillet et le 23 août	Lion	♌
le 23 août et le 23 septembre	Vierge	♍
le 23 septembre et le 23 octobre	Balance	♎
le 23 octobre et le 23 novembre	Scorpion	♏
le 23 novembre et le 21 décembre	Sagittaire	♐
le 21 décembre et le 20 janvier	Capricorne	♑
le 20 janvier et le 19 février	Verseau	♒
le 19 février et le 21 mars	Poissons	♓

Remarque importante. Vous aurez noté que les dates limites des signes se superposent. C'est à dessein, afin de respecter la réalité astronomique. En effet, dans sa course sur l'écliptique (le zodiaque), le Soleil n'entre pas chaque année au même moment dans un signe donné. Ainsi, si vous avez vu le jour à cheval sur deux signes, votre signe solaire dépendra du jour et de l'heure exacte de votre naissance. Pour le découvrir avec précision et certitude, ne vous fiez pas aux horoscopes de la presse, qui simplifient volontairement ces données, mais confiez vos coordonnées précises de naissance à un astrologue… ou à un programme d'ordinateur. Ou encore à un des nombreux sites astrologiques, dont le mien: www.eteissier.com. Pour connaître votre signe ascendant, même processus, sachant que vous ne *pouvez* vivre dans l'ignorance de votre carte d'identité astrale. Concevez-vous de vivre sans vous savoir français, suisse ou belge, du groupe sanguin A, B, AB ou O, sans vous savoir et vous sentir chrétien, juif ou mahométan ? Il est vrai que l'homme de Néandertal se passait très bien de tous ces « détails », mais comparez-vous l'*homo sapiens* à cet ancêtre primitif ? Que nenni !

III.
Trouvez votre couple dans cet ouvrage !

Figure 1.

Vous (A)

L'Autre (B)

	Bélier ♈	Taureau ♉	Gémeaux ♊	Cancer ♋	Lion ♌	Vierge ♍
Bélier ♈						
Taureau ♉						
Gémeaux ♊						
Cancer ♋						
Lion ♌						
Vierge ♍						
Balance ♎						
Scorpion ♏						
Sagittaire ♐						
Capricorne ♑						
Verseau ♒						
Poissons ♓						

Cherchez la page correspondant à votre couple et ses caractéristiques. Par exemple, le couple Lion/Sagittaire se trouve à la page 146.

Vous (A)

L'Autre (B)

	Balance ♎	Scorpion ♏	Sagittaire ♐	Capricorne ♑	Verseau ♒	Poissons ♓
Bélier ♈						
Taureau ♉						
Gémeaux ♊						
Cancer ♋						
Lion ♌						
Vierge ♍						
Balance ♎						
Scorpion ♏						
Sagittaire ♐						
Capricorne ♑						
Verseau ♒						
Poissons ♓						

Figure 2. Nature de la relation et Évaluation

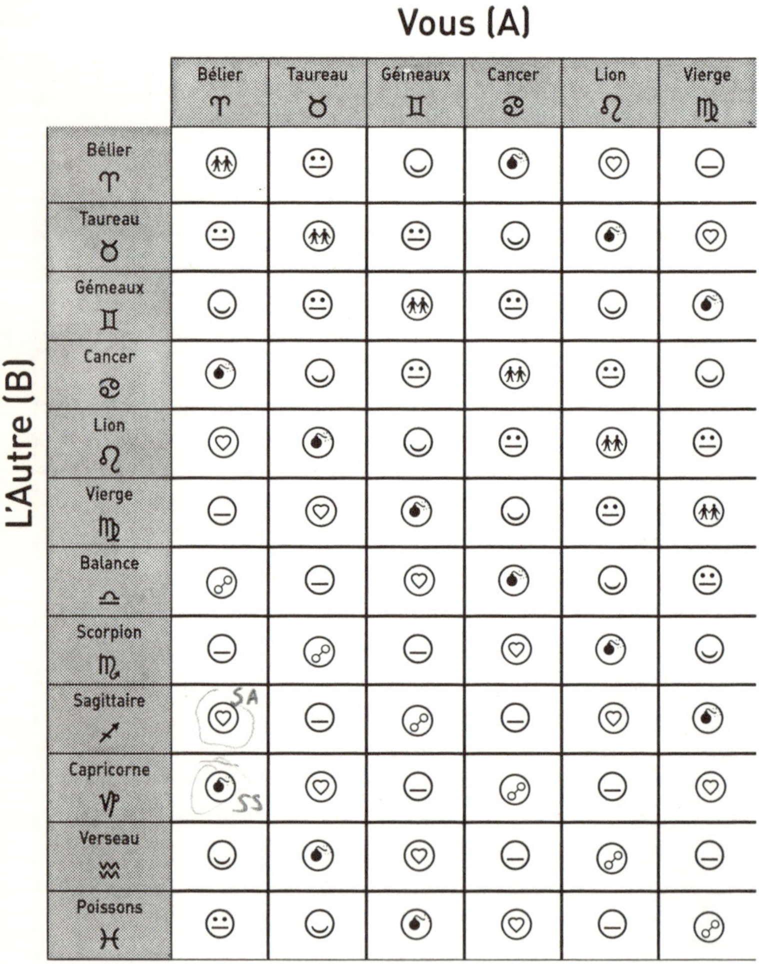

- (Jumeaux) Couples Jumeaux = ♥♥♥♥♥
- (Passionnés) Passionnés = ♥♥♥♥
- (Magnétiques) Magnétiques / Complémentaires = ♥♥♥
- (Amitié) Amitié amoureuse = ♥♥♥
- (Frères) Couples Frères = ♥♥
- (Libres) Couples Libres = ♥
- (Explosifs) Chiens-chats / Explosifs = ♡♡♡

Vous (A)

L'Autre (B)	Balance ♎	Scorpion ♏	Sagittaire ♐	Capricorne ♑	Verseau ♒	Poissons ♓
Bélier ♈	Magnétiques	Libres	Passionnés	Explosifs	Amitié	Frères
Taureau ♉	Libres	Magnétiques	Libres	Passionnés	Explosifs	Amitié
Gémeaux ♊	Passionnés	Libres	Magnétiques	Libres	Passionnés	Explosifs
Cancer ♋	Explosifs	Passionnés	Libres	Magnétiques	Libres	Passionnés
Lion ♌	Amitié	Explosifs	Passionnés	Libres	Magnétiques	Libres
Vierge ♍	Frères	Amitié	Explosifs	Passionnés	Libres	Magnétiques
Balance ♎	Jumeaux	Frères	Amitié	Explosifs	Passionnés	Libres
Scorpion ♏	Frères	Jumeaux	Frères	Amitié	Explosifs	Passionnés
Sagittaire ♐	Amitié	Frères	Jumeaux	Frères	Amitié	Explosifs
Capricorne ♑	Explosifs	Amitié	Frères	Jumeaux	Frères	Amitié
Verseau ♒	Passionnés	Explosifs	Amitié	Frères	Jumeaux	Frères
Poissons ♓	Libres	Passionnés	Explosifs	Amitié	Frères	Jumeaux

Remarque. Ce barème (nombre de cœurs alloués à une comparaison) est applicable pour tous les facteurs planétaires et Ascendants, à l'exclusion de Vénus/Mars.

Figure 3. Évaluation des signes solaires comparés

Vous (A)

L'Autre (B)

	Bélier ♈	Taureau ♉	Gémeaux ♊	Cancer ♋	Lion ♌	Vierge ♍
Bélier ♈						
Taureau ♉						
Gémeaux ♊						
Cancer ♋						
Lion ♌						
Vierge ♍						
Balance ♎						
Scorpion ♏						
Sagittaire ♐						
Capricorne ♑						
Verseau ♒						
Poissons ♓						

Cherchez la case correspondant à votre couple et notez-y le nombre de cœurs y afférents, en fonction de la nature de la relation de vos signes solaires et du barème de la figure 2 (p. 34-35). Par exemple, le couple Lion/Balance (Amitié amoureuse) reçoit 3 cœurs ; le couple Bélier/Sagittaire (Passionnés) 4 cœurs, etc.

Vous (A)

L'Autre (B)	Balance ♎	Scorpion ♏	Sagittaire ♐	Capricorne ♑	Verseau ♒	Poissons ♓
Bélier ♈						
Taureau ♉						
Gémeaux ♊						
Cancer ♋						
Lion ♌						
Vierge ♍						
Balance ♎						
Scorpion ♏						
Sagittaire ♐						
Capricorne ♑						
Verseau ♒						
Poissons ♓						

IV.
Connaissez-vous vos Ascendants respectifs ?

Le signe ascendant est celui qui monte à l'horizon à l'instant exact de la naissance, pour le lieu (longitude et latitude) de celle-ci (voir glossaire p. 357-362). Il détermine le tempérament et la constitution du sujet, voire son apparence physique, sa morphologie. Lorsque l'astrologue tente de déterminer le signe solaire d'un natif sur un simple regard, c'est bien souvent son Ascendant qu'il détecte. En somme, le signe ascendant est une indication majeure de notre tempérament, de notre moi profond, ainsi que de notre mode d'appréhender le monde, de l'accueillir en nous, mais aussi de la façon dont nous apparaissons à nos semblables.

Il va donc de soi que ce facteur devrait être pris en compte dans une synastrie (comparaison de thèmes), afin d'en affiner la résultante. Sachez que si vous ne connaissez pas votre Ascendant, nombre de sites sur le web vous renseigneront, y compris le mien : www.eteissier.com ; cette donnée importante vous sera calculée gracieusement, à condition toutefois que vous connaissiez votre heure exacte de naissance.

Procédez à une première évaluation de votre couple.

Figure 4. Évaluation de la comparaison de votre signe solaire (A) avec l'Ascendant de l'Autre (B)

Vous (A)

L'Autre (B)	Bélier ♈	Taureau ♉	Gémeaux ♊	Cancer ♋	Lion ♌	Vierge ♍
Bélier ♈						
Taureau ♉						
Gémeaux ♊						
Cancer ♋						
Lion ♌						
Vierge ♍						
Balance ♎						
Scorpion ♏						
Sagittaire ♐	X					
Capricorne ♑						
Verseau ♒						
Poissons ♓						

Pour ce faire, basez-vous sur le barème de la figure 2 (p. 34-35) et notez le nombre de cœurs correspondant à cette relation.

Vous (A)

L'Autre (B)	Balance ♎	Scorpion ♏	Sagittaire ♐	Capricorne ♑	Verseau ♒	Poissons ♓
Bélier ♈						
Taureau ♉						
Gémeaux ♊						
Cancer ♋						
Lion ♌						
Vierge ♍						
Balance ♎						
Scorpion ♏						
Sagittaire ♐						
Capricorne ♑						
Verseau ♒						
Poissons ♓						

Figure 5. Évaluation de la comparaison entre le signe solaire de l'Autre (B) et votre Ascendant (A)

Vous (A)

L'Autre (B)

	Bélier ♈	Taureau ♉	Gémeaux ♊	Cancer ♋	Lion ♌	Vierge ♍
Bélier ♈						
Taureau ♉						
Gémeaux ♊						
Cancer ♋						
Lion ♌						
Vierge ♍						
Balance ♎						
Scorpion ♏						
Sagittaire ♐						
Capricorne ♑						
Verseau ♒						
Poissons ♓						

Pour ce faire, basez-vous sur le barème de la figure 2 (p. 34-35) et notez le nombre de cœurs correspondant à cette relation.

Vous (A)

L'Autre (B) \ Vous (A)	Balance ♎	Scorpion ♏	Sagittaire ♐	Capricorne ♑	Verseau ♒	Poissons ♓
Bélier ♈						
Taureau ♉						
Gémeaux ♊						
Cancer ♋						
Lion ♌						
Vierge ♍						
Balance ♎						
Scorpion ♏						
Sagittaire ♐						
Capricorne ♑						
Verseau ♒						
Poissons ♓				X		

3

En connaissant vos Ascendants respectifs, vous avez la possibilité de cerner avec plus de précision le degré d'harmonie de votre couple.

Voici comment vous devez procéder, sachant qu'il y a quatre croisements à opérer, ainsi agencés :

VOUS		L'AUTRE
Votre signe solaire	×	**Son signe solaire**
Votre signe solaire	×	**Son signe ascendant**
Votre signe ascendant	×	**Son signe solaire**
Votre signe ascendant	×	**Son signe ascendant**

Autrement dit, pour chaque combinaison partielle, cherchez sa cotation p. 34-35, puis faites l'addition des quatre facteurs.

Pour connaître le nombre de ♥ assignés à chaque combinaison :

- Reportez-vous au Tableau Nature de la Relation et Évaluation (p. 34).
- Puis reportez les résultats en fin d'ouvrage pour découvrir votre Q.A. – quotient amoureux/amical – du Tableau synoptique (troisième partie, chap. II, p. 331).

1er exemple :

Vous êtes Balance, Asc. Sagittaire. *Votre partenaire est Lion, Asc. Capricorne.*
En croisant les facteurs, vous obtenez :

VOUS	L'AUTRE	RÉSULTAT
Votre signe solaire (Balance)	Son signe solaire (Lion)	♥♥♥
Votre signe solaire (Balance)	Son Ascendant (Capricorne)	♡♡♡ (ou -3 ♡)
Son signe solaire (Lion)	Votre Ascendant (Sagittaire)	♥♥♥♥
Son Ascendant (Capricorne)	Votre Ascendant (Sagittaire)	♥♥
	TOTAL	♥♥♥ ♥♥♥ (6 ♥)

À mémoriser et inscrire plus loin dans le Tableau des Combinaisons/Cotations.

La première cote du couple est donc de ♥♥♥♥♥♥ (6 ♥).
La résultante est positive. Vous avez des atomes crochus, mais ce n'est pas encore Tristan et Yseult… sauf si le chassé-croisé de vos Lunes respectives augmente (ou réduit ?) ce quotient d'harmonie et, surtout, si celui de Vénus/Mars met du piment dans la relation (cf. la troisième partie du livre).
Ce sera la surprise du chef !

2e exemple :

Vous êtes Vierge, Asc. Taureau. *Votre partenaire est Capricorne, Asc. Capricorne.*

Vous obtenez :

VOUS	L'AUTRE	RÉSULTAT
Votre signe solaire (Vierge)	Son signe solaire (Capricorne)	♥♥♥♥
Votre signe solaire (Vierge)	Son Ascendant (Capricorne)	♥♥♥♥
Son signe solaire (Capricorne)	Votre Ascendant (Taureau)	♥♥♥♥
Son Ascendant (Capricorne)	Votre Ascendant (Taureau)	♥♥♥♥
	TOTAL	♥♥♥♥♥♥♥♥♥♥♥♥♥♥♥♥ (16 ♥)

… autrement dit, le couple idéal ! *A priori*, l'entente approche de la perfection.

Un bémol n'est tout de même pas exclu, dans le cas où les thèmes particuliers comporteraient par exemple des aspects difficiles ou agressifs de Mars, Saturne ou d'autres planètes lentes qui viendraient jouer les trouble-fêtes. Oui, l'astrologie est fort complexe… Mais gageons qu'il en faudrait beaucoup pour réduire à néant ce score magnifique – en fait, cela est pratiquement impossible, car la base harmonieuse est et restera là !

3e exemple :

Vous êtes Taureau, Asc. Sagittaire. *Votre partenaire est Verseau, Asc. Sagittaire.* Si vous vous référez au Tableau Nature de la relation et Évaluation (p. 34), *a priori,* tout porte à croire que vous êtes un couple explosif – vos Soleils natals sont en effet en dissonance.

Oui, mais : vos Ascendants se trouvent dans le même signe (Sagittaire). Si vous procédez au même calcul que précédemment, vous obtenez une résultante non point de – 3 cœurs ♡♡♡, comme il se devrait pour le seul rapport des signes solaires, mais…

VOUS	L'AUTRE	RÉSULTAT
Votre signe solaire (Taureau)	Son signe solaire (Verseau)	♡♡♡
Votre signe solaire (Taureau)	Son Ascendant (Sagittaire)	♥
Son signe solaire (Verseau)	Votre Ascendant (Sagittaire)	♥♥♥
Son Ascendant (Sagittaire)	Votre Ascendant (Sagittaire)	♥♥♥♥♥
	TOTAL	♥♥♥♥♥♥ (6 ♥)

Une relation qui apparaît positive – en dépit des Soleils en dissonance qui, ici, se voient bien compensés ; mais encore une fois, le fin mot appartiendra aux scores des facteurs supplémentaires). La résultante n'est donc plus négative. Score d'autant plus honorable que l'ennui, poison insidieux de tout lien, est exclu ! Et puis, si vous ne *voyez* pas les choses de la même façon (Soleils en carré), du moins les *sentez*-vous pareillement (même signe ascendant)... Or l'amour n'est-il pas fait de tensions et de rapprochements, de flux et de reflux, de nombre d'éléments subtils parfois contraires mais d'autant plus stimulants ?

Le lecteur se rendra compte que, déjà à ce stade de la comparaison, ce résultat est bien plus encourageant – et aussi plus près de la réalité, de votre réalité de couple – que la simple comparaison brute de vos signes solaires. Cela vaut bien la peine de vous enquérir de vos signes ascendants, ne croyez-vous pas ?

*

REMARQUE IMPORTANTE : afin d'affiner l'évaluation de la relation, on ajoutera chaque fois le rapport Vénus/Vénus.

En effet, Vénus est un indicateur précieux pour nos goûts, nos préférences et nos sympathies, nos affinités. La relation heureuse entre les positions de cette planète pour l'un et l'Autre apportera un éclairage supplémentaire sur le couple. Par exemple, dans le couple Obama, leurs Vénus en trigone apportent une belle connivence affective. On trouvera plus loin ces positions (dans les Tables éphémérides de Vénus).

Figure 6. Évaluation de la comparaison entre votre Ascendant (A) et celui de l'Autre (B)

Vous (A)

L'Autre (B)

	Bélier ♈	Taureau ♉	Gémeaux ♊	Cancer ♋	Lion ♌	Vierge ♍
Bélier ♈						
Taureau ♉						
Gémeaux ♊						
Cancer ♋						
Lion ♌						
Vierge ♍						
Balance ♎						
Scorpion ♏						
Sagittaire ♐						
Capricorne ♑						
Verseau ♒						
Poissons ♓						

Pour ce faire, basez-vous sur le barème de la figure 2 (p. 34-35) et notez le nombre de cœurs correspondant à cette relation.

Vous (A)

L'Autre (B)

	Balance ♎	Scorpion ♏	Sagittaire ♐	Capricorne ♑	Verseau ♒	Poissons ♓
Bélier ♈						
Taureau ♉						
Gémeaux ♊						
Cancer ♋						
Lion ♌						
Vierge ♍						
Balance ♎						
Scorpion ♏						
Sagittaire ♐						X-3
Capricorne ♑						
Verseau ♒						
Poissons ♓						

Figure 7. Évaluation de la comparaison entre votre signe solaire (A) et Vénus de l'Autre (B)

Vous (A)

L'Autre (B)

	Bélier ♈	Taureau ♉	Gémeaux ♊	Cancer ♋	Lion ♌	Vierge ♍
Bélier ♈						
Taureau ♉						
Gémeaux ♊						
Cancer ♋						
Lion ♌						
Vierge ♍						
Balance ♎						
Scorpion ♏						
Sagittaire ♐						
Capricorne ♑						
Verseau ♒						
Poissons ♓						

Pour ce faire, basez-vous sur le barème de la figure 2 (p. 34-35) et notez le nombre de cœurs correspondant à cette relation dans la case correspondante. Vous trouverez les positions en signes de Vénus p. 251-279.

Vous (A)

L'Autre (B)

	Balance ♎	Scorpion ♏	Sagittaire ♐	Capricorne ♑	Verseau ♒	Poissons ♓
Bélier ♈						
Taureau ♉						
Gémeaux ♊						
Cancer ♋						
Lion ♌						
Vierge ♍						
Balance ♎						
Scorpion ♏						
Sagittaire ♐						
Capricorne ♑						
Verseau ♒						
Poissons ♓						

Figure 8. Évaluation de la comparaison entre votre Vénus (A) et le signe solaire de l'Autre (B)

Vous (A)

L'Autre (B)

L'Autre (B) \ Vous (A)	Bélier ♈	Taureau ♉	Gémeaux ♊	Cancer ♋	Lion ♌	Vierge ♍
Bélier ♈						
Taureau ♉						
Gémeaux ♊						
Cancer ♋						
Lion ♌						
Vierge ♍						
Balance ♎						
Scorpion ♏						
Sagittaire ♐						
Capricorne ♑	x -3					
Verseau ♒						
Poissons ♓						

Pour ce faire, basez-vous sur le barème de la figure 2 (p. 34-35)
et notez le nombre de cœurs correspondant
à cette relation dans la case correspondante.
Vous trouverez les positions en signes de Vénus p. 251-279.

Vous (A)

L'Autre (B)

	Balance ♎	Scorpion ♏	Sagittaire ♐	Capricorne ♑	Verseau ♒	Poissons ♓
Bélier ♈						
Taureau ♉						
Gémeaux ♊						
Cancer ♋						
Lion ♌						
Vierge ♍						
Balance ♎						
Scorpion ♏						
Sagittaire ♐						
Capricorne ♑						
Verseau ♒						
Poissons ♓						

Figure 9. Évaluation de la comparaison entre votre Vénus natale (A) et celle de l'Autre (B)

Vous (A)

L'Autre (B)

	Bélier ♈	Taureau ♉	Gémeaux ♊	Cancer ♋	Lion ♌	Vierge ♍
Bélier ♈						
Taureau ♉						
Gémeaux ♊						
Cancer ♋						
Lion ♌						
Vierge ♍						
Balance ♎						
Scorpion ♏						
Sagittaire ♐						
Capricorne ♑	x -3					
Verseau ♒						
Poissons ♓						

Pour ce faire, basez-vous sur le barème de la figure 2 (p. 34-35)
et notez le nombre de cœurs correspondant
à cette relation dans la case correspondante.
Vous trouverez les positions en signes de Vénus p. 251-279.

Vous (A)

L'Autre (B)	Balance ♎	Scorpion ♏	Sagittaire ♐	Capricorne ♑	Verseau ♒	Poissons ♓
Bélier ♈						
Taureau ♉						
Gémeaux ♊						
Cancer ♋						
Lion ♌						
Vierge ♍						
Balance ♎						
Scorpion ♏						
Sagittaire ♐						
Capricorne ♑						
Verseau ♒						
Poissons ♓						

Cas particulier : ... et si vous ne connaissez pas votre Ascendant (lié à l'heure de naissance) ?

Dans ce cas, remplacez le facteur de l'Asc. par la position en signe de Vénus (cf. les tableaux des pages 251-279).

Idem pour les paramètres Soleil/Vénus, dans les deux sens, indicateurs de sympathie/empathie mutuelles, du bon vouloir de l'un et/ou de l'Autre se traduisant par des actions positives au bénéfice de l'Autre.

Et pour l'évaluation des aspects (nombre de cœurs), reportez-vous comme dit ci-dessus au Tableau Nature de la relation et Évaluation (p. 34).

Pour illustrer notre propos, prenons l'exemple du couple Obama.

On ignore en effet l'heure de naissance de son épouse Michelle, Capricorne, avec Vénus/Lune en Poissons. Quant au Président américain, il est Lion/Asc. Verseau, avec Vénus en Cancer.

Si l'on se reporte au Tableau d'évaluation p. 34-35, cela donne :

Soleil Lion B.O.	Soleil Capricorne M.O.	♥
Soleil Lion B.O.	Vénus Poissons M.O.	♥
Soleil Capricorne M.O.	Asc. Verseau B.O.	♥♥
Asc. Verseau B.O.	Vénus Poissons M.O.	♥♥
	TOTAL	♥♥♥♥♥♥ (6 ♥)

En sus, comparons les positions respectives de Vénus :

Vénus Cancer B.O.	Vénus Poissons M.O.	♥♥♥♥
Soleil B.O.	Vénus M.O.	♥
Vénus B.O.	Soleil M.O.	♥♥♥
Vénus B.O.	Vénus M.O.	♥♥♥♥
	TOTAL	♥♥♥♥♥♥ ♥♥♥♥♥♥ (12♥) + ♥♥♥♥♥♥ (6♥) = 18 ♥ !

Conclusion sur le couple Barack Obama et Michelle Obama : Si l'on ajoute à ce total l'index Vénus/Mars sur l'attraction sexuelle – et ce dans les deux sens – (cf. plus loin dans l'ouvrage), index qui se monte à ♥♥♥♥♥ (5 ♥), on parvient à un score de 23 ♥. Voyez en fin d'ouvrage où ce résultat se situe dans l'échelle d'évaluation des couples : harmonie totale assurée !

Un résultat obtenu sans tenir compte de toutes les planètes du couple, bien entendu – vu les dix planètes du système solaire, leurs combinaisons nécessiteraient un ouvrage de plus de mille pages !

Et cependant, dans l'exemple qui nous occupe, le trigone exact de Jupiter (porteur de chance et d'expansion) au Soleil de son illustre époux, dans le ciel de Michelle Obama, reflète bien, par exemple, l'action puissamment positive de cette dernière sur l'image de ce dernier. Un aspect des plus parlants, en l'occurrence…

V.
Mini-initiation à la géométrie du zodiaque, clé des relations humaines. Comment ça fonctionne ?

L'interprétation, en astrologie, est *symbolique* (c'est-à-dire basée sur la *loi d'analogie* ou *loi des correspondances*). Cela implique qu'il y a plusieurs niveaux d'interprétation d'une même position planétaire. Par exemple, si vous êtes Bélier – si, à votre naissance, le Soleil se trouvait placé en ce signe, vu de la Terre –, vous avez en théorie l'âme d'un chef, vous êtes vaillant, franc, coléreux ; mais par ailleurs, votre planète Mars vous expose, parce que vous êtes téméraire, aux accidents, de préférence à la tête, de même qu'aux migraines – dans la répartition astro-morphologique de l'*Homme zodiacal*, c'est la tête qui est assignée au premier signe du zodiaque (et les pieds au dernier, les Poissons). L'interprétation est donc non pas floue – parce qu'il existe des liens ou résonances entre ces niveaux différents –, mais multiforme. En outre, la position en Maison (ou secteur) dans un thème apporte, elle aussi, des informations supplémentaires (cf. glossaire p. 357-362).

En revanche, la base, la structure fondamentale du thème astrologique est rigoureuse, mathématique parce qu'astronomique. Un ciel calculé et dessiné par un astrologue est – doit être – la copie conforme du ciel calculé par son confrère. Cela dit, à l'ère de l'électronique, plus personne ne calcule un thème astral à la main ; les ordinateurs contiennent des programmes sophistiqués de calculs précis qui donnent par définition des résultats identiques. Quant aux interprétations, si elles varient quelque peu dans les nuances, elles présentent un axe et un fil conducteur communs. Quant à leur subtilité, disons qu'elle dépend de la qualité de l'interprète.

Sachant maintenant ce qu'est un thème natal, ce qu'est le zodiaque – ou *écliptique,* ce ruban de 360° sur lequel se promènent les planètes –, regardons ce dernier plus attentivement. Il se compose de douze tranches de 30° – les signes – qui sont autant de fenêtres ouvertes sur l'univers. Car chacun de ces signes constitue un champ de forces – probablement de nature électromagnétique – susceptible d'être perturbé, vivifié ou simplement habité par des énergies planétaires différentes (suivant que celles-ci sont en accord ou non avec les signes qu'elles transitent). On comprend dès lors que, du point central qu'est la Terre, les énergies reçues soient en relation avec les distances angulaires des planètes, entre elles et par rapport à la Terre. On comprend également que tout en astrologie soit une question d'*angles,* ou *aspects.* Dans l'Antiquité déjà, au ve siècle av. J.-C., Empédocle divise l'univers en quatre éléments fondamentaux qui représentent les quatre grands principes du monde physique : la lumière, la solidité, l'état gazeux et la liquidité – le Feu, la Terre, l'Air et l'Eau, division qui est à l'origine des quatre *Triplicités astrologiques*.

Divisons le zodiaque par 3, qu'obtenons-nous ?

Des Couples Passionnés en harmonie parfaite.

Ces groupes de même élément s'obtiennent en divisant le zodiaque de 360° par 3. Apparaissent ainsi les trois signes de **Feu** – Bélier, Lion, Sagittaire –, les trois signes de **Terre** – Taureau, Vierge, Capricorne –, d'**Air** – Gémeaux, Balance, Verseau – et enfin d'**Eau** – Cancer, Scorpion, Poissons –, tous éloignés les uns des autres par un angle de 120°. Cette distance angulaire est nommée *trigone,* les trois signes d'un même élément constituant un *grand triangle.*

Il s'agit de la première division du zodiaque liée aux **quatre éléments** (I).

Ces triplicités ont chacune des caractéristiques de base similaires, ce qui constitue pour chacun des signes qui les composent un ensemble d'affinités importantes. Les signes en trigone sont traditionnellement et théoriquement en *harmonie parfaite*.

Pour résumer, disons simplement que les signes de **Feu** ont en commun une forte vitalité, un optimisme naturel. Ce sont les *enthousiastes* et les *passionnés* du zodiaque, qui adorent *agir* et *entreprendre* (cf. figure 1 : la Triplicité de Feu).

Les signes de **Terre** se reconnaissent à leur goût du concret, à leur sens pratique et leur pragmatisme qui leur fait refuser de prendre les vessies pour des lanternes; ce sont les *réalistes/matérialistes du zodiaque* (cf. figure 2 : la Triplicité de Terre).

Signes en trigone ou Couples Passionnés (division du zodiaque par 3)

Figure 1. La Triplicité de Feu

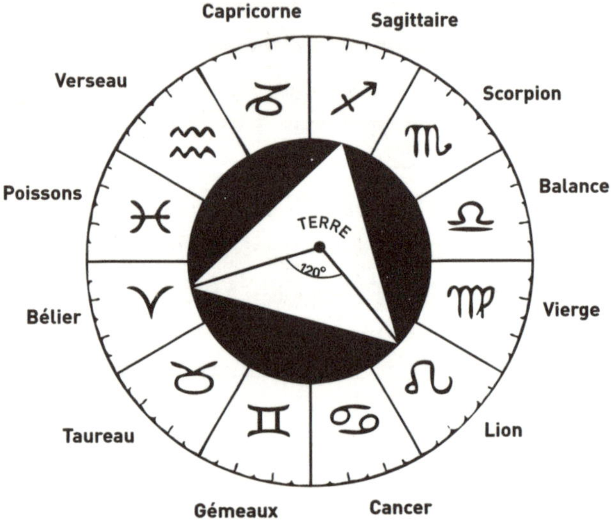

Figure 2. La Triplicité de Terre

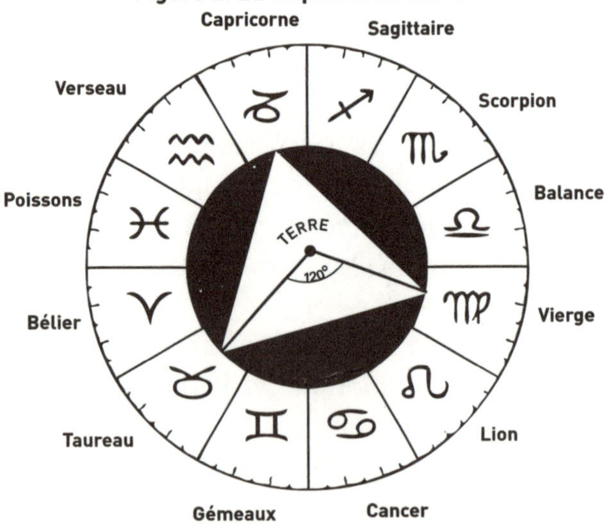

Figure 3.
La Triplicité d'Air

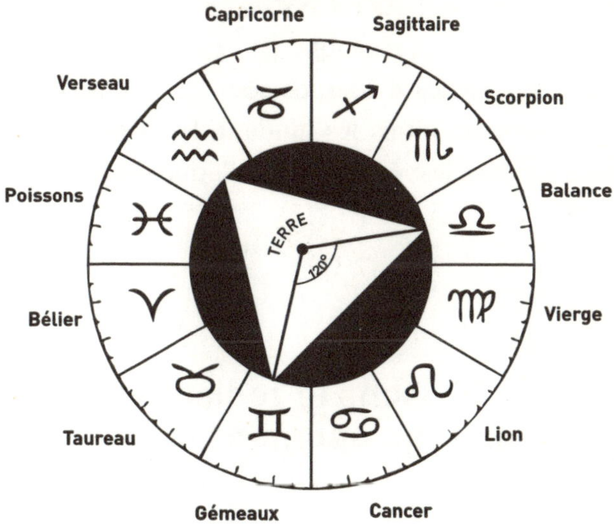

Figure 4.
La Triplicité d'Eau

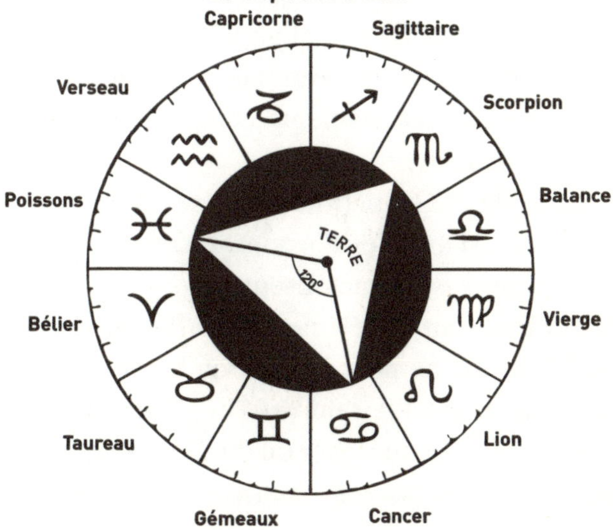

Les signes d'**Air** ont pour moteur la pensée, l'intellect et le goût de communiquer. Ce sont les *mentaux/cérébraux* – les *idéalistes ?* – du zodiaque (cf. figure 3 : la Triplicité d'Air).

Quant aux signes d'**Eau**, ce sont des *émotifs/contemplatifs.* Leurs émotions les guident, leurs sensations les portent. Ce sont les *rêveurs* du zodiaque (cf. figure 4 : la Triplicité d'Eau).

Divisons le zodiaque par 6, qu'obtenons-nous ?

Des Couples Amis (Amitié amoureuse).

Une étoile à six branches formant un hexagone. Vu de la Terre, deux signes consécutifs sont séparés par un angle de 60°. Ces angles sont appelés des *sextiles.* Deux signes en sextile sont en harmonie, car ils appartiennent par définition à des éléments compatibles (Eau avec Terre, Feu avec Air).

Par exemple, le Capricorne est en sextile avec le Scorpion, mais aussi avec les Poissons. L'*entente humaine* et l'*amitié amoureuse* caractérisent ces signes, puisque la Terre et l'Eau sont des éléments en affinité.

Il en va de même pour la relation Verseau-Bélier ou Verseau-Sagittaire, l'Air du Verseau se mariant heureusement avec le Feu du Bélier ou du Sagittaire (cf. figures 5 et 6 page suivante : les signes en sextile, ou Couples Amis – Amitiés amoureuses).

Signes en sextile ou Couples Amis (division du zodiaque par 6)

Figure 5. Éléments Terre + Eau

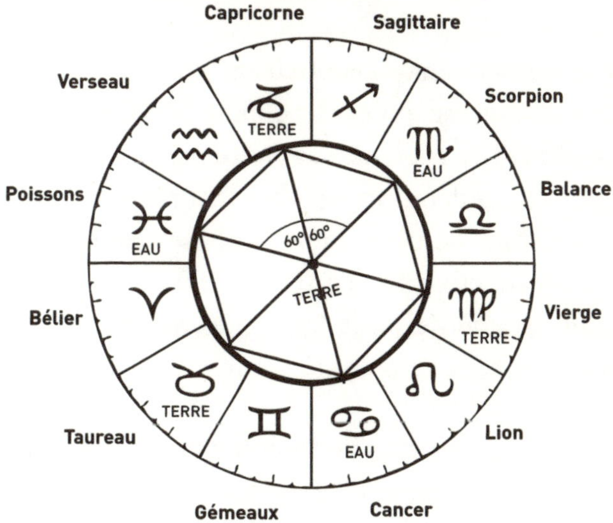

Figure 6. Éléments Feu + Air

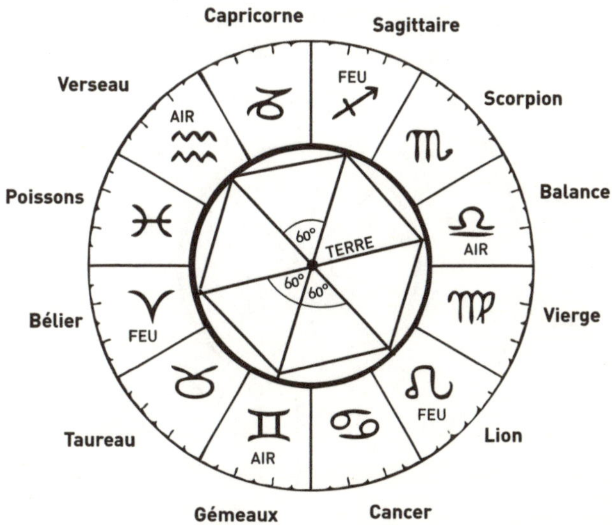

Divisons le zodiaque par 2, qu'obtenons-nous ?

Des Couples Complémentaires.

Prenons comme point de départ le Bélier et plions mentalement le zodiaque en deux parties égales. Nous obtenons deux demi-oranges et le couple ainsi formé est celui résultant de deux signes opposés Bélier/Balance, séparés entre eux par un angle de 180°.

Même géométrie pour les signes antipodes Cancer/ Capricorne, par exemple.

Signes en opposition ou Couples Complémentaires (division du zodiaque par 2)

Figure 7

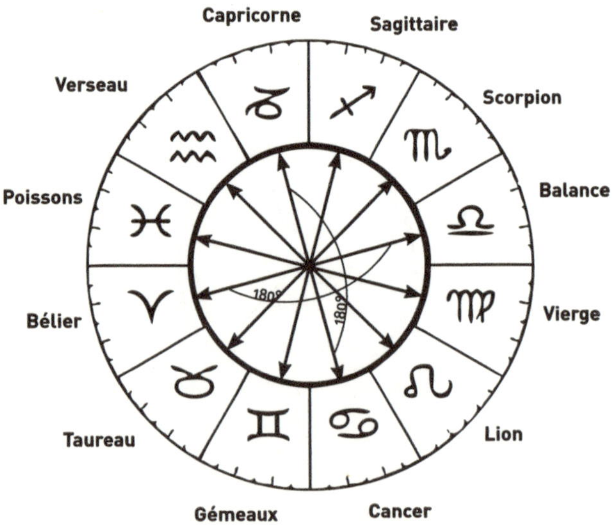

Ces six couples, obtenus à partir de signes en opposition, sont toujours d'éléments différents, mais compatibles et **complémentaires**. Ils sont donc en affinité et en général sujets à une puissante attraction – sauf lorsque les Soleils des deux personnes sont dissonants, ce qui se répercute sur l'Autre et accentue des divergences, pouvant susciter hostilité, voire rejet. À la fois – et successivement – ils s'attirent comme des aimants et se repoussent, à l'image des polarités opposées (cf. figure 7 : les signes en opposition, ou Couples Magnétiques/ Complémentaires).

Divisons le zodiaque par 4, qu'obtenons-nous ?

Des Couples Explosifs ou chiens-chats.

Du point de vue de la Terre, les signes ainsi définis sont éloignés les uns des autres par des angles de 90° (360 : 4 > 90°), appelés *carrés* ou *quadratures*. Nous obtenons ainsi trois *croix cardinales*, composées de signes considérés comme dissonants par la tradition, c'est-à-dire en tension mutuelle, en raison des disparités mutuelles.

À ce propos, citons à titre de curiosité les travaux de l'ingénieur radio Nelson concernant la réception radiophonique : il constata que les parasites les plus importants se produisaient lorsque des planètes se trouvaient en opposition (180°) ou en quadrature (90°) par rapport au Soleil. De même, la réception serait optimale lorsqu'elles sont éloignées de 120° ou de 60° les unes des autres… Ce qui confirme exactement la théorie astrologique (multimillénaire) !…

Autre remarque : les signes en carré – ou quadrature – sont toujours d'éléments contraires, incompatibles. Par exemple, le couple Balance/Capricorne, mélange Air/Terre, n'est pas, selon la tradition, un mélange heureux. De même, le couple Lion/Scorpion (un cocktail Molotov ?) de Feu et d'Eau (cf. figures 8, 9 et 10 : les signes en carré, ou Couples Explosifs/Chiens-Chats).

Signes en carré ou Couples Explosifs ou Chiens-Chats (division du zodiaque par 4)

Figure 8. La Croix de Signes Cardinaux

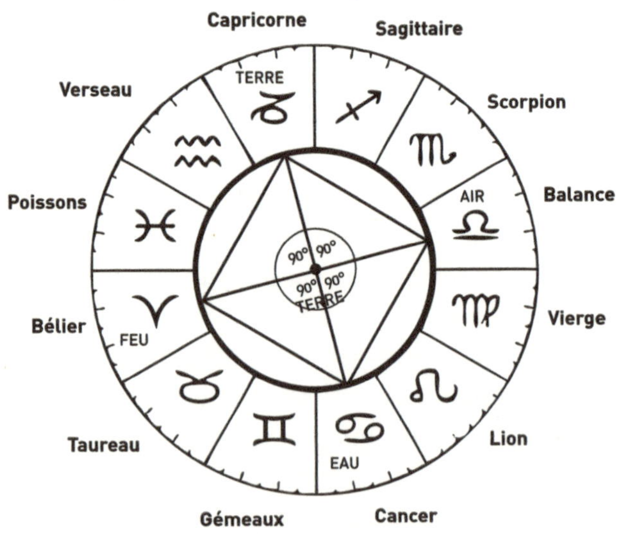

Figure 9.
La Croix de Signes Fixes

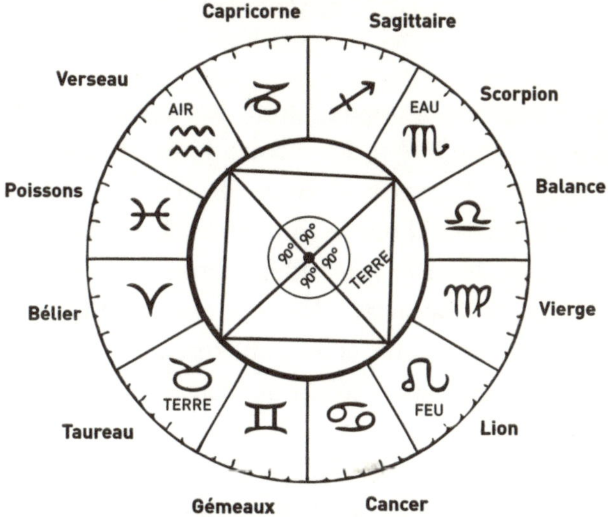

Figure 10.
La Croix de Signes Mutables

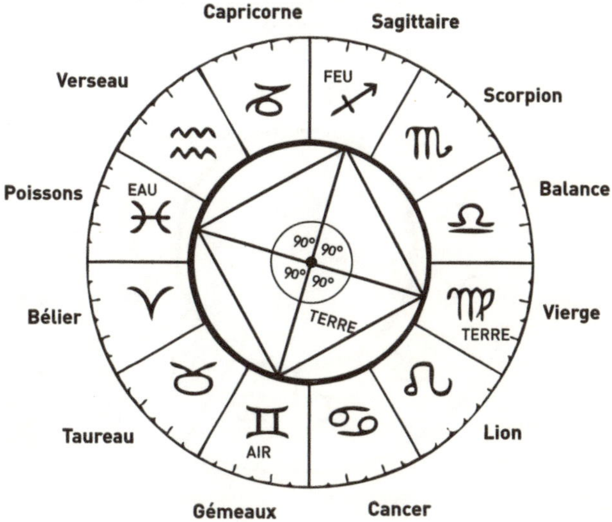

Divisons le zodiaque par 1, qu'obtenons-nous ?

Des Couples Jumeaux, dont les signes sont séparés par 0° – ou 360°–, donc considérés en *conjonction.* Des couples Narcisse – Bélier/Bélier, ou Gémeaux/Gémeaux, etc. – qui ont le choix entre l'extrême complicité fusionnelle et la lassitude, l'ennui de l'effet miroir. Mais l'ont-ils vraiment ? La réponse dépend bien sûr du contexte des deux ciels natals et des moments (cf. figure 11 : les signes en conjonction ou Couples Jumeaux).

Les signes en conjonction ou Couples Jumeaux (division du zodiaque par 1)

Figure 11. Exemple du couple Jumeaux Bélier

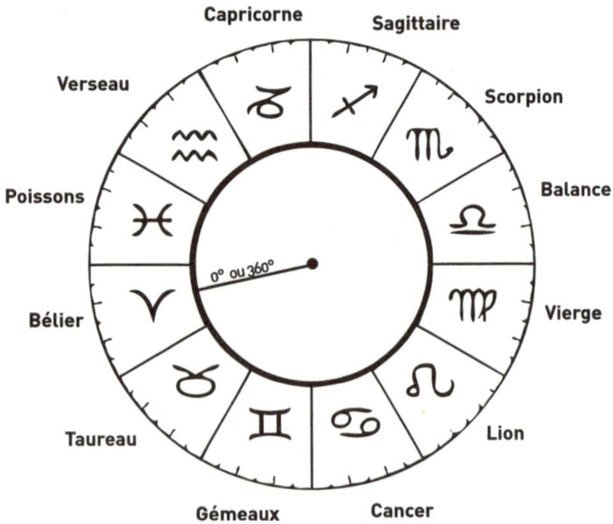

Divisons enfin le zodiaque par 12, qu'obtenons-nous ?

Des couples composés de signes en semi-sextiles, donc « voisins » – séparés par un angle de 30°, donc par aucun autre signe –, que nous appellerons **Frères**. En bons voisins, ils entretiennent en général des rapports courtois, voire une certaine complicité dans l'action et les centres d'intérêt, mais – vous l'aurez compris – *a priori*, ce ne sera pas la folle passion !… Sauf si le contexte de leurs thèmes – Ascendants, Lune, Vénus, Mars, etc. – dit autre chose (cf. figure 12 : les signes en semi-sextile ou Couples Frères).

Signes en semi-sextile ou Couples Frères (division du zodiaque par 12)

Figure 12. Exemple du Bélier au Sagittaire

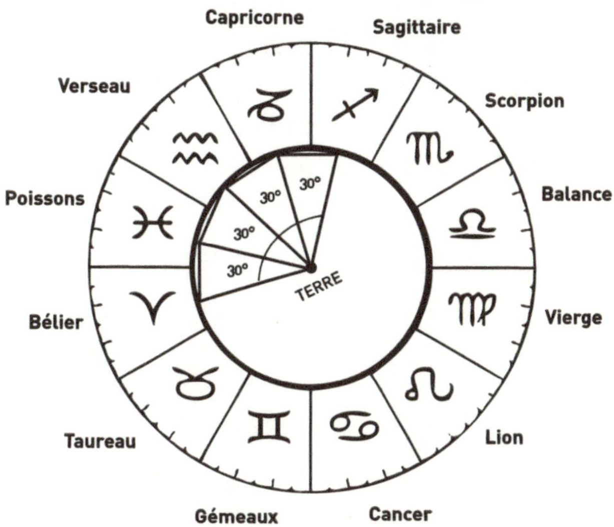

Divisons le zodiaque en quinconce, qu'obtenons-nous ?

Des Couples Libres.

… Et d'abord, qu'entend-on par là ? Au lieu de diviser le zodiaque et ses 360° de façon symétrique, prenons par exemple le Bélier et faisons-lui parcourir une distance angulaire de 150° – c'est-à-dire de cinq signes puisque ceux-ci occupent chacun 30°. Dans le sens des aiguilles d'une montre, nous tombons sur le Scorpion, dans le sens contraire, sur la Vierge : ce sont les deux signes en quinconce par rapport au Bélier. Pour le Taureau, les signes en quinconce sont le Sagittaire et la Balance.

Il s'agit ici essentiellement d'une relation de *libre-arbitre* et de *neutralité bienveillante,* sans plus. Il appartiendra au contexte des deux ciels natals de faire pencher la balance davantage vers l'entente, la complicité, voire l'affection et l'amour, ou vers l'indifférence, voire le rejet. Mais respect et estime de l'Autre seront généralement présents en ce cocktail (cf. figures 13 et 14 page suivante : les signes en quinconce ou Couples Libres).

Signes en quinconce ou Couples Libres

Figure 13. Exemple Bélier-Scorpion/Vierge

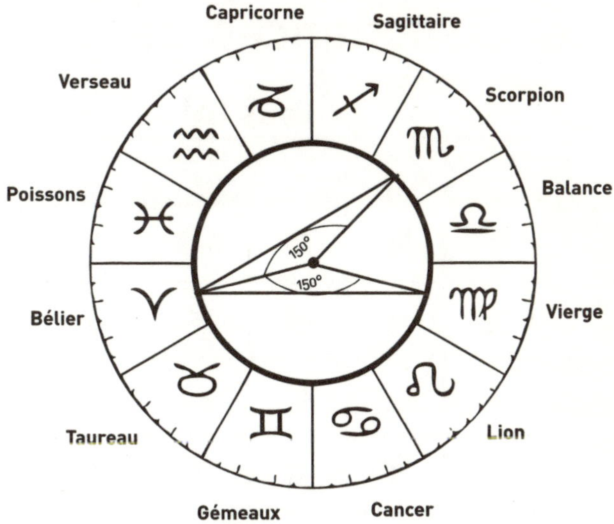

Figure 14. Exemple Taureau-Sagittaire/Balance

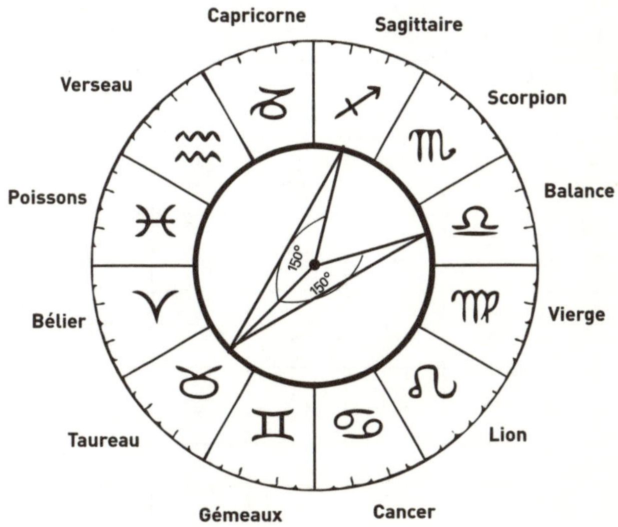

Tableau des Combinaisons astrales (harmonies/affinités et dissonances/défis)

Vous (A)

L'Autre (B)

	Bélier ♈	Taureau ♉	Gémeaux ♊	Cancer ♋	Lion ♌	Vierge ♍
Bélier ♈	☌	⚺	⚹	□	△	⚻
Taureau ♉	⚺	☌	⚺	⚹	□	△
Gémeaux ♊	⚹	⚺	☌	⚺	⚹	□
Cancer ♋	□	⚹	⚺	☌	⚺	⚹
Lion ♌	△	□	⚹	⚺	☌	⚺
Vierge ♍	⚻	△	□	⚹	⚺	☌
Balance ♎	☍	⚻	△	□	⚹	⚺
Scorpion ♏	⚻	☍	⚻	△	□	⚹
Sagittaire ♐	△	⚻	☍	⚻	△	□
Capricorne ♑	□	△	⚻	☍	⚻	△
Verseau ♒	⚹	□	△	⚻	☍	⚻
Poissons ♓	⚺	⚹	□	△	⚻	☍

ASPECTS MAJEURS

☌ = conjonction (angle de 0°)
✱ = sextile (angle de 60°)
△ = trigone (angle de 120°)
□ = carré (angle de 90°)

ASPECTS MINEURS

⚺ = semi-sextile (angle de 30°)
⚻ = quinconce (angle de 150°)
☍ = opposition (angle de 180°)

Vous (A) / **L'Autre (B)**

L'Autre (B) \ Vous (A)	Balance ♎	Scorpion ♏	Sagittaire ♐	Capricorne ♑	Verseau ♒	Poissons ♓
Bélier ♈	☍	⚻	△	□	✱	⚺
Taureau ♉	⚻	☍	⚻	△	□	✱
Gémeaux ♊	△	⚻	☍	⚻	△	□
Cancer ♋	□	△	⚻	☍	⚻	△
Lion ♌	✱	□	△	⚻	☍	⚻
Vierge ♍	⚺	✱	□	△	⚻	☍
Balance ♎	☌	⚺	✱	□	△	⚻
Scorpion ♏	⚺	☌	⚺	✱	□	△
Sagittaire ♐	✱	⚺	☌	⚺	✱	□
Capricorne ♑	□	✱	⚺	☌	⚺	✱
Verseau ♒	△	□	✱	⚺	☌	⚺
Poissons ♓	⚻	△	□	✱	⚺	☌

Conclusion de la première partie

Toutes nos relations à autrui sont basées sur la structure angulaire du zodiaque, sur la logique interne de sa géométrie propre… Car l'astrologie est merveilleusement logique. Il ne vous reste maintenant qu'à mémoriser la structure de base des signes, à vous mettre en tête la suite des signes sur le zodiaque – ou simplement à vous reporter aux différents tableaux dans cet ouvrage, et notamment à celui qui vous indiquera d'emblée la nature de votre couple (**première partie, chap. III : Trouvez votre couple dans cet ouvrage !**).

Muni de ces lois fondamentales des rapports humains selon l'Art royal des Astres, vous serez à même, dans un dîner ennuyeux, de comprendre pourquoi cela n'accroche tout simplement pas avec votre voisin(e). À condition, toutefois, qu'à la question : « Au fait, mademoiselle, qu'êtes-vous ? », elle ne vous réponde pas : « Moi ? Je suis bretonne… ou berlinoise », mais – et ce, avec une lueur de défi dans l'œil : « Je suis Lionne, vous n'avez pas deviné ? »

Deuxième Partie

DIS-MOI QUI TU AIMES/ FRÉQUENTES...

J = Cancer

L = Gem.

I.
Le zodiaque, un prisme à douze facettes

Vous le savez déjà: le zodiaque offre à l'humanité douze miroirs différents des multiples personnalités qu'elle recèle. Douze miroirs qui sont autant d'*archétypes,* comme dirait C.G. Jung, d'archétypes issus des limbes de l'inconscient collectif. Comme si chaque natif avait, en quelque sorte, choisi de s'accouder à une fenêtre du zodiaque – et du monde –, celle de son signe solaire, en ayant à sa disposition un point de vue particulier, un paysage qui n'appartient qu'à un douzième (environ) de l'humanité. La réalité du monde, une et multiple, que par définition aucun être ne peut saisir dans sa totalité, est ainsi appréhendée par une de ses facettes particulières, une de ses facettes zodiacales, par chacun d'entre nous. D'où la conclusion logique que personne n'est totalement objectif ni n'a entièrement raison dans son point de vue – celui-ci étant forcément limité, partiel, donc partial – et que personne n'a entièrement tort, puisque sa vision du monde n'est qu'une fraction de la réalité du monde. On entrevoit une belle leçon de tolérance...

Mais trêve d'astrologie métaphysique. Notre propos n'est pas aussi ambitieux, ni aussi grave. Il est cependant destiné à affirmer ceci : il y a *douze façons différentes de voir le monde, de le sentir, de le penser, douze façons de l'aimer et de le redouter. Il y a de même douze façons d'être porté vers les autres, de les apprécier, douze façons de les aimer.*

Bien sûr, l'astrologue rigoureux et honnête est contraint de faire des réserves, d'affiner cette affirmation. Il est obligé d'ajouter qu'en ce qui concerne par exemple les relations affectives, jouent également – et puissamment – les positions de la Lune et de Vénus, mais aussi de Mars (instinct de vie et pulsion sexuelle) ; qu'interviennent en particulier les Maisons ou secteurs V (amours, plaisirs, créations, progéniture) et VII (mariage, partenariats).

Signalons en outre que certaines superpositions de vos planètes natales avec celles de l'Autre (partenaire, ami(e), mère, père, sœur, frère, patron, secrétaire, etc.), notamment en ce qui concerne la Lune, Vénus, Mars, ainsi que des aspects (trigones, sextiles, voire oppositions) entre ces mêmes astres peuvent susciter une attraction/des affinités particulières. Par exemple, un aspect entre votre Vénus natale et Mars natal de l'Autre est la signature d'une forte attraction physique ; entre votre Soleil (signe solaire) et Vénus ou Lune de l'Autre est facteur de grande entente et d'une harmonie de goûts.

Pour revenir au signe solaire, disons de façon générale que le Soleil – notre signe solaire – nous reflète dans notre identité et dans la conscience profonde que nous avons du monde et de notre être, nous reflète aussi dans nos buts et nos ambitions sociales, dans le rôle que nous souhaitons jouer ici-bas ; bref, nous signe en priorité.

Il faut savoir que les signes du zodiaque se classent aussi par rapport aux *saisons*. En ce sens, ils sont soit cardinaux (ouvrant une saison), soit fixes (au milieu d'une saison), soit mutables (terminant une saison). Les signes cardinaux aiment à ouvrir des voies et assumer des responsabilités, les fixes sont dans une logique de fidélité/persévérance dans une voie donnée, tandis que les mutables se caractérisent par une nature souple et adaptable.

Ensuite, un signe appartient à un certain élément – successivement Feu, Terre, Air, Eau. Il y a donc trois signes de chaque élément. Les signes ignés (Feu) sont des enthousiastes et des passionnés ; dans la classification de Le Senne, ils correspondent aux *émotifs actifs*, le Bélier ajoutant son tempérament *primaire* (qui vit et réagit au présent), par opposition au Lion, plutôt *secondaire* (réactions qui se prolongent dans le temps). Les signes de Terre sont des réalistes pragmatiques (*non émotifs, actifs, secondaires*, selon Le Senne), tandis que les signes d'Air sont des cérébraux communicatifs (*non émotifs, actifs, primaires*), les signes d'Eau, sensibles et/ou instinctifs, seraient plutôt des *émotifs, non actifs, secondaires*.

Enfin, les signes zodiacaux sont alternativement *masculins/diurnes* (dans l'action) et *féminins/nocturnes* (dans la réceptivité/passivité).

Spécifions enfin que la tradition attribue une correspondance entre les Signes et les Maisons (cf. glossaire p. 357-362). Ainsi, le premier signe (Bélier) a des affinités avec la Maison I, le Taureau avec la Maison II, etc. et, par exemple, la présence de plusieurs planètes dans une Maison donnée accorde au natif une composante du signe correspondant. Plusieurs planètes en Maison I accentueront la nature martienne d'un Bélier, en Maison II il y aura une connotation Taureau, etc.

Mais, trêve de précisions didactiques : ce petit traité doit rester ludique avant tout !

*

Conclusion. En tant que microcosme face au macrocosme, ce grand Tout qui nous entoure, chacun de nous se trouve physiquement, intellectuellement, moralement, spirituellement modelé par ce dernier. Impossible par ailleurs de séparer, pour l'entité globale qu'est chacun d'entre nous, notre manière d'être de notre manière d'aimer. Car chacun est un tout.

Cependant, si vous êtes Scorpion, vous n'aurez pas la même façon d'aimer que si vous êtes Gémeaux ou Verseau. En revanche, on trouvera des similitudes entre l'art d'aimer de ces deux derniers signes, en raison de leurs affinités de base, en rapport avec l'élément Air ; celui-ci les marquera d'une certaine fantaisie, d'un goût prononcé pour les choses de l'esprit et d'un besoin permanent de communiquer et de partager.

Et maintenant, lisez *l'art d'aimer* qui vous concerne. Êtes-vous bien le reflet de votre signe ?

*

Remarque préalable. Dans les correspondances symboliques qui suivent, chaque signe se voit classé en fonction de ces différents critères définis par la tradition astrologique, sachant qu'au premier chef, un *signe zodiacal* est en affinité particulière avec une *planète* du système solaire (qui le régit) : Mars avec le Bélier, Vénus avec le Taureau, Mercure avec les Gémeaux, etc.

LE BÉLIER

Les correspondances symboliques

- SIGNE CARDINAL – DE FEU – MASCULIN – DIURNE – MAISON I
- MOTS-CLÉS : élan vital, force brute, action, esprit d'entreprise et d'aventure, franchise, loyauté, agressivité, compétition, esprit de chef, de pionnier, enthousiasme, précipitation, goût du risque, manque de persévérance, courage, initiative.

Ami Bélier, voici...

- Votre planète : Mars
- Votre jour : mardi
- Votre couleur : rouge vif
- Votre métal : fer
- Vos fleurs : bruyère, menthe, gentiane, coquelicot
- Votre parfum : foin coupé
- Vos pierres : rubis, améthyste, cornaline, corail
- Vos chiffres : 7, 11, 17, 21
- Vos pays : Danemark, Allemagne, Angleterre, Japon

Vos signes préférés

- Harmonie parfaite : Lion, Sagittaire
- Amitié amoureuse : Gémeaux, Verseau
- Passion (complémentarité/opposition) : Balance

Quelques Bélier célèbres

- S. McQueen
- M. Brando
- H. Hefner
- C. Chaplin
- C. Cardinale
- W. Beatty
- J.-P. Belmondo
- V. Van Gogh
- Lénine
- O. von Bismarck
- G. Schroeder
- W. Holden
- C. Baudelaire
- C. Dion
- A. D. Landru
- G. Peck
- W. Holden

- B. Davis
- F. de Goya
- Sainte Thérèse d'Avila
- W. von Braun
- D. Bogarde
- A. Franklin
- D. Ross
- M. Carey
- A. Berg
- H. von Karajan
- A.-L. Webber
- E. Clapton
- J.-L. Borloo

L'art d'aimer du Bélier

« Au terme de chaque guerre la paix et de chaque paix la guerre. »

A. Di Lernia

« Joueur déterminé, vrai panier percé, grand parleur toujours tranchant, rien moins que modeste, intrépide, courant les femmes, supplantant ses rivaux, ne connaissant pour bonne compagnie que celle qui divertissait, toujours prêt à payer de ma personne, je me croyais tout permis. Car l'abus qui me gênait me paraissait devoir être brusqué. »

Casanova, Bélier du 2 avril 1725

En tout Bélier sommeille un Casanova. « Impossible n'est pas Bélier », pourrait-on dire en paraphrasant Napoléon. L'exubérance, l'enthousiasme, le courage et la confiance en soi du premier signe du zodiaque, incarnation du chef, du leader et de l'aventurier casse-cou, s'appliquent aussi à sa manière d'aimer : il ne doute pas, n'hésite pas, fonce et trouve naturel de séduire tous azimuts. Irrésistiblement. Il y a de la candeur dans cet esprit de conquête, dévié de l'art de la guerre et appliqué à son art d'aimer. À l'attaque ! De l'action avant tout ! Mais ne nous y trompons pas : son besoin d'amour est réel et exigeant ; dans la conscience universelle, dans l'âme du monde, le Bélier correspond au premier stade de l'humanité, au nourrisson avide de soins et d'amour, hurlant à fendre l'âme pour recevoir ce qui lui est dû. « Ne me quitte pas », implore le Bélier Jacques Brel. Plus tard, ses besoins sexuels seront à la hauteur de sa puissante vitalité : importants et exigeants… mais souvent rapidement satisfaits (!). Compte surtout le nombre de ses conquêtes, leur accumulation, un tableau de chasse qu'il exhibe volontiers avec panache, ornement naturel dû à sa séduction. Point.

Quand il a décidé de vous séduire, son enthousiasme et sa verve intarissable (il est *très* bavard !) ne vous laissent pas le temps de souffler ; quelques pointes bien plantées, un humour provocant et un poil d'insolence, et vous voilà séduit(e), subjugué(e). Et s'il y a un rival dans la course, tant mieux, il prendra plaisir à le devancer – les combats de cerfs ne sont pas éloignés des combats de Béliers… « À vaincre sans péril on triomphe sans gloire », c'est pour lui que Corneille a écrit ce vers.

Ne soyez donc pas, madame, mademoiselle, une récompense trop facile – ce serait un affront pour le belliqueux Bélier dépossédé des joies de la conquête. Mais attention, point d'excessives tergiversations, de mièvres caprices ! Il vous appartient d'entretenir sa flamme, ce feu follet né d'une étincelle mais prompt à s'éteindre faute d'oxygène, étouffé par la lassitude, la routine, le manque de fantaisie. Faute de quoi monsieur ou madame Bélier s'envolera très vite vers d'autres conquêtes, avec la même ardeur qu'il – ou elle – aura déployée à vous séduire.

LE TAUREAU

♉

Les correspondances symboliques

- SIGNE FIXE – DE TERRE – FÉMININ – NOCTURNE – MAISON II
- MOTS-CLÉS : calme, réflexion, pondération, possessivité, persévérance, sensualité, lenteur, entêtement, prosaïsme, solidité, amour de la nature, paresse, naïveté, vitalité, scepticisme, matérialisme, puissance créatrice, terre, argent, paysan.

Ami Taureau, voici...

- Votre planète : Vénus
- Votre jour : vendredi
- Votre couleur : vert, bleu ciel, rose, couleurs pastel
- Votre métal : cuivre
- Vos fleurs : lilas, rose, muguet
- Vos parfums : verveine, romarin, lilas
- Vos pierres : émeraude, saphir, jade
- Vos chiffres : 4, 6, 11
- Vos pays : Irlande, Pologne, C.E.I.

Vos signes préférés

- Harmonie parfaite : Capricorne, Vierge
- Amitié amoureuse : Cancer, Poissons
- Passion (complémentarité/opposition) : Scorpion

Quelques Taureau célèbres

- S. Freud
- H. de Balzac
- Elizabeth II
- E. Fitzgerald
- S. Reggiani
- Ch. Trénet
- J. Gabin
- K. Marx
- A. Hitler
- P. Pétain
- P. Teilhard de Chardin
- M. Moore
- S. Dali
- C. Blanchett
- Ninon de Lenclos
- K. Hepburn
- Catherine de Médicis
- Catherine II de Russie
- A. Aimée
- S. Berger
- B. Streisand
- J. Nicholson
- M. Darc
- O. Welles
- G. Cooper
- Brahms
- M. Pfeiffer
- G. Clooney
- E. Peron (Evita)
- C. Monteverdi
- A. Mac Dowell
- L. Armstrong
- J.-F. Copé...

L'art d'aimer du Taureau

> *« Donnez-moi cet homme*
> *Qui n'est pas esclave de la passion, et je le porterai*
> *Au fond de mon cœur, oui, dans le cœur de mon cœur.* » (*Hamlet*)
>
> SHAKESPEARE, Taureau supposé

On pourrait presque dire de lui qu'il est un séducteur malgré lui. Car c'est un timide, doté d'un charme évident – sa planète n'est-elle pas Vénus, alias Aphrodite, déesse des arts et de la beauté ? Son univers : tout ce qui est bon et beau. C'est premièrement un jouisseur et, secondairement, un esthète. D'où son goût de la bonne chère, de la belle musique – son signe recèle le plus grand nombre de chanteurs –, des beaux objets, des belles demeures… et des belles femmes, cela va sans dire. Mais il est également fidèle de nature, et lent à s'attacher, comme il est lent en toute chose : lent et concentré, appliqué, efficace, sérieux, persévérant. Bâti en force, sa démarche peut être lourde, très masculine. Et pourtant, signe féminin, c'est un sensible qui se cache sous ses airs rudes, avec une composante féminine paradoxalement importante – d'où son amour des fourrures ou tissus moelleux… de votre peau ? C'est un tactile…

Amoureux de son confort et de sécurité, il ne se lancera pas à corps perdu dans une aventure compliquée – sauf s'il est esclave de ses sens (il est souvent addict à quelque chose : l'alcool, la bonne bouffe, le travail – eh oui, c'est un *workoholic* – … ou le sexe). « Mon invincible travail… » gémit le Taureau Balzac. Mais une fois séduit, il sera constant dans son attachement, et il exigera une fidélité sans accrocs, prêt (en principe) à jouer le jeu de la réciprocité, prêt aussi, en cas de défaillance ponctuelle – la chair est faible, n'est-ce pas ? – à gommer son dérapage sans vergogne. Le plaisir des sens, et plus particulièrement la sexualité, est en effet un domaine primordial pour le Taureau, qu'il vit dans une appartenance réciproque et totale (« L'amour est un égoïsme à deux », déclare Mme de Staël, Taureau amoureux de Benjamin Constant, dans l'accord parfait de sa complémentarité avec le Scorpion). Il faut le savoir et en tenir compte : ses besoins sont supérieurs à la moyenne, assortis de tendresse et de douceur. À vous, les caresses troublantes, les préliminaires excitants qui jouent la prolongation ! Et rappelez-vous : le

Taureau est un oral. La bouche, les lèvres, les baisers – sa mère se rappelle encore son addiction au sein –; il lui en reste forcément quelque chose... et puis, n'oublions pas, la voluptueuse Vénus, sa planète, est de la partie !

Cependant, jaloux et possessif – un brin tyran domestique au besoin –, sachez qu'il veillera au grain sous ses airs placides. Et gare à celle ou celui qui aura le malheur de le décevoir, de tromper sa confiance ! Othello (interprété comme de juste par le Taureau Orson Welles au cinéma) n'est autre que son frère jumeau : sa jalousie est ravageuse, impérieuse, destructrice, folle ; tromperie et mensonge ont raison de son amour, seul le crime, la mort de l'être aimé peuvent calmer un tant soit peu sa souffrance. Alors, le pacifique Taureau voit rouge, se mue en tornade blanche, peut devenir brutal (surtout s'il a Mars en Taureau – comme Hitler !). Et vous aurez bien du mal à retrouver la paix *at home*, car c'est un ruminant qui ressasse et ne pardonne guère.

Qu'on se le dise !...

LES GÉMEAUX

♊

Les correspondances symboliques

- SIGNE MUTABLE – D'AIR – MASCULIN – DIURNE – MAISON III
- MOTS-CLÉS : communication, subtilité, habileté manuelle et mentale, curiosité, dualité, adaptabilité, sens du commerce, rapidité des réflexes, versatilité, cérébralité, messager, superficialité, dispersion, éloquence, éclectisme, mensonge, représentant, commerçant, journaliste, diplomate, agent.

Ami Gémeaux, voici...

- Votre planète : Mercure
- Votre jour : mercredi
- Votre couleur : les gris et blancs irisés ou nacrés
- Vos métaux : argent, mercure
- Vos fleurs : narcisse, verveine
- Votre parfum : muguet
- Vos pierres : béryl, aigue-marine, cristal
- Vos chiffres : 3, 12, 18
- Vos pays : Belgique, Sardaigne, États-Unis

Vos signes préférés

- Harmonie parfaite : Balance, Verseau
- Amitié amoureuse : Lion, Bélier
- Passion (complémentarité/opposition) : Sagittaire

Quelques Gémeaux célèbres

- Dante
- B. Pascal
- M. Monroe
- B. Borg
- F. Sagan
- A. Jolie

- S. Graf
- B. Shields
- J.-F. Kennedy
- L.-F. Céline
- H. Kissinger
- J.-P. Sartre
- J. Offenbach
- C. Bartoli
- Che Guevara
- G. Philipe
- C. Eastwood
- S. Rykiel
- J. Hallyday
- R. Char
- P. Salinger
- J. Wayne
- P. Gauguin
- A. Dürer
- J. Baker
- R. Dufy
- R. W. Fassbinder
- G. Courbet
- Marquis de Sade
- M. Yourcenar
- Ch. Aznavour
- B. Dylan
- A. Resnais
- D. Hammett
- A. Cordy
- Barbara
- B. Giraudeau
- C. Doyle
- N. Kidman
- N. Campbell
- Prince
- P. McCartney
- E. Hurley
- J. Depp
- J. Ivory
- H. Hawks
- G. Bedos

L'art d'aimer des Gémeaux

« Qu'est-ce que l'amour ? L'échange de deux fantaisies et le contact de deux épidermes. »

N. Chamfort

« Cette conception me séduisait : des amours rapides, violentes et passagères. Je n'étais pas à l'âge où la fidélité séduit. Je connaissais peu de choses à l'amour : des rendez-vous, des baisers et des lassitudes. »

F. Sagan, Gémeaux du 21 juin 1935

La démarche alerte, dansante, le Gémeaux, toujours pressé et en mouvement, vole vers une conquête récente : un être qui, par son esprit et son originalité, aura su piquer sa curiosité. Et peu importe si notre

Gémellien est déjà embarqué dans une liaison, voire un mariage. N'est-il pas foncièrement libre ? Cet éternel adolescent a toujours soif de nouveauté.

Il ne supporte pas l'ennui, prend la fuite s'il doit affronter lourdeur, complications ou trop de gravité. *Comediante, tragediante,* son psychisme est « ondoyant et divers », comme dit Montaigne, passant avec une facilité remarquable des rires aux larmes, son émotivité nerveuse, à fleur de peau, refuse de s'appesantir. Le Gémeaux du type Castor est un émotif. Libertin, séducteur invétéré, il accumule les conquêtes sans se soucier des dégâts causés par son charme d'éternel adolescent, alors que le type Pollux se fera facilement ironique, voire cynique, pratiquant le clivage sentiment/sexe par peur de s'attacher, et privilégiera l'amitié amoureuse sans exclure une union basée sur l'intérêt plutôt que la passion charnelle – celle-ci lui est étrangère. Les jeux de l'esprit le fascinent davantage, qui peuvent se nuancer d'une certaine cruauté, mentale ou non, quand ce n'est pas d'une cruauté certaine : Sade n'était-il pas Gémeaux ?

Réminiscence encore de l'adolescence, voire des amours enfantines, le Gémeaux papillonnant s'engagera souvent dans une relation en triangle, style *Jules et Jim,* le troisième personnage étant une ou un ami, ou encore le mari d'une amie… Une double vie en résultera souvent, menée avec aisance et désinvolture par le Gémeaux caméléon, doté d'un sens étonnant de l'adaptation, fût-ce au prix du mensonge et de la duplicité. Mais à ce séducteur spirituel au charme adolescent irrésistible, il sera beaucoup pardonné…

Si vous êtes prêt(e) à prendre le risque – ou désireux(se) de partager ses jeux de Lolita ou d'Arlequin –, évitez comme la peste la routine et l'ennui, des tue-l'amour pour le Gémeaux plus encore que pour tout autre signe.

Offrez-lui des gadgets amusants et à la mode – ça vient de sortir, donc c'est forcément excitant, drôle, captivant (un joli smartphone, par exemple, voire deux, car il est le seul à être capable de mener de front deux conversations séparées) –, offrez-lui un dictionnaire original (sa curiosité et sa soif d'apprendre ne connaissent pas de bornes), soyez drôle, enjoué(e) – il/elle fuit les pisse-froids… Bref, surprenez l'être aimé, entraînez-le (la) dans un mouvement perpétuel : d'un match de tennis à un spectacle de danse, du théâtre sans transition dans sa boîte de nuit préférée, improvisez un voyage surprise et finissez au casino, à une table de jeu. Le jeu d'échecs, ce sera pour des soirées plus calmes… Et puis, dans l'alcôve, faites appel à toute votre fantaisie, flattez ses yeux par des tenues originales, coquines et inattendues (c'est un visuel et un cérébral). Bref, soyez imprévisible, mais surtout *parlez-lui !* Le Gémeaux, cet être de vif-argent, est un cérébral et c'est pour lui que fut créée la parole : « Au début était le Verbe » et l'auteur des *Mots* ne pouvait être qu'un fils de Castor et Pollux (Jean-Paul Sartre)…

LE CANCER

♋

Les correspondances symboliques

- SIGNE CARDINAL – D'EAU – FÉMININ – NOCTURNE – MAISON IV
- MOTS-CLÉS : lymphatisme, esprit maternel et familial, rêve, susceptibilité, timidité, caractère lunatique, caprice, imagination, sensibilité, fuite, introversion, amour du passé, attachement à l'enfance, au foyer, traditionalisme, poète.

Ami Cancer, voici...

- Votre planète : la Lune
- Votre jour : lundi
- Votre couleur : blanc, gris argent
- Votre métal : argent
- Vos fleurs : nénuphar, lis, coloquinte, nymphéa
- Votre parfum : iris
- Vos pierres : pierre de lune, opale, perle
- Vos chiffres : 2, 5, 20, 40
- Vos pays : Afrique, Écosse, Hollande

Vos signes préférés

- Harmonie parfaite : Poissons, Scorpion
- Amitié amoureuse : Vierge, Taureau
- Passion (complémentarité/opposition) : Capricorne

Quelques Cancer célèbres

- N. Mandela
- A. Merkel
- A. Modigliani
- M. Proust
- Cardinal Mazarin
- P. Cardin
- J. Cocteau (Asc. Gémeaux)

- J.-J. Rousseau
- E. Hemingway
- Henri VIII d'Angleterre
- T. Stamp
- G. Desproges
- G. Sand
- F. Kafka
- T. Hanks
- L. Ventura
- T. Cruise
- G. Lollobrigida
- B. Stanwyck
- M. Streep
- S. Lumet
- S. Pollack
- H. Ford
- Gotlib
- Ch. Laughton
- P. Lorre
- N. Sarraute

L'art d'aimer du Cancer

« La beauté agit même sur ceux qui ne la constatent pas. »

J. Cocteau, Cancer du 5 juillet 1889

« Allaité par l'avion, j'éprouvais pour lui une espèce de tendresse filiale. Une sorte de tendresse de nourrisson. »

Saint-Exupéry, Cancer du 29 juin 1900

Un conseil d'ami : si vous voulez gagner sa confiance – et ce n'est pas une mince affaire que de trouver à se glisser dans sa coquille de Crabe pudique –, gardez-vous de critiquer sa mère. Il a en général une vénération pour celle qui lui a donné le jour et elle a – forcément – LA recette du cassoulet ou du risotto aux cèpes : insurpassable ! Attention, s'il est un homme, dans le zodiaque, pour qui l'amour passe par l'estomac, c'est bien lui, le Cancérien gourmet et gourmand. Il fait concurrence au Taureau – les deux signes par excellence des Chefs ! Normal : dans l'« homme zodiacal », le Taureau est en connexion symbolique avec la bouche, le Cancer l'étant avec l'estomac (et la poitrine, les seins)…

Cet être introverti et pudique est d'humeur changeante, il est « lunatique ». La Lune, « astre capiteux et mouvant », régit en effet son signe. Est-ce la raison pour laquelle il peut se montrer volage, refusant de se fixer ?

Quoi qu'il en soit, si vous voulez le garder de bonne humeur, évitez de le brusquer le matin en le réveillant brutalement, laissez-le émerger lentement de son univers onirique – bref, ne bousculez pas cette marmotte qui, au demeurant, a un plus grand besoin de sommeil que l'homme normal. Et si vous le lui reprochez, il vous demandera, candide : « C'est quoi, l'homme normal, hein ? » Très attaché à sa famille, il cherchera à reproduire à son tour un univers familial harmonieux, un cocon douillet, dont vous serez la fée et la vestale. L'intimité n'est pas un vain mot pour cet être qui garde un rapport privilégié avec l'enfance.

Vous vous rendrez compte qu'il a un faible pour vous s'il montre son talent de pince-sans-rire – de très nombreux humoristes sont Cancer, l'occasion pour eux de s'exprimer sans se démasquer. Ou si, timidement voire maladroitement, il tente de vous prendre le bras pour traverser la rue – il aime à se montrer protecteur – et comme le toucher est pour lui important, ce sera l'occasion de tester l'effet que vous lui faites… Mais, conscient de son audace, il retrouvera sa réserve – provisoirement, s'entend. Un pas en avant, deux en arrière…

C'est un indécis et un tendre à la fois, et tellement pudique ! Il sera bien souvent séduit par une femme plus âgée, dont l'expérience et le côté maternel le subjuguent et le rassurent à la fois – il est l'objet rêvé des « cougars ». Ce qui ne l'empêchera pas, s'il trouve plus faible que lui, d'en abuser, au besoin en se montrant un rien sadique… Maso ou sadique, la tendance est bien là, sous-jacente, plus ou moins consciente.

C'est un imaginatif qui se réfugie dans ses rêves et ses fantasmes. Il est de ceux qui parfois préfèrent rêver leur vie que de vivre leurs rêves. Son puissant imaginaire peut l'isoler de son entourage qui doute alors de sa capacité d'écoute, voire de son intérêt – avec les Poissons, c'est le plus artistique des signes. Alors, doucement, de retour de son univers, il vous reviendra si, au lieu de l'agresser et de le noyer sous un flot de paroles, vous le regardez tendrement, sans rien dire. Le Crabe muet, qui a besoin d'être rassuré, dorloté, retrouvera la parole… et vous fera éclater de rire par une remarque drôle, par son sens irrésistible de la dérision et de l'absurde.

Cependant, ne vous attendez pas à un déchaînement verbal au lit : c'est un silencieux, tout entier adonné à ses sens, à la sensation pure, sur laquelle il se concentre intensément. Enseignez-lui la communication, le partage, sinon cela risque d'être « chacun pour soi » !… Surtout si vous êtes une cérébrale.

Et si l'objet aimé est une Cancérienne, elle sera soit du style mamma protectrice qui prend en charge toute la maisonnée avec maestria, soit la « poupée de cire, poupée de son » capricieuse chantée par Polnareff, qui a un besoin vital de se sentir protégée. Cette femme-enfant a besoin de tendresse et de caresses, d'effleurements savants – surtout au niveau des seins, sa zone érogène prioritaire. D'une grande émotivité/sensorialité, qu'il s'agisse de l'une ou de l'autre de ces femmes Cancer, elle succombera alors et abandonnera sa pudique retenue qui pourrait (vous) faire croire à de la froideur.

Grave erreur, cruel malentendu !…

LE LION

♌

Les correspondances symboliques

- SIGNE FIXE – DE FEU – MASCULIN – DIURNE – MAISON V
- MOTS-CLÉS : rayonnement, ardeur, autorité, lumière, force, intelligence synthétique, générosité, orgueil, ambition, fermeté, noblesse, père, chef, volonté, esprit d'entreprise, vitalité, loyauté, passion, P-DG, homme politique, autocrate.

Ami Lion, voici...

- Votre planète : le Soleil
- Votre jour : le dimanche
- Vos couleurs : jaune doré, orange
- Votre métal : or
- Vos fleurs : palmier, géranium, tournesol
- Votre parfum : héliotrope
- Vos pierres : rubis, ambre jaune, diamant
- Vos chiffres : 1, 9, 10
- Vos pays : France, Italie, Autriche

Vos signes préférés

- Harmonie parfaite : Sagittaire, Bélier
- Amitié amoureuse : Gémeaux, Balance
- Passion (complémentarité/opposition) : Verseau

Quelques Lion célèbres

- Napoléon Ier
- F. Castro
- G. de Maupassant
- Mata Hari
- H. Bourguiba
- C.-G. Jung
- C. Chanel
- J. Kennedy
- Madonna
- B. Clinton
- B. Evans

- H.-P. Lovecraft
- B. Mussolini
- F. Hollande
- J.-L. Mélanchon
- A. Juppé
- M. Aubry
- M. Valls
- M. Le Pen
- E. Béart
- J. Lopez
- S. Penn
- N. Ray
- M. Pialat

L'art d'aimer du Lion

« L'amour de soi passe chez tout le monde avant l'amour du prochain. »

EURIDIPE, 480-405 av. J.-C.

« Ma foi, si je n'avais pas été là, je me serais bien ennuyé ! »

(Réponse d'Alexandre DUMAS, Lion du 24 juillet 1802, questionné après un dîner)

L'air sûr de soi, le port de tête altier, la démarche décidée, pas de doute, c'est avec lui que vous avez rendez-vous et qui vient de pénétrer dans le café, navré d'avoir été devancé. Car il est bien élevé et courtois ; on a des manières ou on n'en a pas... Sans se départir de sa belle assurance, il explique que le trafic – ah, ce fichu trafic ! – l'a pris au dépourvu : que faire contre un camion de poubelles, n'est-ce pas ? Car tolérance bien ordonnée commence par soi-même : le Lion ne s'embarrasse pas de longs *mea culpa*... À tout seigneur... !

Cela dit, impossible de lui en vouloir, même si certains y verraient de la morgue ou de l'arrogance ; il est comme ça, c'est à prendre ou à laisser. Et, oui, son charisme fonctionne, vous avouez-vous, un peu béat(e) de son culot qui, au demeurant, n'a rien d'agressif. Vous lui accordez donc votre pardon, déjà conquise par ce subtil mélange de candeur, de morgue et de confiance en soi.

Ensuite, tout va très vite. Style Napoléon (Lion/Scorpion), à la hussarde ! Vous lui plaisez et sans fausse pudeur il vous le dit. Ou vous le fait comprendre dès le second rendez-vous, avec des compliments superlatifs : vous êtes la femme la plus séduisante qui soit, vos yeux sont ravageurs, votre élégance parfaite – et pour le Lion, l'esthétique, ça compte au premier chef. Au troisième rendez-vous, au retour d'une soirée inoubliable, scellée par un baiser style Cecil B. DeMille – il vous a emmenée danser, vous êtes au top de votre séduction, éclatante –, il vous demande carrément en mariage. Il est sûr de lui et, confiant en son instinct, il est sûr de vous. Il vous portera comme une fleur à la boutonnière, ou comme une décoration : vous serez son faire-valoir qui le fera briller en société ; il doit être fier de vous, c'est fondamental. Ne craignez pas d'être voyante – il ne déteste pas, au contraire, sûr ainsi de ne pas passer inaperçu. Si vous lui faites honneur, il vous protègera, vous gâtera et rien ne sera trop beau pour vous, SA femme, qu'on se le dise. Il est convaincu, comme le chantait Marilyn Monroe (Asc. Lion) que *« Diamonds are a girl's best friend »*… Doté d'une vitalité remarquable, sa sexualité sera à l'avenant : exigeante et passionnée. Vous êtes sa chose, à laquelle, paradoxalement et dans sa grande mansuétude léonine, il laisse les coudées franches : il vous fait une absolue confiance. N'est-il pas loyal lui-même, ennemi de petites cachotteries indignes de l'idée qu'il se fait de lui-même ?

Car son idéal du Moi est le plus élevé qui soit; parfois au-dessus de ses moyens, d'ailleurs...

Alors, gare à vous si vous le ridiculisez! Son amour-propre (au sens littéral: son amour de soi) est le plus chatouilleux du zodiaque; jamais il ne vous pardonnera ce crime de lèse-majesté. Il souffrira cruellement. Il est de ceux qui pensent que le ridicule tue...

Quant à la Lionne, elle aura souvent du mal à trouver chaussure à son pied, rien ni personne n'atteignant son idéal. Et comme elle a tendance à régenter son monde, que la discrétion n'est pas son fort – elle arbore volontiers d'imposants bijoux en or, ou en plaqué si elle-même ne roule pas sur l'or, et son comportement est de préférence ostentatoire –, elle risque de faire peur à tout homme n'appartenant pas à l'espèce mâle dominant. Or, on le sait, ces derniers sont une espèce en voie de disparition... Quoi qu'il en soit, son standing ou image sociale est pour elle de la plus haute importance: elle a besoin, elle aussi, de briller, de dominer, d'être « la plus belle pour aller danser » (Sylvie Vartan, Lionne). Trouvera-t-elle un homme assez solide et fort pour se mesurer à elle ? Cela vaudrait mieux, car sinon, elle le dévorera.

LA VIERGE

♍

Les correspondances symboliques

- SIGNE MUTABLE – DE TERRE – FÉMININ – NOCTURNE – MAISON VI
- MOTS-CLÉS : rationalisme, intelligence analytique, méticulosité, ordre, logique, méthode, sens pratique, timidité, arrivisme, détail, sens critique, égoïsme, dévouement, caractère « éminence grise », artisan, employé, comptable, archiviste, traducteur.

Ami Vierge, voici...

- Votre planète : Mercure
- Votre jour : mercredi
- Votre couleur : toute la gamme de gris
- Votre métal : platine
- Vos fleurs : muguet, acacia, narcisse
- Vos parfums : lavande, narcisse
- Vos pierres : jaspe, tourmaline
- Vos chiffres : 6, 10, 15, 20, 27
- Vos pays : Crète, Suisse, Turquie

Vos signes préférés

- Harmonie parfaite : Capricorne, Taureau
- Amitié amoureuse : Scorpion, Cancer
- Passion (complémentarité/opposition) : Poissons

Quelques Vierge célèbres

- Elizabeth Ire d'Angleterre (Asc. Capricorne)
- J. W. Goethe
- La Fayette

- F. de La Rochefoucauld
- Richelieu
- Saint-Just
- Mère Teresa
- R. de Chateaubriand
- F. Mercury
- M. Jackson
- G. Garbo
- R. Welch
- B. Cendrars
- R. Gere
- J. Iglesias
- I. Bergman
- L. Bacall
- J. Irons
- J. Renoir
- L. Tolstoï
- Ch. de Foucauld (le Père)
- M. Farmer
- Louis XVI
- V. Gassman
- S. Connery
- T. Lee Jones
- S. Loren
- H. Grant
- A. Christie
- E. von Stroheim
- J. Becker
- J.-L. Barrault
- F. Giroud
- T. Burton

L'art d'aimer de la Vierge

« En amour, celui qui est guéri le premier est toujours le mieux guéri. »

F. de La Rochefoucauld,
Vierge du 15 septembre 1613

« Tout raisonnement sur l'amour le détruit. »

L. Tolstoï, Vierge du 9 septembre 1828

Au premier abord, il semblerait presque vouloir passer inaperçu, tant il est discret, réservé, ennemi de tout ce qui est ostentatoire ou tapageur. Il déteste, par exemple, les démonstrations d'affection en public – et cela restera valable alors même que vous serez au pic de votre idylle, ne l'oubliez pas, et ne lui en tenez pas rigueur.

Cela n'a rien à voir avec l'intensité de son attachement : il a juste horreur de l'indiscrétion.

Avant de tomber amoureux, il va vous passer au crible de son sens critique : son don d'observation est remarquable, rien ne lui échappe. Soyez impeccable, aussi bien dans votre apparence que dans vos propos. Donc, *exit* le vernis à ongles écaillé, les cheveux violets, tenues saugrenues et dernières expressions de franglais à la mode ; il apprécie la classe. Pas BCBG, s'abstenir !

Sachez que s'il veut tout savoir de vous, c'est bon signe, ayez confiance, vous avez vos chances ! Car normalement, c'est un misanthrope plutôt indifférent à la gent humaine dont il n'a guère une haute opinion (cf. La Rochefoucauld, Vierge réaliste/pessimiste et peu enclin à l'indulgence). Une fois passé l'examen, il sait se montrer des plus attentionnés, et même curieusement tendre. Mais ne nous emballons pas : il est bien plus à l'aise lorsqu'il vous explique son métier ou lorsqu'il parle politique, ou, mieux encore, lorsqu'il peut montrer ses talents de pédagogue en parlant sciences. Il est bien moins sûr de lui dans le domaine affectif. Une frilosité (que vous forcerez par l'estime, *lento ma sano*) qui reflète une peur de s'attacher et donc de dépendre de l'objet aimé. Une dépendance qu'il redoute au plus haut point, étant ennemi des responsabilités asservissantes. Peu précoce affectivement, il optera d'abord pour une vie d'aventures. C'est souvent sur le tard qu'il se résoudra à prendre femme et fonder un foyer. Un mariage de raison, là encore, l'emportera en général sur le coup de foudre – sauf autres indications du thème, notamment un ascendant ou des planètes en signes de Feu…

Ce qui ne l'empêchera pas de se montrer un mari attentif et aux petits soins, sur lequel vous pourrez toujours compter…

… Comme, ami lecteur, vous pourrez toujours compter sur la vestale qu'est madame Vierge. Elle est pratique et organisée, elle a toujours dans son sac une batterie de ce qui *peut toujours servir,* depuis la trousse de pharmacie, un en-cas pour une petite faim – ses fringales sont aussi impérieuses que vite assouvies –, en passant par toutes sortes de listes, blocs et autres mini-livres (sur l'écologie et la diététique, entre autres). Comme elle est pudique et réservée dans l'expression de ses sentiments, évitez de la mettre mal à l'aise en lui collant un baiser voluptueux en pleine rue – elle vous en voudrait à mort et fuirait à toutes jambes. Elle fait partie de cette espèce en voie de disparition qui rougit jusqu'aux oreilles. Elle vaque à ses tâches ménagères avec maestria – car tout doit toujours être parfait, impeccable, mais elle trouve aussi le temps de lire –, elle est au courant de tout et possède un cerveau toujours assoiffé de nourriture. Contrairement à sa sœur Gémeaux, Mercurienne comme elle, elle adore approfondir, se spécialiser. Fine mouche, elle est toujours de très bon conseil, car son sens de l'analyse est subtil et affûté.

Si vous savez gagner sa confiance – cela prendra du temps, ne soyez pas pressé –, vous aurez la délicieuse surprise de voir un jour cette Vierge sage se muer en Vierge folle.

Pour votre ravissement et votre plus grand plaisir…

LA BALANCE

♎

Les correspondances symboliques

- SIGNE CARDINAL – D'AIR – MASCULIN – DIURNE – MAISON VII
- MOTS-CLÉS : sens artistique, raffinement, élégance, sens de la justice, sociabilité, indécision ou « chèvre-choutisme », indolence, charme, besoin de plaire, diplomatie, amateur ou dilettante, équilibre, bonté.

Ami Balance, voici...

- Votre planète : Vénus
- Votre jour : vendredi
- Vos couleurs : bleu, vert, rose pastel
- Votre métal : cuivre
- Vos fleurs : rose, lilas, primevère
- Votre parfum : rose
- Votre pierre : diamant, saphir, jade
- Vos chiffres : 2, 7, 8, 15, 16, 19
- Vos pays : Argentine, Autriche, Chine, Égypte

Vos signes préférés

- Harmonie parfaite : Verseau, Gémeaux
- Amitié amoureuse : Sagittaire, Lion
- Passion (complémentarité/opposition) : Bélier

Quelques Balance célèbres

- A. de Lamartine
- F. Hegel
- Érasme
- H. Bergson
- F. Nietzsche
- G. Grass
- A. Rimbaud
- A. Miller
- H. von Kleist
- M. Gandhi
- R. Schneider

- M. Wörner
- B. Bardot
- C. Deneuve
- C. Zeta-Jones
- M. Douglas
- S. Kramer
- T. Capote
- W. Faulkner
- G. Verdi
- B. Springsteen
- Y. Montand
- O. Wilde
- R. Moore
- J. Carter
- F. Scott Fitzgerald
- D. D. Eisenhower

L'art d'aimer de la Balance

« Ô temps, suspends ton vol, et vous, heures propices,
Suspendez votre cours !
Laissez-nous savourer les rapides délices
Des plus beaux de nos jours. »

A. de Lamartine, Balance du 21 octobre 1790

« Je permis au plaisir de me dominer. »

O. Wilde, Balance du 16 octobre 1854

De tous les enfants du zodiaque, vous êtes le plus doué pour l'amour. Vénus, alias Aphrodite/Isis/Ishtar, déesse de la Beauté, des Arts et de l'Amour, régit votre signe solaire, c'est tout dire. À vous, charme, séduction, grâce ! À vous, ce raffinement inné qui, au demeurant, se manifeste également au plan mental. D'où cette aptitude à saisir les nuances, à soupeser les arguments pour et contre… et finalement à juger (la Balance, flanquée de ses deux plateaux, est le signe de la justice et de tout ce qui s'y rapporte). D'où cette tendance aussi à hésiter, tiré à hue et à dia, tel l'âne de Buridan. Et lorsque cela s'applique à votre vie sentimentale, ballotté, séduit à droite et fasciné ou attendri à gauche, telle Joséphine Baker, vous chanterez « j'ai deux amours… ».

L'amour épicurien vous dictant sa loi, vous risquez d'être conduit à accorder son dû à votre besoin forcené de plaire et à suivre les injonctions de Cupidon, et ce, jusque dans ses excentricités : un trio à la *Jules et Jim* ne serait pas, par exemple, pour vous déplaire…

Car d'une part, comme pour le Taureau (l'autre signe vénusien du zodiaque), l'instinct et le goût du plaisir sont chez vous une seconde nature ; et d'autre part, vous détestez faire de la peine : vous préférez dès lors cumuler, vous arranger, (vous) partager. Tel ce réalisateur italien Balance qui, toute sa vie, déjeuna chaque jour avec sa maîtresse et dîna avec son épouse. Belle constance dans l'inconstance.

Sentimental, jouisseur raffiné, vous êtes à coup sûr le plus romantique du zodiaque. Vivre à deux, tout partager sont des *musts* pour vous : votre besoin de l'Autre est vital, comme est viscéral celui de vivre dans l'harmonie avec lui, avec elle. Vous ne pouvez imaginer la vie sans l'Autre, votre pendant, votre miroir, votre moitié d'orange, comme dirait Platon. Vous goûtez les raffinements de l'amour et serez séduit(e), captivé(e) par celui ou celle qui saura vous inspirer non seulement par son élégance naturelle – les fautes de goût vous heurtent plus que quiconque –, mais aussi par la vivacité et la curiosité de son esprit, par sa nature sociable. D'où votre attirance naturelle pour les autres signes d'Air. Pas question de vivre en ermite misanthrope ; à vous, les fêtes et les sorties entre amis (et tant pis si les pisse-froid vous disent volage) ! Pour ces derniers, il serait d'ailleurs inconcevable d'organiser des agapes sans vous y convier. Incarnation de la sociabilité, vous êtes le liant, l'ingrédient indispensable des soirées réussies, tel un poisson dans l'eau, vous baignez dans les mondanités, votre univers naturel…

Vous savez ce qui est bon et beau. Et quant au vrai, vous le recherchez sans cesse – est-ce la raison pour laquelle votre signe contient le plus grand nombre de philosophes ?

Bref, pour séduire monsieur ou madame Balance, soyez juste *parfait.* Et n'oubliez surtout pas les compliments : la vanité est un des péchés mignons du signe. Soyez sûr(e) qu'alors on ne saura rien vous refuser.

Quant à madame Balance, totalement dévouée à son compagnon, elle saura s'effacer pour le mettre en valeur en société. Compagne idéale, diplomate à souhait – à l'excès ? –, elle risque même d'y perdre peu ou prou de son identité – en apparence du moins, car sa grande féminité lui dictera les moyens détournés pour atteindre son but. Avec les Poissons et le Cancer, c'est quand même la moins féministe du zodiaque : avis aux machos !

LE SCORPION

Les correspondances symboliques

- SIGNE FIXE – D'EAU – FÉMININ – NOCTURNE – MAISON VIII
- MOTS-CLÉS : combativité, ténacité, résistance, activité, magnétisme, vitalité, lutte, agressivité, caractère secret, esprit destructeur, sadisme, esprit de vengeance, méfiance, sensualité, réforme, régénération, chirurgien, psychanalyste, chercheur, détective, policier, espion, militaire, militant.

Ami Scorpion, voici...

- Vos planètes : Mars (d'après la tradition), Pluton
- Votre jour : mardi
- Vos couleurs : rouge, bordeaux, noir, vert bouteille
- Votre métal : fer
- Vos fleurs : chardon, laurier rose, gentiane
- Vos parfums : bruyère, gentiane
- Vos pierres : cornaline, corail, topaze
- Vos chiffres : 4, 10, 13, 21
- Vos pays : Algérie, Maroc, Norvège

Vos signes préférés

- Harmonie parfaite : Poissons, Cancer
- Amitié amoureuse : Capricorne, Vierge
- Passion (complémentarité/opposition) : Taureau

Quelques Scorpion célèbres

- Ch. de Gaulle
- F. Mitterrand
- Dr H. Laborit
- R. Abellio
- R. Burton
- A. Delon
- H. Clinton
- G. Kelly
- R. Hudson
- D. Moore
- J. Roberts
- B. Becker
- L. Visconti
- J.-P. Cassel
- Ch. Bronson
- B. Lancaster
- Paganini
- P. Valéry
- A. David-Neel
- M. Curie
- C. Monet
- Sœur Emmanuelle
- Ch. de Foucauld
- A. Rodin
- P. Picasso
- F. Bacon (peintre)
- P. Brueghel
- M. Luther
- J. Goebbels
- F. von Schiller
- F. Dostoïevski
- A. Malraux
- A. Gide
- J. Keats
- R. Musil
- V. Leigh
- E. Sommer
- G. Sachs
- A. Girardot
- M. Jobert
- S. Bernhard
- J. Dassin
- M. Schuman
- G. Tierney

L'art d'aimer du Scorpion

« La sombre jalousie, au teint pâle et livide, suit d'un pied chancelant la Jalousie qui la guide. »

VOLTAIRE, Scorpion du 21 novembre 1694

« Les plus grandes faveurs d'une femme ne peuvent payer le plus petit abaissement d'un homme. »

F. von SCHILLER, Scorpion du 10 novembre 1759

Vous ne faites rien à moitié. Aussi, quand vous vous enflammez, c'est entièrement, passionnément, de tout votre être. Cet engouement total, cette passion aussi soudaine qu'absolue risquent de susciter chez l'Autre étonnement et surprise, voire la fuite dans certains cas ! Chez une Vierge raisonnable, par exemple, ou un Verseau indépendant, qui refuseront de se laisser mettre le grappin dessus avant même d'avoir pu faire « ouf ». Certes, votre œil d'acier fascine, tel celui d'un serpent. Magnétique, votre regard prend possession de l'Autre, l'investit tout entier(e). De votre côté, une fois captif/captive, gare à l'emprise des démons de la jalousie !…

Bref, pas de demi-mesures ! C'est tout ou rien, vous aimez ou vous détestez, suivant en cela saint Paul qui « vomit les tièdes ».

Votre puissant instinct est une boussole sûre, que vous suivez aveuglément. Une pulsion vitale impérieuse fera le reste : vous êtes de ceux qui convolent à peine sortis de l'adolescence. Vous avez le diable au corps, et si le doute est une constante dans votre vie et dans votre psychisme, là, au moins, vous *savez* immédiatement. Tout entier investi par une passion volcanique qui couve sous la cendre – peu bavard, secret, vous n'en laissez rien paraître –, vous agissez en conséquence : vous ne lâcherez plus votre proie. Tout doit aller très vite, à un train d'enfer ! Car oui, vous êtes comme possédé, tout entier livré à cette attirance qui vous galvanise et vous investit. Une fois la (sex-)machine en marche, rien ne l'arrête.

Même phénomène lorsque, telle une seconde nature, votre grande créativité vous accapare, car vous êtes doté d'une richesse créative impressionnante : on pense à Picasso ou à Rodin… Cette libido féconde est en connexion intime avec vos pulsions sexuelles. Celles-ci flirtent avec l'idée de mort – c'est Eros et Thanatos qui s'enlacent. Et dans l'extase charnelle, enfin, ces démons qui vous tourmentent se taisent, cette tension nerveuse permanente qui est la vôtre se dénoue aux frontières de l'anéantissement : vous dépassez ces limitations qui vous angoissent, cette impuissance latente qui vous ronge, votre jouissance a un goût d'éternité. Le Scorpion se fait Aigle, la forme évoluée, noble de votre signe.

L'Autre, pour vous retenir, devra comprendre vos besoins sexuels impérieux, plus importants que pour le reste du zodiaque. Il (elle) devra s'adapter, épouser votre violence passionnelle, qui peut se faire brutale. L'harmonie dans l'alcôve est un *must* absolu, sans lequel le couple formé par le Scorpion est inconcevable, et cela même et surtout si c'est « l'amour dans la guerre » plutôt que « l'amour, pas la guerre ». À vous, les jeux dangereux, les sensations fortes ! Flirter avec le sadomasochisme ne vous fait pas peur. Il peut servir d'exutoire à votre violence intérieure. Bref, l'amour à l'eau de rose, ce n'est pas pour vous !...

... Ni pour la vamp dangereuse qu'est votre sœur Scorpionne, cette mante religieuse qui d'instinct possède tous les secrets pour envoûter sa proie. Et si elle se montre maniaque, si elle a des idées bien arrêtées qui peuvent agacer, si, peu ou prou dominatrice, elle vous manipule habilement – vous ne vous en apercevrez guère la plupart du temps –, si elle aussi (comme le mâle Scorpion) a des idées fixes et affectionne le « non », marque d'un esprit de contradiction orgueilleux souvent vestige d'une enfance révoltée, laissez faire. Leur agressivité tombera d'elle-même et vous récolterez avec délices le repos du guerrier/de la guerrière.

LE SAGITTAIRE

Les correspondances symboliques

- SIGNE MUTABLE – DE FEU – MASCULIN – DIURNE – MAISON IX
- MOTS-CLÉS : franchise, vitalité, optimisme, idéalisme, organisation, orgueil, générosité, sagesse, autorité, religion, loi, goût des voyages et de l'aventure, de l'étranger, indépendance, manque de persévérance, enthousiasme, président, juge, reporter, homme d'Église.

Ami Sagittaire, voici…

- Votre planète : Jupiter
- Votre jour : jeudi
- Vos couleurs : bleu cobalt, violet, rouge pourpre, turquoise
- Votre métal : étain
- Vos fleurs : pavot, cyprès, fleur de pêcher, œillet, rose
- Vos parfums : fleur de pêcher, œillet
- Vos pierres : turquoise, lapis-lazuli, saphir
- Vos chiffres : 5, 9, 14, 23
- Vos pays : Hongrie, Espagne, Australie

Vos signes préférés

- Harmonie parfaite : Lion, Bélier
- Amitié amoureuse : Verseau, Balance
- Passion (complémentarité/opposition) : Gémeaux

Quelques Sagittaire célèbres

- W. Churchill
- W. Allen
- J. Chirac
- J. Fonda
- F. Sinatra
- E. Piaf
- T. Turner
- J. Morrison
- K. Richards
- S. Spielberg
- K. Douglas
- G. Philipe
- J. Hendricks
- A. de Musset
- L. van Beethoven
- H. Berlioz
- H. Toulouse-Lautrec
- F. Hundertwasser
- H. Hesse
- S. Zweig
- R.-M. Rilke
- H. Heine
- P. Klee
- Foujita
- Franco
- M. Twain
- P. Kaas
- H. Schmidt
- V. Cassel
- B. Pitt
- J. Moore
- J. Bridges
- B. Spears
- Raimu
- J.-L. Trintignant
- Ph. Bouvard
- M. Callas
- W. Disney
- J. Birkin
- C. Jürgens
- Jean XXIII
- W. Brandt
- J. Marais
- P. Brasseur
- E. G. Robinson

L'art d'aimer du Sagittaire

« L'amour est la joie, accompagnée de l'idée d'une cause extérieure. »

B. Spinoza, Sagittaire du 24 novembre 1632

« Être aimé, c'est se consumer dans la flamme,
Aimer, c'est luire d'une lumière inépuisable. »

R.-M. Rilke, Sagittaire du 4 décembre 1875

L'arc tendu vers le firmament, le Centaure scrute l'horizon lointain. Pour se sentir exister, il a besoin d'espace et de liberté. Cela va le mener parfois très loin : grand bourlingueur devant l'Éternel, il est, avec le

Bélier, l'aventurier et le globe-trotter du zodiaque. Et c'est bien souvent sous d'autres cieux, loin de son lieu de naissance, qu'il tombera amoureux. Ou encore chez lui, mais d'un étranger ou d'une étrangère. L'exotisme le fascine, synonyme pour lui de liberté. Liberté, liberté chérie, que de sacrifices ne fera-t-il pas en ton nom ! Au point, parfois, de laisser passer sa chance côté cœur, préférant fuir les responsabilités qui pourraient entraver et domestiquer le cheval fou qui sommeille en tout Sagittaire. N'est-ce pas en ce signe, avec la Vierge égocentrique et réservée et le Capricorne frileux et farouche, que se recrutent la plupart des célibataires ?

Mais quand son cœur généreux fait « tilt », défié par une belle amazone qui n'a pas froid aux yeux, voilà que le Centaure fougueux s'emballe, prêt à prendre tous les risques. Car en affaires comme en amour, le Sagittaire, toujours occupé à ses projets, aime le risque. Et alors, qu'il appartienne au type rebelle ou au type conformiste – on trouve ces deux variantes en ce signe double, mi-homme, mi-cheval –, qu'il soit libre ou non (en fait, il se sent toujours libre, ce qui peut lui valoir bien des complications), le voici parti pour un voyage sentimental excitant. Car l'amour est synonyme d'évasion, de libération joyeuse, de rupture exaltante avec le passé, de changement, de délicieuse découverte. *Exit* les drames romantiques et tortueux, les rêveries nostalgiques ! Son optimisme naturel est contagieux et vous ne résisterez guère à son humour, qui fait partie intrinsèque de sa personne. Un moyen sans faille et auquel le Sagittaire recourt instinctivement, destiné à masquer sa sensibilité

– car il est plus secret qu'il ne paraît : comment le maître de l'Olympe pourrait-il afficher ses faiblesses ?…

Attention, Zeus, alias Jupiter, est susceptible ; ses colères, telles que le tonnerre, sont aussi terribles que brèves. Grand seigneur, il peut pardonner s'il est bien disposé mais, doté d'une mémoire hors pair (à l'instar du Cancer), il n'oublie pas les offenses – rejoignant en cela le Lion, le Taureau et le Scorpion, les signes rancuniers du zodiaque. Si vous avez blessé son orgueil, sachez que, tel l'éléphant, des décennies plus tard, il s'en souviendra. Sa fierté, sœur de sa noblesse naturelle, lui colle à la peau comme une tunique de Nessus.

Détestant ce qui est petit et mesquin, ce bon vivant jouisseur aux goûts de luxe choisira pour vous éblouir les meilleures tables, les vins les plus délectables et, quitte à vivre au-dessus de ses moyens, il descendra dans un hôtel digne de vous, sous prétexte que la vie est courte et qu'il faut savoir la savourer. Après avoir refait ensemble le monde – il s'intéresse à tout, à la politique autant qu'à la philosophie et, bien sûr, aux voyages –, si, après lui avoir proposé une partie de golf – son sport favori – pour le week-end, vous êtes partant(e) pour le casino, il ne manquera plus rien à son bonheur. Une sensualité vigoureuse et sans complications vous emmènera loin des contingences matérielles, très loin, très haut, au bout de son arc de Centaure… Quel dépaysement !

Puis, redescendus sur terre, attention, ne le *rasez* pas avec des vétilles, n'ergotez pas sans fin sur des détails du tracas quotidien, ne le harcelez pas avec des drames et mélodrames ! D'une intelligence synthétique, pour ne pas dire syncrétique, il aime à survoler les problèmes, et s'enliser dans les détails le hérisse. De plus, la patience n'est pas son fort. Et puis, si vous voulez le/la retenir, halte à l'ennui d'une routine trop huilée ! Vive les surprises, vive l'imprévu ! Il est adepte du changement, déteste la monotonie. Quittez vos pantoufles, sous peine de voir votre étalon – ou votre amazone – faire demi-tour et s'envoler au galop.

Un homme – une femme – averti(e)…

LE CAPRICORNE

♑

Les correspondances symboliques

- SIGNE CARDINAL – DE TERRE – FÉMININ – NOCTURNE – MAISON X
- MOTS-CLÉS : concentration, maîtrise, patience, sens du devoir et des responsabilités, maturité précoce, solitude, froideur, pessimisme, réalisme, méthode, intégrité, sensibilité refoulée, persévérance, économie, ambition, philosophe, agriculteur, alpiniste.

Ami Capricorne, voici...

- Votre planète : Saturne
- Votre jour : samedi
- Vos couleurs : brun, noir, couleurs sombres
- Votre métal : plomb
- Vos fleurs : pavot, chêne, chardon
- Vos parfums : chèvrefeuille, rose
- Vos pierres : onyx, ambre, perle noire
- Vos chiffres : 3, 9, 14, 16, 25
- Vos pays : Bulgarie, Inde, Mexique

Vos signes préférés

- Harmonie parfaite : Taureau, Vierge
- Amitié amoureuse : Scorpion, Poissons
- Passion (complémentarité/opposition) : Cancer

Quelques Capricorne célèbres

- Jeanne d'Arc
- Juan Carlos d'Espagne
- Henri IV
- L. Pasteur
- J. Kepler
- I. Newton
- Tycho-Brahé
- M. Luther King
- A. Sadate
- Mao Tsé-Toung
- A. Schweitzer

- Sainte Thérèse de Lisieux
- A. Scriabine
- P. Bérégovoy
- P. Mendès France
- K. Adenauer
- J. Staline
- H. Schygulla
- Elizabeth d'Autriche (Sissi)
- E. Presley
- Dalida
- D. Bowie
- C. Grant
- M. Obama
- M. Dietrich
- F. Fellini
- H. Bogart
- E. A. Poe
- D. Summer
- A. Lennox
- F. Dunaway
- S. de Beauvoir
- Mme de Pompadour
- J. Baez
- D. Keaton
- Grock
- E. Arden
- H. Rubinstein
- C. Bruni
- F. Hardy
- M. Roach
- L. Jouvet
- B. Buffet
- C. Soutine
- P. Cézanne
- M. Utrillo
- H. Hughes
- J. Losey
- Molière
- M. Herzog
- Montesquieu
- M. Piccoli
- Pergolèse
- Kh. Gibran
- U. Eco
- I. Asimov

L'art d'aimer du Capricorne

« Le bonheur, c'est d'être seul… Je suis porté par ma nature… aux choses mélancoliques… Je ne suis pas d'un naturel aimable ni flatteur… Le Misanthrope, c'est quelqu'un que je connais bien… »

P. Léautaud, Capricorne du 18 janvier 1872

« Ainsi parla la Sagesse… : "Continue d'avancer. Ne t'attarde pas.

Marcher de l'avant, c'est aller vers la perfection. Avance, sans

craindre les épines ou les pierres aiguisées sur le sentier de la Vie." »

Kh. Gibran, Capricorne du 6 janvier 1883

Il y a de fortes chances pour que la rencontre avec un grand R se fasse au travail, et pour cause : c'est dans l'univers professionnel que le Capricorne se sent le plus à l'aise, c'est donc là qu'il sera le plus à son avantage. À défaut d'une apparence qu'il (elle) souhaite classique et discrète, voire effacée, son sérieux, son réalisme et sa tranquille efficacité, son pragmatisme vous en imposeront – qu'il s'agisse de monsieur ou de madame Capricorne. Cependant, ne rêvez pas, il y a fort peu de chances – sauf si son Ascendant est en signe de Feu ou d'Air – pour qu'il s'agisse d'un coup de foudre ravageur ! En tout cas de son côté… Et probablement aussi du vôtre. Sauf si, en bonne Célimène (Gémeaux ?) ou en Cancérienne bloquée dans l'enfance, vous êtes à la recherche inconsciente du père et que vous soyez éblouie par ce qui aurait tendance à rebuter quiconque d'autre. Vous relèverez alors le défi, en ayant à cœur de réchauffer cet apparent bloc de glace. *Cent fois sur le métier remettez votre ouvrage,* revenez à la charge sans avoir l'air d'y toucher, et vous apprivoiserez ce sauvage. C'est à force d'estime et de respect mutuel que vous parviendrez à gagner sa confiance et – qui sait ? – à faire fondre cette stalactite.

Ne nous le cachons pas, ce signe est en tête de liste des célibataires du zodiaque. Amoureux de sa solitude, ambitieux, il a à cœur de se bâtir avant tout un avenir, de grimper dans l'échelle sociale et, la plupart du temps, à force de persévérance, il y parviendra. Et cela, de préférence en restant intègre ; il a l'honnêteté vissée au corps. *Idem* pour la petite Chèvre éprise d'altitude – et d'absolu – dont le but premier n'est pas le mariage, contrairement, par exemple, à la Balance. C'est une maîtresse-femme qui a besoin d'avoir un *destin* à elle (cf. Simone de Beauvoir) et qui aura également besoin, pour s'attacher, d'admirer l'Autre – à l'instar de sa sœur, la Lionne. Une condition *sine qua non;* à bon entendeur… ! Elle sera alors l'épouse parfaite qui stimulera sa moitié, poussera son mari vers la réussite sociale. Vous l'aurez deviné : elle est ambitieuse pour deux.

Frileux sur le plan affectif – son enfance fut souvent frustrante et il va se réchauffer, se détendre et s'affirmer avec l'âge –, le Capricorne craint de se rendre vulnérable en s'attachant. À une union décevante, il préfère la mélancolie – non exempte de délices perverses – d'une solitude sans compromis. On pourrait dire, surtout si son ciel contient des dissonances saturniennes (cf. P. Léautaud), qu'il fuit l'amour, qu'il en a peur. Il préfère se (dé)vouer corps et âme à une œuvre magistrale (cf. Pasteur, Kepler, Nostradamus, Newton), parfois au détriment de sa vie affective.

Car ce Saturnien, pénétré obscurément du sentiment de Fatalité propre à son signe (il pressent que *la Roche tarpéienne est proche du Capitole* et que le *feed-back* du destin – ou loi du karma – est une réalité métaphysique), a une conscience aiguë du temps qui passe : Chronos (nom grec de Saturne) n'est-il pas son maître ? Aussi est-il pressé de découvrir la Vérité objective du monde, anxieux de jouer un rôle dans et pour la société.

Vous l'aurez compris : les jeux de séduction gratuits, les marivaudages, minauderies et autres caprices sont à ses yeux chronophages et sans intérêt. Très peu pour lui (pour elle) !

Est-ce à dire pour autant que la Chèvre du zodiaque, pudique, logique et rationnelle, froide d'apparence, est une créature insensible ? Que nenni ! Cette fuite devant l'amour est bien souvent symptomatique d'une vulnérabilité refoulée – et d'autant plus forte ? Si l'on écarte les cas de frigidité affective (dissonances saturniennes en sus) qui conduisent au mariage par intérêt ou au célibat par un égocentrisme farouche ou un obscur sentiment d'infériorité (*Je ne mérite pas d'être aimé(e)*), il s'agira la plupart du temps d'un *passionné à froid,* qui cache son jeu et domine ses pulsions. D'un être qui a développé soigneusement un système de défense sans défaut, une cuirasse d'airain – pardon, de plomb, son métal ! –, par crainte de souffrir. Mais rassurez-vous, on peut parier que son cœur est secrètement aussi agité, remué que son esprit est calme, assuré et pragmatique et, d'ailleurs, bien souvent porté à l'humour grinçant, à la dérision. Bien sûr, cette maîtrise est gagnée au prix d'une spontanéité plus séduisante peut-être, mais le Capricorne tel qu'en lui-même n'a que faire d'une séduction facile et superficielle. En revanche, si vous l'avez apprivoisé jusqu'à l'alcôve, cette froideur peut alors se muer en son contraire : frénésie amoureuse, volupté exigeante, avidité sexuelle intempestive : le dieu Pan n'est pas loin !…

Adepte des excès, un peu comme le Scorpion, le Capricorne peut alterner des phases d'austérité, d'ascétisme et d'excès/boulimie – et ce, dans tous les domaines. C'est Howard Hughes qui, de richissime homme d'affaires collecteur/consommateur des plus belles femmes d'Hollywood, s'enferme à la fin de ses jours, dans une misanthropie totale, esclave de ses phobies ; c'est Charles-Quint

(Ascendant Capricorne, Soleil Poissons) se retirant dans un cloître après une vie de monarque tout-puissant...

Cependant, pour en revenir à monsieur Capricorne, sachez qu'il aime les sommets et que rien ne saurait tant lui faire plaisir qu'un week-end en montagne, et un stage d'alpinisme le fera carrément fondre (évidemment, si vous êtes sensible au vertige, vous le laisserez pratiquer son sport favori en solitaire...). En tout état de cause, quand par une douce et sereine présence qui le rassure, par un mystère habilement entretenu... et aussi par de bons petits plats (que seul le Saturnien invétéré ne saurait apprécier), vous aurez enfin vaincu ses réticences frileuses qui le font se barricader derrière des principes moraux ou des raisonnements sans faille (attention, il est maître ès logique !), il s'apercevra soudain que vous êtes devenue indispensable à son bonheur. Et alors, soyez tranquille : vous aurez en lui un mari sérieux et constant, un véritable roc sur lequel vous pourrez vous appuyer. De plus, avec le temps, avec Chronos son ami qui le fait se bonifier comme le bon vin, gagner une assurance qui lui a manqué plus jeune, sachez que, tel le lierre, *il meurt où il s'attache.*

N'en abusez pas ! Il est plus vulnérable qu'il n'y paraît.

LE VERSEAU

♒

Les correspondances symboliques

- SIGNE FIXE – D'AIR – MASCULIN – DIURNE – MAISON XI
- MOTS-CLÉS : solidarité, idéalisme, invention, altruisme, originalité, progrès, indépendance, esprit curieux et d'avant-garde, science, excentricité, cérébralité, électronique, sociabilité, extrémisme, goût du changement, science-fiction, ingénieur, savant, inventeur.

Ami Verseau, voici...

- Vos planètes : Saturne (d'après la tradition), Uranus
- Votre jour : samedi
- Vos couleurs : gris foncé, noir, lie-de-vin, le beige
- Votre métal : plomb
- Vos fleurs : laurier, olivier, géranium, lilas
- Vos parfums : fougère, lilas
- Votre pierre : saphir, tourmaline, cristal, zircon
- Vos chiffres : 2, 7, 13, 14
- Vos pays : Arabie, Suède, C.E.I.

Vos signes préférés

- Harmonie parfaite : Balance, Gémeaux
- Amitié amoureuse : Bélier, Sagittaire
- Passion (complémentarité/opposition) : Lion

Quelques Verseau célèbres

- F. Bacon (philosophe)
- W.-A. Mozart
- F. Schubert
- P. Klee
- G. Mathieu
- J. Pollock
- F. Léger
- C. Gable
- V. Woolf
- Colette
- L. Marvin
- J. Aniston
- R. Emerson
- R. Vadim
- A. Lincoln
- N. Sarkozy
- V. Giscard d'Estaing
- C. Lindbergh
- C. Dickens
- Stendhal
- L. Carroll
- Barjavel
- R. Reagan
- D. Eisenhower
- Ch. Rampling
- J. Moreau
- F. Truffaut
- Beaumarchais
- S. Lama
- M. Serrault
- R. Domenech
- V. Trierweiler
- M. Dillon
- J. Gréco
- J. Prévert
- J. Mankiewicz
- L. Turner
- K. Novak
- M. Keller
- F. Fawcett
- J. Dean
- S. Weil (philosophe)
- C. Dior
- C. François
- F. Mendelssohn
- P. Newman

L'art d'aimer du Verseau

> *« Errez, à vos côtés viendront se fixer les ailes de l'augure ! »*
>
> A. Breton, Verseau

Que ce soit par son allure désinvolte, voire un brin dégingandée, sa gestuelle plutôt brusque ou son habillement qui ne craint pas d'être excentrique, monsieur Verseau ne passe guère inaperçu. Il faut savoir qu'il déteste avoir l'air de Monsieur Tout-le-monde, contrairement au Capricorne qui le précède. Quant à madame Verseau, elle sera moderne ou ne sera pas, avant-gardiste et, pourquoi pas ?, carrément *fashionista*. Style BCBG s'abstenir ! Le Verseau est un original, un indépendant et il a une âme de précurseur. Si l'on ajoute à cela qu'il est plein d'invention, voilà quelques bonnes raisons pour qu'il aime à s'affirmer dans sa différence…

Pour le reste, on s'en doutera, un esprit peu ou prou insurrectionnel, amoureux de paradoxe et qui ne déteste pas choquer le bourgeois. Mais derrière ce masque se cache un être assoiffé d'universalité, d'idéal social, de partage humaniste. Il affectionne par-dessus tout les réunions amicales où l'on refait le monde, les échanges d'idées – les plus farfelues/audacieuses y sont bienvenues, si elles ont des chances d'être fécondes et de changer le monde. Car, sachez-le, il vit pour demain, pour le futur, pour le changement. Et si vous avez en vue de le séduire et de le retenir, laissez-lui son indépendance, comprenez ses coups de folie, son goût du risque qui peut le mener sur les circuits de course automobile ou dans d'autres sports extrêmes, acceptez qu'il vous « trompe » avec la Toile, ou ses jouets électroniques (le Verseau est le signe des technologies de pointe)… Et, surtout, évitez de lui organiser un week-end pantouflard ou chez ses (futurs ?) beaux-parents – il exècre ! Improvisez une fête (ou organisez-la à son insu, car il déteste les choses lourdement planifiées). Il adorera et vous en sera reconnaissant. Cela implique que vous ne soyez pas asocial(e) vous-même et que vous acceptiez de ne pas être forcément la vedette de la soirée : possessifs, possessives, s'abstenir !

Théâtre, cinéma (il adore les films/romans de science-fiction), concerts (il est mélomane, cf. la liste des compositeurs du signe !), conférences, tout l'intéresse. Il incarne à merveille la parole d'Aristote « L'homme est un animal social ». Faites-le parler de ses projets et donnez-lui le rôle de Pygmalion, écoutez ses conseils, il adorera ! D'une intelligence intuitive, il a des idées fulgurantes et originales, souvent très inventives, parfois utopistes, totalement irréalistes. Il a besoin de nouveauté ? Surprenez-le !

Cependant, dans certains cas, son désir d'hyperconscience peut le mener à la paranoïa, avec son cortège de démesures (mythomanie, mensonges, mégalomanie...) ; peut alors intervenir une sorte de fracture entre l'affect et l'intellect, et ce, au détriment de la sensibilité. Ce qui est pur paradoxe, vu qu'il veut le bonheur et le progrès de l'humanité... fût-ce parfois au détriment de l'entourage. C'est du moins ce que ses proches pourraient ressentir. Ils doivent comprendre qu'en tout Verseau sommeille une âme de Prométhée. « Je suis homme, et rien de ce qui est humain ne m'est étranger » pourrait être sa devise.

Le sexe ? Ce n'est pas le pilier de sa vie, loin s'en faut. Il veut séduire, captiver, intéresser, faire de vous son/sa meilleur(e) ami(e), éventuellement collectionner les conquêtes (eh oui, il a besoin de changement !), mais il s'agira souvent d'Amitiés amoureuses. Alors, soyez aussi tolérant(e) que le Verseau sait l'être : fermez les yeux sur des escapades passagères qui ne vous raviront rien de son attachement pour vous. Si cela est dans vos cordes, bien sûr...

On parle de l'*angélisme* du Verseau, signe d'air qui aspire à échapper à la pesanteur de l'existence terrestre et à s'élever vers des hauteurs célestes. Simone Weil en a même fait le titre de l'un de ses ouvrages (*La Pesanteur et la Grâce*), et on connaît cette dualité incarnée par Mozart, qui se roulait dans la fange en sortant de l'écriture d'une partition aux accents sublimes ; Mozart qui disait lui-même : « Je suis né du ciel et de la terre, mais j'appartiens au ciel. » Avait-il connaissance de Pascal écrivant « L'homme n'est ni ange, ni bête, et le malheur veut que qui veut faire l'ange fait la bête » ?

Il ne faut pas croire cependant que tout Verseau est forcément un être subtil, aérien, peu ou prou désincarné, tant s'en faut ! Cela dépend bien sûr du contexte planétaire du thème. Il est même des natifs plutôt bruts de décoffrage, voire assez grossiers, qui manquent totalement de cette finesse, de ce raffinement et de l'idéalisme éthéré propres au onzième signe. Il s'agit ici de tendances propres au signe pur, quasi impossible à trouver dans la réalité… Et vous tomberez peut-être sur un Verseau matérialiste, lourd et à la peau bien épaisse, qui sait ?

Mais si l'on récapitule, qu'en est-il ?

Ce n'est pas un homme (ou une femme) pour vous, si : vous ne supportez pas ses amis (ils ont le premier rôle dans sa vie, sachez-le) ; s'il les préfère à la famille ; si vous n'êtes pas son meilleur ami/sa confidente, son âme sœur ; si vous n'aimez ni les fêtes, ni l'aventure, ni l'imprévu. Mais surtout, soyez prêt(e) à faire preuve d'hospitalité – fût-ce au prix de miracles culinaires –, à jouer à fond le jeu social s'il (ou elle) amène à l'improviste une cohorte de copains/copines à dîner. Vous serez noté(e) et ce sera déterminant.

Alors, prêt(e) ?…

LES POISSONS

♓

Les correspondances symboliques

- SIGNE MUTABLE – D'EAU – FÉMININ – NOCTURNE – MAISON XII
- MOTS-CLÉS : timidité, bonté, mysticisme, dévouement, sensibilité, anxiété, générosité, compassion, goûts morbides, goûts des drogues, intuition, indécision, inspiration, rêve, adaptation, attirance pour les paradis artificiels, philanthropie, cosmopolitisme, infirmier, marin, assistante sociale.

Ami Poissons, voici...

- Vos planètes : Jupiter (d'après la tradition), Neptune
- Votre jour : jeudi
- Vos couleurs : bleu marine, bleu roi, violet
- Votre métal : étain
- Vos fleurs : marjolaine, lis
- Vos parfums : giroflée, rose, sauge
- Vos pierres : améthyste, aigue-marine, pierre de lune, turquoise
- Vos chiffres : 5, 11, 12, 19
- Vos pays : Portugal, Scandinavie

Vos signes préférés

- Harmonie parfaite : Cancer, Scorpion
- Amitié amoureuse : Taureau, Capricorne
- Passion (complémentarité/opposition) : Vierge

Quelques Poissons célèbres

- A. Einstein
- M. de Montaigne
- Charles-Quint
- Michel-Ange
- A. Schopenhauer
- D. Genscher

- M. Ravel
- F. Chopin
- F. Haendel
- M. Eliade
- R. Steiner
- R. Walsh
- N. Rimski-Korsakov
- G. Harrison
- J. Irving
- G. Close
- L. Buñuel
- A. Courrèges
- I. Huppert
- Sh. Stone
- E. Taylor
- O. Muti
- U. Andress
- M. Morgan
- R. Noureïev
- Nijinsky
- J. Jones
- A. Magnani
- J. Harlow
- A. Renoir
- V. Hugo
- J. Steinbeck
- R. Aron
- S. Mallarmé
- S. Guitry
- J. Chaban-Delmas
- L. Minnelli
- J. Rivette
- C. Sautet
- C. Charisse
- P. Préboist
- Galilée
- Copernic
- A. Nin
- E. Cayce
- J. Lewis
- B. Vian
- P. P. Pasolini
- J.-J. Goldman
- J. Binoche
- L. Michel
- A. Prost

L'art d'aimer des Poissons

> *« Il y a tellement de mauvais pas que pour le plus sûr, il faut un peu légèrement et superficiellement couler ce monde ; il le faut glisser et non s'y enfoncer. »*
>
> M. de Montaigne, Poissons du 28 février 1533

Dans cette citation de l'auteur des *Essais,* on trouve tout l'univers des Poissons, depuis son pessimisme (le pape de cette philosophie, Schopenhauer, appartient d'ailleurs à ce signe) jusqu'à son détachement et sa distanciation, sa malléabilité, en passant par son grand besoin de sécurité lié à une certaine vulnérabilité, voire à une vulnérabilité certaine, son refus de s'engager et d'affronter un monde trop rude – ce qui pour certains peut s'apparenter à de la lâcheté, cette fuite représentant pour d'autres la suprême sagesse ici-bas, la seule conciliable avec l'homme qui relativise l'existence et se fait spectateur du monde. D'où une dualité de funambule, bien typique de ce signe complexe.

Est-ce son petit air d'extraterrestre, de Jean de la Lune perdu dans ses rêves, qui vous a intrigué(e), et peut-être séduit(e) ? Ou serait-ce son allure bohème, voire un brin négligée, qui aurait attiré votre attention ? Peu importe. Mais qui est-il, qui est-elle, au juste ? Comment retenir, capter dans vos filets ce Poissons énigmatique, au charme étrange, au regard toujours un peu perdu dans le vague, comme concentré sur un univers intérieur inaccessible ? Le symbole de son signe en dit long sur ce mystère…

Les deux Poissons qui nagent en sens inverse se trouvent reliés entre eux par une sorte de cordon ombilical, à l'image du monde spirituel et du monde matériel qui tiraillent l'âme d'un être flottant entre deux eaux. Il s'agit du douzième et dernier signe du zodiaque, au terme de l'évolution humaine, qui d'une façon plus ou moins consciente aspire à se fondre dans le cosmos, à ne faire qu'un avec l'univers. Ce qui peut se produire au détriment de la cohérence du Moi et du sentiment d'identité du sujet, porté à fusionner avec ce qui n'est pas lui, avec l'Autre en particulier. Il s'ensuit un don d'empathie extrême. Le Poissons est porté au dévouement, à l'oblativité, au don de soi, et ce, jusqu'au sacrifice s'il le faut. Impressionnable et altruiste, ce natif, toujours quelque peu mystique, aura à cœur de jouer au bon Samaritain.

La naïade du zodiaque, de son côté, sera conquise par celui qui aura le courage – ou la ruse – de révéler ses propres faiblesses, de mettre à nu ses manques, de faire appel à son aide et son soutien. La compassion alors la submergera et elle volera à son secours. Peut-être même deviendra-t-il sa raison de vivre. Cette douce créature, incarnation de l'Éternel féminin, se révélera la plus dévouée des infirmières, si la situation l'exige…

… Ce qui ne l'empêchera pas, d'un coup de nageoire inattendu, d'échapper à l'être aimé au moment où il croyait enfin pouvoir se noyer dans ses yeux océaniques – les femmes Poissons sont connues pour la beauté de leurs yeux : c'est Jean Gabin disant à Michelle Morgan (Poissons) « T'as de beaux yeux, tu sais… ». Séductrice dans l'âme, c'est bien elle, la sirène redoutable, qui a pris Ulysse dans ses filets, souvenez-vous… Sous ses airs doux et vulnérables, elle est peut-être la plus redoutable des rivales. Et comme le sens moral ne l'étouffe pas, évitez de présenter votre amie Poissons à votre mari ou fiancé ! Tout se passera en douceur, et vous seriez la dernière avertie. Détentrice de secrets innés, magicienne dans l'âme, la femme Poissons est toujours un peu sorcière ; sa forte sensorialité fera le reste. À propos, sa zone érogène étant les pieds, vous savez, monsieur, par où il vous faut amorcer vos jeux amoureux : la queue de la sirène. Et ne vous étonnez pas de son apparente passivité ; peu démonstrative, elle intériorise fortement ses impressions et sensations… Impressionnable, malléable, elle se moulera sur vous tout naturellement et accueillera votre empreinte avec volupté. Jusqu'au masochisme. Son extase quasi mystique peut alors toucher au sublime…

Dans le zodiaque, le Poissons est en effet le plus doué pour se fondre dans et à travers l'Autre, avec l'univers, avec le cosmique – et ce, jusqu'à l'anéantissement du Moi, la perte d'identité. Ou la schizophrénie, les deux Poissons de son emblème le tiraillant entre le monde matériel, le réel, et le monde de l'illusion, des chimères. Du coup, c'est sans crier gare que, soudain, alors qu'il a flirté avec un nirvana qui se situe au-delà des mots (d'où une fréquente mutité qui peut déstabiliser l'être aimé), le Poissons matériel, pragmatique, voire matérialiste réapparaît, reprend contact avec un réel auquel il s'adapte instantanément, dans un grand écart désarçonnant pour l'entourage – et l'Autre en particulier.

Bref, ce natif est un paradoxe vivant, insaisissable, qui saura vous captiver dans la mesure même de son mystère et de son humeur changeante. Paradoxe du détachement, de la fuite et de la fusion… Un détachement qui le distancie du réel et peut apparaître aux autres comme de l'indifférence. Et cependant, si vous parvenez à réveiller sa conscience de soi et à établir le contact, il n'y aura personne de plus réceptif et compatissant que lui (ou elle). Forte personnalité, Bélier, Lion, Scorpion ou Capricorne, par exemple, vous prendrez tout naturellement le pouvoir, subjuguant ou protégeant le Poissons – ce à quoi il aspire de tout son être vulnérable. Mais ne vous fiez pas aux apparences : alors que vous croirez votre emprise totale et définitive, oups ! le Poissons vous glissera entre les doigts, rejoignant son rocher et l'univers secret de profondeurs abyssales connues de lui seul.

III.
Les différentes catégories de couples, en fonction de la géométrie du ciel

1. Les Passionnés ou Fatale attraction

Basée sur les affinités qui existent entre signes d'un même élément, cette catégorie de couples est en théorie celle qui exprime le maximum d'harmonie. On pourrait parler de couples parfaits, si tant est que les signes purs existent – ce qui n'est pas le cas. On sait en effet que les autres facteurs planétaires des deux thèmes natals ont leur mot à dire et peuvent parfois même changer peu ou prou l'orientation et la résultante du tout. Il faut savoir également que, pour être situés dans le même élément (Feu, Terre, Air ou Eau), les deux Soleils natals ne seront pas forcément en trigone l'un avec l'autre – ce qui, bien sûr, renforce l'harmonie –, l'un pouvant être du début du signe et l'autre de la fin du signe en même élément – ce qui introduira un bémol dans la combinaison. Exemple : un Bélier de la fin (3e décan) et un Lion du début (1er décan), du même élément (Feu), l'aspect qui les lie constitue en fait un carré (dissonant), car c'est comme si le Soleil du premier était en Taureau.

Mais restons ici dans la théorie générale, sachant que dans la première partie de ce livre – et plus loin, *via* les croisements entre Mars et Vénus, essentiels dans l'évaluation du degré d'entente de deux personnes –, on trouvera les éléments pour moduler/affiner la comparaison.

Comme vous le savez à présent, on compte quatre éléments (Feu, Terre, Air, Eau) et chaque élément comprend trois signes (Bélier, Lion, Sagittaire, par exemple, pour l'élément Feu), espacés chacun de 120° sur le zodiaque (en trigone, donc). Il s'agit en effet d'une division par trois dudit zodiaque (360°). Commençons avec la première trilogie, de Feu en l'occurrence, qui ouvre l'année cosmique grâce au Bélier, premier signe du zodiaque. Trois couples peuvent exister en l'occurrence : Bélier/Lion, Bélier/Sagittaire et Lion/Sagittaire. La passion les anime, les allume, les consume, ils vivent au même rythme, en accéléré (on pense à *L'Homme pressé* du Lion Paul Morand). Mais une question se pose : la passion mène-t-elle nécessairement au mariage ? Et si oui, celui-ci dure-t-il forcément ? Imagine-t-on Tristan et Yseult mari et femme au coin du feu ? D'autres ingrédients astraux doivent intervenir pour donner à ce genre de couples durée et stabilité, sinon il s'agira d'une idylle enflammée – et pour cause : le feu les aura dévorés, consumés.

Trilogie de Feu

Bélier/Lion

Deux signes de Feu: l'amour fou, la passion tumultueuse et déchaînée qui enflamme ce couple peut les mener très loin. Loin vers un idéal, loin dans l'excès ou loin vers la réussite, c'est selon. L'ambition tapageuse du Lion, liée à l'énergie vitale du Bélier, la passion de leurs deux caractères les conduiront vers une existence d'action, de défi, tendue vers l'avenir pour le Lion, s'épanouissant pleinement dans le présent pour le Bélier. Quelle équipe ! Mais qui sera le chef, du Bélier meneur ou du Lion qui dit « l'État, c'est moi » ? *That is the question…*

Exemple de couple célèbre :

• *Sean Penn,* Lion/Asc. Sagittaire, Lune en Cancer, né le 17 août 1960, et *Robin Wright,* Bélier du 8 avril 1966. Le Soleil de celle-ci agresse toutefois la Lune très sensible de Sean Penn (le même a épousé auparavant la Lionne Madonna du 15 août 1958, avec laquelle il a composé un couple Jumeaux).

Bélier-Sagittaire

« La voilà, l'âme sœur ! » se dit le Bélier lorsqu'il vous rencontre, ami(e) Sagittaire. Et *vice versa…* En effet, vos deux signes brûlent et brillent d'un même feu. Et vous voilà parcourant ensemble l'immensité des plaines, assoiffés de nouveauté. Le Sagittaire est un voyageur au long cours, un globe-trotter né. Justement, le Bélier adore l'aventure, la découverte de sentiers inconnus. Complices et animés d'une vitalité et d'une fringale de vie similaires, vous avez toujours sous vos sabots de nouvelles idées, des projets nouveaux, plus excitants les uns que les autres. À coup sûr, on ne s'ennuiera pas avec vous !

Exemple de couple célèbre :

• *Alec Baldwin,* Bélier du 3 avril 1958, et *Kim Basinger,* Sagittaire du 8 décembre 1953.

Lion-Sagittaire

Deux signes de Feu, amoureux du succès et du pouvoir. Sous ses dehors parfois anticonformistes, le Sagittaire apprécie les privilèges de la hiérarchie et peut faire preuve d'une autorité condescendante. Souvent, il en sait plus long que les autres sur nombre de sujets difficiles. Ce paternalisme bon ton risque de déplaire au Lion susceptible, qui n'apprécie guère le crime de lèse-majesté ; et pour ce qui est de l'humour, seulement s'il ne le prend pas pour cible. Hormis cela, ces deux amoureux du succès formeront une équipe irrésistible, fracassante, habitée par un enthousiasme à tout crin.

Trilogie de Terre

Taureau-Vierge

Une alliance solide. L'opiniâtreté et le sens pratique et organisateur du Taureau émerveillent la Vierge prévoyante et sage qui tient ces qualités en haute estime. De son côté, le Taureau sensuel et bon vivant peut émanciper quelque peu la Vierge timide, voire puritaine... qui ne demande que cela pour se muer en Vierge folle. Tous deux doivent éviter les pièges d'une monotonie ronronnante. Mais après tout pourquoi, si celle-ci les satisfait ?

Exemples de couples célèbres :

• *S. Dali,* Taureau/Asc. Poissons du 11 mai 1904, et *Gala,* Vierge du 7 septembre (du 26 août selon d'autres sources) 1894. La complémentarité de l'Asc. du peintre avec le Soleil de celle qu'il a toujours vénérée ajoute à la puissance du lien qui les unissait.

• *Christian Clavier,* Taureau/Asc. Lion du 6 mai 1952, et *Marie-Anne Chazel,* Vierge/Asc. Verseau (et Lune en Lion) du 19 septembre 1959.

• *Martine Carol,* Taureau/Asc. Balance (donc doublement vénusienne et d'autant plus séduisante/séductrice) du 16 mai 1950, et le réalisateur *Christian-Jaque,* Vierge du 4 septembre 1904 – c'est certainement à sa Lune en Gémeaux papillonnante que ce dernier dut ses quatre épouses !

Taureau-Capricorne

Il n'est peut-être pas folichon à observer de l'extérieur, ce couple tranquille, super-organisé et peu démonstratif. Mais ils sont tellement pudiques ! Fidèles tous deux, constructifs et solides dans leur conception de la vie, ils savent amasser peu à peu des biens qui les rassurent et assurent leur progression dans l'échelle sociale. Car le Capricorne ambitieux aime avancer et le Taureau peu ou prou matérialiste adore amasser. Leurs sabots peuvent les porter haut et loin. Leur devise: « Pour vivre heureux, vivons cachés. » Sexuellement, c'est l'union parfaite, la tendresse passionnée du Taureau dégelant les inhibitions de la petite Chèvre.

Exemple de couple célèbre :

• *Jacques Dutronc,* Taureau/Asc. Poissons du 28 avril 1943, Lune en Verseau, et *Françoise Hardy,* Capricorne/Asc. Vierge du 17 janvier 1944, Lune en Balance (en trigone exact avec la Lune de Jacques Dutronc, d'où une sensibilité de même nature, qui devrait les rendre indissociables)...

Vierge-Capricorne

Terre + Terre = tout plein de réalisme, de sens pratique, d'esprit d'organisation... et d'attirance irrésistible ! Le Capricorne est un travailleur acharné ; son esprit de discipline fait l'admiration de la Vierge, plus hésitante et parfois scrupuleuse à l'excès. Tous deux ont le sens des responsabilités, de la besogne bien faite, d'une organisation d'airain qui leur assure une belle sécurité, mais le Capricorne, plus spéculateur et individualiste, poursuit des aspirations plus ambitieuses alors que la Vierge, plus effacée, peut préférer les zones d'ombre et de service. Une entreprise commune ne peut que réussir à ce couple qui a bien les pieds sur terre. Ce qui ne les empêche pas de goûter à une sensualité/sexualité enivrante, les deux vibrant au même rythme. La fine équipe, en somme !

Exemples de couples célèbres :

• *Humphrey Bogart*, Capricorne du 25 décembre 1899, et *Lauren Bacall*, Vierge du 16 septembre 1924.

• *Marlene Dietrich*, Capricorne/Asc. Vierge du 27 décembre 1901, et *Erich von Stroheim*, Vierge/Asc. Scorpion du 22 septembre 1885, dont la sensible Lune en Poissons complète magnifiquement l'Asc. de l'actrice, tiraillée entre le besoin de lumières de sa Lune en Lion et une tendance à vivre dans l'ombre (Asc. Vierge), qui domina sur le tard. Un couple parfait.

• *Michel Drucker*, Vierge/Asc. Balance, Lune en Balance du 12 septembre 1942, avec *Dany Saval,* Capricorne du 5 janvier 1942, Lune en Lion : l'Ascendant de l'un et la Lune en Lion de l'autre favorisent en outre l'Amitié amoureuse, la complicité.

Trilogie d'Air

Gémeaux-Balance

Cet alliage délicat entre Vénus et Mercure est rempli de charme mais… il est peut-être un peu léger pour résister aux intempéries. Sociables et extravertis tous deux, ils peuvent former aussi bien le couple bohème par excellence qu'un duo d'esthètes raffinés, qui ne manque aucun vernissage, aucun concert. Ils adoreront sortir et recevoir les amis. Plus cérébral et habile que sa romantique compagne, le Gémeaux comprendra toutefois très bien ses plus subtils états d'âme. Accord idéal pour une idylle où l'esprit, les échanges avec les autres jouent un rôle essentiel.

Exemples de couples célèbres :

• *Heidi Klum,* Gémeaux du 1er juin 1973, et *Seal,* Verseau du 19 février 1963.

• *Marilyn Monroe,* Gémeaux/Asc. Lion et Lune en Verseau, née le 1er juin 1926, et *Arthur Miller,* Balance/Asc. Balance du 17 octobre 1915, Lune en Verseau. Ils avaient tout pour être heureux, mais... (cf. troisième partie, chap. III).

• *Marilyn Monroe,* Gémeaux/Asc. Lion, Lune en Verseau, née le 1er juin 1926, et *Yves Montand,* Balance/Asc. Lion du 13 octobre 1921. Marilyn Monroe récidive avec une autre Balance... le temps d'une idylle, alors que son couple avec le Bélier Simone Signoret (complémentaire et *magnétique*) persistera...

• *Danièle Delorme,* Balance du 9 octobre 1926, et *Yves Robert,* Gémeaux/Asc. Cancer du 19 juin 1920.

• *Paul McCartney,* Gémeaux du 18 juin 1942, et *Linda,* Balance du 24 septembre 1941.

• *Jean Dujardin,* Gémeaux/Asc. Gémeaux, du 19 juin 1972, avec Lune en Balance... sur le Soleil en Balance d'*Alexandra Lamy,* née le 14 octobre 1971, avec une Lune en Lion (spectacle) en harmonie complice avec les astres de son Gémeaux préféré, dont le charme espiègle et protéiforme (Gémeaux) n'est plus à démontrer.

Gémeaux-Verseau

Deux signes d'Air, deux cérébraux, deux libertaires – deux libertins ? Ils ont en effet tous les deux le culte de la liberté et de la tolérance, à tel point que leur relation peut manquer de cohésion, de passion possessive. Mais ils ont besoin de cet espace spirituel et psychologique et éprouvent l'un pour l'autre une attirance et une sympathie spontanées. Le Gémeaux, caméléon adaptable, *comediante/tragediante,* suivra les conversions subites – et souvent inexplicables – de l'original, voire extravagant Verseau. Deux complices pour lesquels la vie sociale a une importance vitale : leur maison ne désemplira pas et l'imprévu sera roi.

Exemple de couple célèbre :

• *Johnny Hallyday,* Gémeaux/Asc. Vierge du 15 juin 1943 (nature inquiète, ambivalence sociabilité/réserve), avec la Lune en Scorpion (problème maternel) et Mars en Bélier (vitalité/pugnacité hors du commun) et Vénus en Lion (idéal féminin élevé, amour des femmes belles et élégantes), et *Adeline Blondieau,* Verseau/Asc. Cancer du 9 février 1971. Autrement dit, un couple dynamite ! Une attirance irrésistible, vu leurs Soleils en trigone et leurs Ascendants en sextile : *a priori,* on est sur la même longueur d'ondes, et l'attirance sexuelle est puissante. Mais une Vénus exigeante et possessive en Capricorne d'Adeline se sent agressée par la composante Bélier du chanteur qui peut manquer de tact, tandis que le Mars fougueux d'Adeline tape sur les nerfs du chanteur *via* son Asc. en Vierge qui recherche la modération. Enfin, il y a de l'électricité dans l'air (Uranus d'Adeline Blondieau opposé au Mars de Johnny Hallyday) : Adeline Blondieau titille le Mars chatouilleux de Johnny Hallyday, et chacun veut avoir le dernier mot. Ils font de l'autoallumage permanent. Et pourtant... des relents de regrets de part et d'autre ne sont pas exclus, vu le nombre de résonances excitantes et complices qui les ont liés. Même s'ils ne voudront jamais le reconnaître.

Balance-Verseau

Peut-être l'union idéale que ce couple de deux signes d'Air sociables à l'envi, qui adoreront sortir et recevoir, tout en partageant des préoccupations culturelles et/ou humanitaires communes. Ces deux idéalistes peuvent aussi s'entendre parfaitement sur un projet artistique, pour faire de la politique ou, plus simplement, pour employer leur générosité au service d'une collectivité quelconque. À condition qu'un Saturne constructif et pratique joue un rôle dans votre couple, voilà un duo qui, tout en sachant faire la fête avec les amis, peut se révéler extrêmement réalisateur, le Verseau prométhéen apportant à la Balance un souffle et un dynamisme qu'elle saura traduire en actions harmonieuses. Quant à elle, elle apporte son tact, son élégance et sa souplesse au Verseau parfois trop abrupt, quelque peu extravagant, mais combien imaginatif ! En amour, bien que libertaires, ils ne se trahiront pas et même si les hasards de la vie les éloignent l'un de l'autre, leur amitié restera fidèle, inconditionnelle.

Exemples de couples célèbres :

- *Roger Vadim,* Verseau du 26 janvier 1928, et *Brigitte Bardot*, Balance/Asc. Sagittaire née le 28 septembre 1934.
- *Roger Vadim,* Verseau du 26 janvier 1928, et *Catherine Deneuve,* Balance/Asc. Capricorne, née le 22 octobre 1943, Lune en Lion (spectacle).
- *Brigitte Bardot*, Balance/Asc. Sagittaire née le 28 septembre 1934, et *Sacha Distel,* Verseau/Asc. Cancer du 29 janvier 1933. L'Asc. Eau de ce dernier est toutefois en dissonance avec l'Asc. Air de B.B. dont l'Asc. Feu agresse la Lune en Poissons de Sacha Distel.
- *Clark Gable,* Verseau/Asc. Capricorne, Lune en Cancer (composante ombrageuse/sensible) du 1er février 1901, et *Carole Lombard,* Balance du 6 octobre 1908, Asc. + Lune en Poissons – sensibilité en écho à celle de Clark Gable. Un couple parfait ?
- *John Lennon,* Balance du 9 octobre 1940, et *Yoko Ono,* Verseau du 18 février 1933.

Trilogie d'Eau

Cancer-Scorpion

Sentimental et vulnérable malgré les apparences, le Cancer est aussi un peu masochiste. C'est pourquoi la passion dominatrice, voire tyrannique du ténébreux Scorpion peut réveiller en lui une vocation quelque peu complaisante pour le sacrifice. Le Scorpion, quant à lui, peut exercer une véritable fascination sur le Crabe très sensoriel, ce qui peut susciter des jeux érotiques passionnés dans l'alcôve. Excellente conjugaison, donc, pour tous ceux qui pensent que l'amour est d'abord un délicieux tourment. Mais gare aux abus de pouvoir !... Avec le temps, le Cancer, secrètement blessé, pourrait se fermer définitivement aux attitudes peu ou prou virulentes du Scorpion dévastateur et se réfugier définitivement dans sa carapace. Non sans garder un souvenir de braise de leurs étreintes dont il nourrira sa nostalgie et ses rêves, tandis que le Scorpion, avide de torrides expériences sexuelles, guettera ses prochaines proies.

Exemples de couples célèbres :

• Le prince *Charles* d'Angleterre, Scorpion/Asc. Lion du 14 novembre 1948, et *Lady Diana,* Cancer/Asc. Sagittaire, Lune en Verseau, du 1er juillet 1961. Ces deux-là avaient tout pour être heureux... en apparence, mais la Lune libertaire et moderne de Lady Di a irrité le Scorpion/Lion, qui de son côté brûlait depuis longtemps... pour un autre Cancer.

• Le prince *Charles* d'Angleterre, Scorpion/Asc. Lion du 14 novembre 1948, et *Camilla,* duchesse de Cornouailles, Cancer du 17 juillet 1947.

• *Claude Chabrol,* Cancer/Asc. Capricorne du 24 juin 1930, et *Stéphane Audran,* Scorpion/Asc. Vierge du 8 novembre 1932. Un couple parfait en théorie, vu les Asc. amis de surcroît. Le Milieu du Ciel en Scorpion de Claude Chabrol montre bien, allié à son Asc. saturnien, sa prédilection pour le drame, le mystère et le crime, son

Soleil en Cancer reflétant le caractère volontiers intimiste/familial de ses films.

• *Marcel Cerdan,* Cancer/Asc. Lion du 22 juillet 1916, et Édith Piaf, Sagittaire – et surtout Asc. Scorpion – du 19 décembre 1915, l'Asc. de Marcel Cerdan suscitant la passion en s'alliant au Soleil en Sagittaire de la chanteuse – et *vice versa* ! Un joli chassé-croisé pour un *couple libre* (Cancer/Sagittaire).

• Le président de la République française *Georges Pompidou,* Cancer/Asc. Lion, Lune en Scorpion du 5 juillet 1911, et *Claude Pompidou*, Scorpion du 13 novembre 1912, Lune en Capricorne. Beaucoup de belles résonances astrales, mais la Lune ombrageuse de Claude Pompidou, opposée au Soleil du Président, de même que son Soleil en dissonance avec l'Asc. de son époux n'eurent pas que des effets heureux. On pense aux scandales qu'ils durent affronter (affaire Marcovic), surtout liés à madame Scorpion (cf. sexe)…

Cancer-Poissons

Avec le Crabe maternel, enfantin et rêveur, le Poissons vulnérable et quelque peu mystique ne sera certes pas dépaysé. Sensible comme lui, il est, lui aussi, secret et compliqué. Un monde où les sensations sont reines les rapprochera, puis les unira dans une totale complicité. Entre ces deux signes d'Eau peut naître un grand amour, même si leurs relations ne sont jamais claires, si leurs limites restent imprécises et si, aux yeux de l'entourage, ils forment un couple bien étrange. Ils seront les seuls à se retrouver dans un univers aux profondeurs aquatiques mystérieuses, inaccessible à autrui, où l'art et un *cocooning* jaloux joueront un rôle aussi précieux que primordial.

Exemples de couples célèbres :

- *Frédéric Chopin*, Poissons/Asc. Vierge du 22 février 1810, Lune en Balance, et *George Sand,* Cancer du 1er juillet 1804, Asc. Poissons (exactement sur le Soleil de Frédéric Chopin : même longueur d'ondes !), avec Lune en Bélier (virilisante). Les Asc. et les Lunes opposés traduisent une grande complémentarité qui, sous certains aspects, se mue en affrontement.
- *Johnny Cash,* Poissons du 26 février 1932, et *June Carter,* Cancer du 23 juin 1929.
- *Kurt Cobain,* Poissons du 20 février 1967, et *Courtney Love*, Cancer du 9 juillet 1964.

Scorpion-Poissons

Par esprit de charité et d'abnégation, ou simplement par empathie, les Poissons impressionnables, souvent animés par un mysticisme puissant, sont prêts à tous les sacrifices, s'ils croient ainsi pouvoir sauver une « âme perdue » ou redresser une situation désespérée… Quelle occasion rêvée pour le Scorpion d'exercer à tout-va les ruses subtiles de son despotisme manipulateur et son sens inné du drame ! Mille fois humilié et torturé, son partenaire Poissons en redemandera peut-être ; il supportera tous les affronts au nom d'un amour rédempteur, quelque peu masochiste. Car son intuition médiumnique lui dit combien, sur le plan de la sensibilité profonde, ils sont absolument sur la même longueur d'ondes. La nuit sera leur royaume enchanté, plein de délicieux tourments et de sortilèges puissants qui les rendront fous. Comme dit le poète, « cent fois sur le métier » ils remettront « leur ouvrage »… Bref, leurs ébats seront dévastateurs ou ne seront pas !

Exemples de couples célèbres :

• *Elizabeth Taylor,* Poissons/Asc. Balance du 27 février 1932, l'Éternel féminin mâtiné d'audace et d'esprit de conquête (conjonction Soleil/Mars), et *Richard Burton,* Scorpion/Asc. Cancer du 10 novembre 1925, un Scorpion sensible dont le ciel natal indiquait des rapports de pouvoir dans le couple (Jupiter/Pluton sur Asc./Desc.). Dans les deux ciels on note un Neptune dissonant, indiquant des comportements addictifs (alcool ?) et erratiques. D'où des déchirements répétés, violences et séparations récurrentes, alors qu'ils étaient faits l'un pour l'autre (cf. troisième partie, chap. III, sur les exceptions). La raison pour laquelle ils ont convolé deux fois ?

• *Demi Moore,* Scorpionne du 11 novembre 1962, et *Bruce Willis,* Poissons du 19 mars 1955.

• *Étienne de la Boétie,* Scorpion du 1er novembre 1513, Lune en Poissons, avec le Poissons/Asc. Cancer *Michel de Montaigne,* né le 28 février 1533, Lune en Taureau : le couple parfait en somme ! On comprend la fameuse raison donnée par l'auteur des *Essais* : « … parce que c'était lui, parce que c'était moi ».

2. Les Amitiés (amoureuses ?) ou âmes sœurs

Il s'agit ici des couples en sextile, dont les Soleils natals sont séparés par un angle (harmonique) de 60°. Autrement dit, d'une division du zodiaque par six, qui implique l'association soit *Feu/Air,* soit *Terre/Eau,* associations harmoniques par essence – cela remonte à Empédocle, le savant et philosophe grec du ve siècle av. J.-C. À l'instar des *Couples passionnés,* ces *Couples d'âmes sœurs* sont liés eux aussi par de puissants atomes crochus ; ils répondent en somme à l'adage bien connu : « Qui se ressemble, s'assemble. » Mais contrairement aux Passionnés, ces couples sont bâtis avant tout sur l'amitié, cette inclination particulière et douce, cette invention *zen* qu'on pourrait définir par l'adage *« no sex, no cry ».* Ce qui n'exclut pas de filer le parfait amour, ni même de vivre l'amour fou si d'autres ingrédients s'en mêlent (Asc. en trigone, Vénus/Mars de connivence, etc.).

On obtient en l'occurrence douze couples différents, comme par exemple les couples Bélier/Gémeaux, Taureau/Poissons, Taureau/Cancer, ou encore Scorpion/Capricorne. Voici donc ces différentes – et heureuses – combinaisons astrales.

Bélier-Gémeaux (Feu-Air) (ou Gémeaux-Bélier)

Mon premier est enthousiaste et énergique (Bélier), mon second, espiègle et vivace (Gémeaux). Mon tout ne s'ennuiera pas, grâce à ses nombreux points communs. Ils auront besoin tous deux d'une existence à cent à l'heure, originale et indépendante, et l'aventure ne leur fera pas peur. Un seul obstacle : le Bélier, entier et souvent maniaque, comprendra difficilement le dilettantisme bohème des Gémeaux… qui s'impatientera parfois du caractère obstiné et autoritaire, voire dominateur et agressif, du Bélier. Mais comme ils passeront vite à autre chose…

Bélier-Verseau (Feu-Air) (ou Verseau-Bélier)

Deux larrons en foire, deux boute-en-train en société – pas étonnant qu'ils soient recherchés dans leur cercle amical ! Voici une relation spontanée, naturelle, où la camaraderie, la complicité, le règne de l'imprévu sont les bases de l'entente. Sauf autres éléments de leurs thèmes (par exemple une relation Mars/Vénus torride), la passion sexuelle n'est probablement pas ce qui les relie, mais plutôt le goût de l'aventure, de l'action commune qui les fait bouger : pour sûr, ni l'un ni l'autre n'est fait pour la monotonie ! Le Bélier goûte le *hic et nunc*, le Verseau pense à demain ; ils vivent d'espoir, de projets, de lendemains qui chantent et les idées aussi folles qu'impromptues ne leur font pas peur. Comme, par exemple, une escapade nocturne Paris-

Deauville en voiture, avec retour le lendemain pour le dur labeur… avec retard, peut-être ? Mais si le plaisir est à ce prix… Pour sûr, dans ce duo remuant, aucun des deux ne sera en reste lorsqu'il s'agira de faire la fête !

Exemples de couples célèbres :

• *Caroline de Monaco,* Verseau/Asc. Poissons du 23 janvier 1957, et *Philippe Junot,* Bélier/Asc. Bélier du 19 avril 1940. Lune/Neptune en Scorpion en Maison VIII reflètent la mort prématurée – et entourée d'un certain mystère – de la mère…

• *Roger Vadim,* Verseau du 28 janvier 1928, et *Marie-Christine Barrault,* Bélier du 21 mars 1944.

Taureau-Cancer (Terre-Eau) (ou Cancer-Taureau)

Ils furent heureux et eurent beaucoup d'enfants. La famille, c'est sacré ! L'un est fidèle et possessif, l'autre a besoin de tendresse et de sécurité. *Home, sweet home…* Ils s'aimeront tendrement et s'appelleront « papa » et « maman » à 70 ans… Ou avant. Il serait peut-être mieux que le Cancer soit la femme, en raison de l'émotivité et de la sensibilité de ce signe et, d'un autre côté, du caractère dirigiste et organisé du Taureau, qui a les quatre sabots bien plantés au sol. Ah, j'oubliais : il s'agit là du duo gastronomique du zodiaque. Probable que le Cancer se mettra aux fourneaux et que le Taureau jouisseur dégustera. Alors, arrangez-vous pour être invité chez eux, vous ne le regretterez pas, et tant pis si la balance accuse le coup le lendemain…

Exemple de couple célèbre :

• *Senta Berger,* Taureau du 13 mai 1941 (Lune en Sagittaire, reflet d'une renommée internationale), et *Michael Verhoeven,* Cancer du 13 juillet 1938. Le sextile exact entre leurs Soleils renforce cette belle complicité.

Taureau-Poissons (Terre-Eau) (ou Poissons-Taureau)

Entre un Taureau réaliste mais sentimental et un Poissons rêveur et sensible peut se nouer une grande tendresse… voire une vraie passion sensuelle. À condition que le Poissons apprenne à sortir de temps en temps de son rêve s'il ne veut pas agacer son compagnon, à prendre ses responsabilités, et que le Taureau se fasse plus protecteur que tyran domestique à l'égard de son compagnon plus vulnérable que lui. Sinon, attention, celui-ci risque d'explorer d'autres univers mystérieux, de devenir insaisissable, ce qui, inévitablement, suscitera la jalousie du Taureau possessif. Au demeurant, voilà un couple qui s'équilibre bien, car l'un comme l'autre sont amoureux de la nature, des animaux et adorent choyer et être choyés.

Exemples de couples célèbres :

• *Eva Longoria,* Poissons du 15 mars 1975, et *Tony Parker,* Taureau du 17 mai 1982.

• *Penélope Cruz,* Taureau du 28 avril 1977, et *Javier Bardem,* Poissons du 1er mars 1969.

• *Michèle Morgan,* Poissons/Asc. Taureau du 29 février 1920, Lune en Cancer, avec le réalisateur *Gérard Oury,* Taureau/Asc. Vierge du 24 avril 1919. Les éléments Eau/Terre se répondent dans une alchimie parfaite.

Gémeaux-Lion (Air-Feu) (ou Lion-Gémeaux)

Le premier a le sens du jeu, le second le goût du spectacle, et les deux ensemble s'amuseront beaucoup à se faire de grands numéros. Le Gémeaux, ce nerveux qui semble doué du sens de l'ubiquité, se trouve en quête perpétuelle d'un je-ne-sais-quoi ; il trouvera chez le Lion une présence réconfortante, une tranquille assurance. Le Lion, diverti – le Roi s'amuse !... –, sera de son côté flatté de la confiance que lui témoigne le Gémeaux, ce qui achèvera de lui ôter tout doute quant à son évidente supériorité... Ils auront une vie sociale et intellectuelle passionnante, partageant des goûts communs – golf, tennis, cinéma, théâtre..., et seront à l'aise dans un mouvement perpétuel. Une bonne équipe, recherchée par les amis...

Exemples de couples célèbres :

• *John F. Kennedy,* Gémeaux/Asc. Verseau du 29 mai 1917, et *Jacqueline Kennedy-Bouvier*, Lionne du 28 juillet 1929.

• *Johnny Hallyday,* Gémeaux du 15 juin 1943, et *Sylvie Vartan*, Lionne du 15 août 1944.

Cancer-Vierge (Eau-Terre) (ou Vierge-Cancer)

Dans cet attelage, les valeurs traditionnelles l'emporteront certainement : la famille, la maison, l'organisation de la vie quotidienne. Ces deux signes ont en commun l'amour du foyer, le sens du devoir et le goût des affaires (domestiques) bien réglées. Le Cancer fantasque ne peut que gagner à être « organisé » par la Vierge réaliste. Une association idéale pour une vie de couple tranquille et sédentaire. Le spleen qui guette le sensible Cancer s'apaise au contact de la Vierge pratique, réaliste, mais tendre, qui saura lui organiser des soirées télévision avec un plateau aux mets succulents – attention, le Cancer est un gourmet/gourmand, et la Vierge fine mouche le sait bien…

Exemples de couples célèbres :

- *Gustav Mahler,* Cancer du 7 juillet 1860, et *Alma,* Vierge du 31 août 1879.
- *Jack Nicholson,* Taureau du 22 avril 1937, et le Cancer *Angela Houston,* née le 8 juillet 1951.

Lion-Balance (Feu-Air) (ou Balance-Lion)

Ces deux esthètes hyper-sociables sont faits pour s'entendre : l'art, les beaux objets, la vie mondaine, les réceptions, les concerts et les expositions auront les mêmes attraits pour l'un et l'autre. La mode, l'élégance ne sont pas des concepts abstraits pour ces êtres complices qui apprécieront avec un brin de vanité d'être sinon un modèle dans leur monde, du moins au diapason avec leur milieu ; ils y brilleront d'un éclat commun. Bref, tout en appréciant tous deux les plaisirs de ce jeu social – dont ils pourraient, dans certains cas, devenir esclaves –, et tout en goûtant les choses agréables de l'existence (et ce, dans un certain luxe si ce n'est un luxe certain), ils sauront en principe maintenir une sorte d'idéal dans l'art de vivre, qui les éloignera de toute médiocrité. Pour tous deux, le péché suprême ne peut être que la vulgarité. Complices et amoureux de la vie et de ses plaisirs, ils sauront en goûter le nectar…

Exemple de couple célèbre :

• *Stone et Éric Charden,* ce duo indissociable de chanteurs populaires, l'est aussi selon les astres : elle, Lionne du 31 juillet 1947, et sa Balance/Asc. Scorpion conjugale, Éric, né le 15 octobre 1942. La Lune dans le fidèle Capricorne (Terre) de Stone vient renforcer encore le lien d'âmes sœurs du couple, vu l'Asc. Scorpion (Eau) d'Éric.

Vierge-Scorpion (Terre-Eau) (ou Scorpion-Vierge)

S'il y a un signe capable d'entraîner la Vierge raisonnable sur des chemins détournés, c'est bien le Scorpion ! Il y a en effet, chez toute Vierge, une sorte de vulnérabilité secrète aux royaumes infernaux du Scorpion et, malgré les apparences, ces deux signes ont beaucoup de traits en commun : leurs intelligences critiques conjointes peuvent s'exercer à des jeux destructeurs ou teinter d'un cynisme méprisant leur vision du monde.

Il faut à cette association, excellente sur le plan intellectuel autant que sur le plan pratique, une certaine vigilance morale. Ils feront par ailleurs d'excellents coéquipiers, attentifs à un certain perfectionnisme, l'organisation prévoyante de la Vierge complétant à merveille la détermination du Scorpion ambitieux et tenace... qui au demeurant prendra souvent un ascendant certain sur son/sa partenaire Vierge. Dans l'intimité, vu l'importance de la sexualité pour le Scorpion, alias *sex-machine,* gageons que ce dernier saura à merveille bousculer la pudeur de la Vierge ; celle-ci découvrira, avec des délices mêlées d'effroi, des zones et des modes érotiques qui lui étaient inconnus jusque-là. Mais attention : la jalousie de l'ombrageux Scorpion pourrait compromettre la pérennité de ce couple dont l'amitié devrait être le ciment au premier chef.

Exemples de couples célèbres :

• Le roi *Louis XVI,* Vierge du 23 août 1754 avec une Lune en Scorpion, et la reine *Marie-Antoinette,* Scorpionne du 2 novembre 1755. Une camaraderie quasi asexuée devait les unir, vu le caractère de maîtresse-femme de la dissonance virilisante Lune/Mars de la reine d'un côté, de l'aspect de solitude/frustration affective et de probable désintérêt pour les choses de l'amour, du côté de Louis XVI (Vénus/Saturne). La symbolique Scorpion liée à la mort allait prendre toute sa signification dans le cas de ces destinées tragiquement liées, qui allaient toutes deux se terminer sur l'échafaud.

• *Frédéric Beigbeder,* Vierge du 21 septembre 1965, avec un Asc. joueur en Gémeaux et une Lune en Lion qui a le goût du spectacle, et la Scorpionne/Asc. Bélier du 15 novembre 1983, *Laura Smet,* aussi pugnace – agressive ? –, que sensible, vu sa Lune vulnérable en Poissons…

Balance-Sagittaire (Air-Feu) (ou Sagittaire-Balance)

Un bel attelage, qui avance main dans la main, au même rythme… Même le Sagittaire doit parfois consentir à ralentir le sien et détourner les yeux de la ligne d'horizon qui l'attire tant, pour s'intéresser davantage aux charmes raffinés de sa chère Balance. Sinon, cette dernière, qui fait tant d'efforts pour être séduisante, se sentira un peu oubliée, négligée. Or, elle a faim d'amour tendre, de caresses, de baisers et de câlins érotiques. Et puis l'aventure, elle trouve cela très romanesque, mais s'il faut passer toutes ses vacances à camper dans un paysage désert – sans coiffeur ! –, elle trouvera cela inconfortable. Tous deux, toutefois, ont un goût prononcé pour la vie sociale, voire mondaine – à eux, concerts, expos, réceptions ! –, mais aussi pour la philosophie. Ils peuvent s'associer harmonieusement pour une entreprise à caractère intellectuel, artistique ou humanitaire. Leur amitié, amoureuse ou pas, peut être parfaite, gaie, enrichissante et stimulante, sachant que l'humour du Centaure trouvera dans la subtile Balance un écho certain.

Exemples de couples célèbres :

• *Michel Berger,* Sagittaire du 28 novembre 1947, Asc. et Lune en Gémeaux, donc Air/Feu, et la double Balance (Soleil + Asc.) *France Gall,* née le 9 octobre 1947, dont la

Lune en Lion épouse avec bonheur le Soleil de Michel Berger – Air/Feu elle aussi. Le couple idéal, en somme, trop tôt interrompu par la fatalité !...

- *Monica Bellucci,* Balance/Asc. Capricorne (comme Catherine Deneuve) du 30 septembre 1964, et *Vincent Cassel,* Sagittaire du 23 novembre 1966.

Scorpion-Capricorne (Eau-Terre) (ou Capricorne-Scorpion)

Intéressante et féconde combinaison, mais pas simple pour autant, vu que le Capricorne n'est guère enclin aux concessions qu'exige le Scorpion. Jugements cassants, humour aigre-doux, une certaine sécheresse de ton et esprit critique acéré peuvent empoisonner une relation par ailleurs passionnée et passionnelle – c'est le feu sous la cendre ! Ces deux natures ont le goût de l'absolu, mais (et) manquent chacune de tolérance et de souplesse. Pourtant, excellents spéculateurs, ils seront des amis *à la vie à la mort* et formeront une association redoutable en affaires. Car bien que méfiants tous deux, ils ont une confiance mutuelle, justifiée d'ailleurs, car ils se savent, en principe, loyaux et intègres. (Cela dépend aussi de leurs thèmes personnels, bien sûr.) Le réalisme et la sagacité du Capricorne se combinent à merveille avec la combativité et le puissant instinct du Scorpion, dont la sexualité des plus vivaces saura réveiller/réchauffer la frileuse Chèvre du zodiaque, en lui faisant découvrir des régions inexplorées de sa nature trop raisonnable/convenable. Du coup, elle sera addict aux ébats érotiques du Scorpion, passé maître dans l'art de Cupidon. La petite Chèvre apprivoisée, du coup, en redemandera… Et, le temps aidant, ils resteront amis *ad vitam aeternam.*

Exemples de couples célèbres :

• *Pascal Obispo,* Capricorne/Asc. Vierge du 8 janvier 1965, et la Scorpionne *Jenifer* du 15 novembre 1982. Un mélange harmonieux de Terre/Eau…

• Le roi *Juan Carlos d'Espagne,* Capricorne/Asc. Taureau, Lune en Verseau, du 5 janvier 1938, et *Sophie de Grèce,* Scorpionne du 2 novembre 1938. Si la Lune en signe d'Air du Roi heurte peu ou prou l'Eau de son Scorpion conjugal, pour le reste, on observe une belle complémentarité Taureau/Scorpion…

• Le réalisateur *H.-G. Clouzot,* Scorpion/Asc. Taureau du 20 novembre 1907 (mélange inverse du psychanalyste Freud avec lequel il partagea une certaine obsession du syndrome de la sexualité), et son épouse *Véra,* Capricorne fidèle (et subjugué ?) du 30 décembre 1913.

Sagittaire-Verseau (Feu-Air) (ou Verseau-Sagittaire)

Deux aventuriers de la vie, deux explorateurs, deux voyageurs qui, autant l'un que l'autre, ont besoin d'espace et de nouveauté. Le train-train quotidien leur fait horreur à tous deux. Généreux et curieux d'esprit, ils s'intéressent également aux grands problèmes de l'humanité et peut-être lutteront-ils de concert pour une belle cause. La vie sociale, les amis ne sont pas pour eux des concepts vides de sens : leur maison ne désemplira pas et, avec les copains, ils referont le monde. La mélancolie saturnienne – cyclique, heureusement – du Verseau trouvera où se réchauffer auprès de l'optimiste Sagittaire, toujours prêt, comme son partenaire, à se lancer dans une nouvelle aventure. Bref, deux âmes sœurs complices, qui, assoiffées toutes deux de nouveauté, ne devraient jamais connaître l'ennui. Y compris dans l'alcôve…

Exemples de couples célèbres :

• *Jane Fonda,* Sagittaire du 21 décembre 1937, et le Verseau *Roger Vadim,* né le 28 janvier 1928.

• *Rainer-Maria Rilke,* Sagittaire/Asc. Vierge du 4 décembre 1875, et *Lou Andreas-Salomé,* Verseau du 12 février 1861, avec une Lunc sensible et poétique en Poissons, qui complète à merveille l'Asc. du poète, tout en agaçant un peu son Soleil en signe de Feu. D'où une fraternité d'âmes assortie de tensions qui ajoutent du piment à la relation.

• *Édith Piaf,* Sagittaire/Asc. Scorpion du 19 décembre 1915, et son époux *Théo Sarapo,* Verseau du 26 janvier 1936.

• *Raymond Domenech,* Verseau/Asc. Vierge du 24 janvier 1954, et le Sagittaire *Estelle Denis,* née le 10 décembre 1976.

Capricorne-Poissons (Terre-Eau) (ou Poissons-Capricorne)

Le Capricorne réservé et pudique fondra sous la douceur et la tendresse de la femme Poissons. Il aura envie de protéger sa sirène dans toutes les tempêtes de la vie et celle-ci en sera fort aise. Vous vivrez sans doute une longue histoire d'amour, l'un nageant à l'ombre stable de l'autre, plus proche de lui que l'on pourrait le penser : la Chèvre du Capricorne ne possède-t-elle pas une queue de poisson ?… En revanche, si vous avez séduit une femme Capricorne, ami Poissons, les choses seront moins aisées. Même si vous vous rencontrez avec bonheur sur le plan philosophique – vous avez la même vision réaliste/pessimiste du monde –, madame Capricorne risque d'être quelque peu agacée par ce qu'elle prend chez vous pour de la sensiblerie – fuyez à tout prix la complaisance morose ! Pourtant, votre belle sensualité ne peut que l'émouvoir et trouver un écho en la Chèvre du zodiaque, bien plus sensuelle qu'elle ne le croit elle-même : à vous de découvrir et lui révéler ces/ses ressources insoupçonnées qui pourraient vous étonner tous deux… et, qui sait, vous entraîner dans des paradis, fussent-ils artificiels ? C'est là un univers très Poissons…

La Chèvre réaliste reste néanmoins une maîtresse-femme, alors attention – surtout si le reste de son thème va dans ce sens –, viendra le jour où elle en aura assez de porter la culotte et souhaitera être épaulée par un homme plus présent et plus protecteur. À bon entendeur… !

Exemples de couples célèbres :

• *Kate Moss, dite la Brindille,* Capricorne du 16 janvier 1974, et *Pete Doherty,* Poissons du 12 mars 1979. Elle se mariera finalement avec le Sagittaire *Jamie Hince* (couple frères).

• *Michael Schumacher,* Capricorne du 3 janvier 1969, et son épouse *Corinna,* Poissons du 2 mars 1969.

• *Federico Fellini,* Capricorne/Asc. Vierge du 20 janvier 1920, et *Giulietta Massina,* Poissons du 22 mars 1920. Signe en opposition et complémentarité avec l'Asc. Vierge du cinéaste. Celui-ci, quoique éternellement tourmenté et à la recherche d'un absolu à la hauteur d'un imaginaire puissamment onirique, considéra toujours son épouse comme son âme sœur.

• *Henry Miller,* Soleil et Lune en Capricorne/Asc. Bélier du 26 décembre 1891, et *Anaïs Nin,* Poissons/Asc. Balance et Lune en Capricorne. Grande séductrice et amoureuse passionnée qui entretint une longue correspondance avec l'écrivain avide de nouveauté (Bélier). Tous deux étaient à leur façon à la fois arrimés à leur passion, affamés de sensations fortes et attachés à leur solitude (Capricorne), le Poissons se faisant insaisissable pour mieux s'attacher le possessif Capricorne.

• *Laurent Gerra,* Capricorne/Asc. Verseau du 29 décembre 1967, avec une Lune en Sagittaire (signe par excellence de l'humour), et *Virginie Lemoine,* Poissons/Asc. Capricorne du 26 février 1961. Une belle complicité les poussa à faire équipe en se produisant ensemble, mais l'Asc. Verseau qui privilégie les copains et la Lune en Feu fêtarde de l'humoriste heurtèrent-ils à la longue l'Eau de la Lune en Poissons de sa compagne, dotée d'un Asc. Capricorne plutôt sauvage ?

3. Les Couples Magnétiques/Fusionnels et Complémentaires/Ambivalents

Opposés dans le zodiaque, donc séparés par un angle de 180°, on comprendra facilement qu'il y ait, entre ces duos, une fatale attraction par complémentarité. Il s'agit en quelque sorte de deux aimants s'attirant irrésistiblement pour constituer une unité/assemblage des opposés, essentiellement dissemblables. C'est l'essence même de l'association des entités Yin et Yang qui, cycliquement, s'attirent et se repoussent, comme les vagues de l'océan cosmique. En divisant chaque fois le zodiaque en deux, on obtient six couples, constitués chaque fois de l'alliance Feu/Air ou Terre/Eau, donc d'éléments en affinité basique. Cependant, il faut savoir que, sous certaines configurations (lors de transits planétaires agressifs), ces couples seront très vulnérables et que l'attraction irrésistible peut alors se muer en détestation, voire en véritable rejet, qui peut éventuellement devenir irréversible (cf. troisième partie, chap. III).

Bélier-Balance (ou Balance-Bélier)

La plus belle des alliances ? C'est l'union de Vénus (qui régit la Balance) et de Mars (maître du Bélier), LA complémentarité par excellence. À ne conseiller qu'aux Balance solides cependant, capables de supporter les coups de boutoir du Bélier sans y perdre leur bel équilibre… Pour le Bélier en effet, considérer les deux aspects d'un problème ou d'une situation à la fois, c'est du temps perdu. Sa devise : « Je fonce, donc je suis » ; il se moque des hésitations et tergiversations de la Balance. Mais dans l'alcôve, quel feu, quelle fougue ! Tu as ce qui me manque, dira chacun, qui se sentira complété par l'Autre et ce sera céleste, juste parfait !

Exemples de couples célèbres :

• *Marion Cotillard,* Balance/Asc. Vierge du 30 septembre 1975, avec une Lune maternelle en Cancer, et *Guillaume Canet,* Bélier/Asc. Balance du 10 avril 1975, avec une Lune également en Cancer (donc des sensibilités semblables). Marion Cotillard incarne – et apaise en principe grâce à une Lune en harmonie avec son Ascendant – les contradictions de Guillaume Canet, partagé/tiraillé entre le Bélier fonceur, la Balance qui tergiverse et le Cancer qui recule. Un couple à l'équilibre aussi beau que fragile…

• *Simone Signoret,* le Bélier du 25 mars 1921, Asc. Capricorne et Lune en Balance, celle-ci se plaçant sur le Soleil de son mari *Yves Montand,* Balance/Asc. Lion du 13 octobre 1921, avec une Lune en Poissons. Beaucoup de belles résonances planétaires qui devaient apporter un peu de douceur et de compréhension dans le cœur de Simone Signoret, un être déchiré, tiré à hue et à dia par son ciel natal. Assurément, sa Lune solitaire et frustrée en Capricorne souffrit des écarts conjugaux de son séducteur de mari… qui au demeurant lui restait attaché, vu son ciel en harmonie avec le Soleil en Bélier conjugal.

• *Paul Verlaine,* Bélier/Asc. Scorpion du 30 avril 1844 (Lune dans le signe esthète du Lion), et *Arthur Rimbaud,* le poète vénusien par excellence, aussi génial que beau, une Balance grand teint, puisque l'Asc. et la Lune se situent également dans ce signe délicat et raffiné, amoureux du Beau. Gageons qu'il subissait très fort le Martien Verlaine, dont la causticité, voire l'agressivité ne pouvaient que le heurter, tandis que l'Asc. Scorpion exerçait sa fascination sexuelle sur le poète à l'âme divisée.

• *Bonnie Parker,* Balance du 1er octobre 1910, Bélier/Asc. Bélier et *Clyde Barrow,* du 23 mars 1909. Le double Bélier du couple criminel emblématique *Bonnie and Clyde* devait exercer un ascendant puissant sur sa compagne Balance, totalement subjuguée par la détermination et le courage de son compagnon risque-tout, qui ne devait pas connaître la peur et pour qui le sel de la vie ne pouvait être que l'Aventure.

Taureau-Scorpion (ou Scorpion-Taureau)

Bonjour, les étincelles ! Aux antipodes l'un de l'autre, ces deux signes s'attirent puissamment, avec la force de deux aimants. Lié aux énergies vitales du printemps, le Taureau vénusien épouse l'automne ténébreux du Scorpion tourmenté : c'est Eros et Thanatos, irrésistiblement complémentaires incarnant le Jour et la Nuit, la Vie et la Mort. C'est le couple sexuel par excellence du zodiaque : attirance magnétique garantie ! La lenteur têtue du Taureau irrite cependant le Scorpion toujours bouillonnant... Et puis, pourquoi toujours s'intéresser à l'envers de la réalité, à l'autre côté des choses ? soupire le Taureau simple, pragmatique et jouisseur, interpellé par la curiosité de son *alter ego* Scorpion pour l'étrange et le mystérieux. Gageons que leurs différends – car il y en aura, cycliquement, déjà chaque semaine, lorsque la Lune se trouvera fugitivement en quadrature avec leurs Soleils respectifs – trouveront une solution aussi miraculeuse que passionnée sur l'oreiller. Sous la couette, à eux deux, ils embrasseront l'univers, fusionnant la force vitale du Jour et les abîmes de la Nuit, et plus rien alors ne pourra les séparer... N'oublions pas le pseudonyme du nocturne Scorpion : *sex-machine !*

Exemples de couples célèbres :

• *Pierre Curie,* Taureau du 15 mai 1859, et *Marie Curie,* Scorpionne du 7 novembre 1857 (prix Nobel de Physique, en 1903, et de Chimie, en 1911). Première femme à obtenir un prix Nobel, dont l'instinct, la perspicacité et la pugnacité propres à son signe lui permirent de découvrir le radium, aidée de son époux. Pas étonnant pour une fille de Pluton – planète qui régit le Scorpion, et l'atome –, astre qui allait être découvert en 1930 seulement. Un bel exemple de collaboration féconde à partir de deux natures complémentaires...

• *Alain Delon,* Scorpion/Asc. Balance du 9 novembre 1935, Lune en Bélier, et la Taureau/Asc. Balance *Mireille Darc,* née le 15 mai 1938 (Lune en Sagittaire). Ces deux-là, avec leur Asc. identique et leurs Lunes en trigone en signes de Feu, avaient tout, absolument tout pour rester liés à vie. Le Mars irascible en Capricorne, difficile au demeurant à vivre pour le sujet lui-même, a-t-il par trop agressé l'Asc. Balance de l'actrice ? De son côté, un Saturne qui pesait sur la Lune d'Alain Delon en l'inhibant peu ou prou fut-il suffisant, sous certains transits, pour leur faire oublier tout ce qui les liait ? Un exemple, peut-être, de l'arbre qui peut, en astrologie, cacher la forêt. Pas toujours pour le meilleur…

• *Bernard-Henri Lévy,* Scorpion/Asc. Lion (même cocktail que Napoléon !) du 5 novembre 1948, Lune dans le signe ombrageux du Capricorne, et *Arielle Dombasle,* Taureau/Asc. Sagittaire (cosmopolite) du 27 avril 1953 (ou 1958 ?), Lune dans le signe artistique de la Balance, constituent un chassé-croisé heureux entre leurs deux ciels. Le Taureau comprend la Lune en signe de Terre de son ambitieux époux, leurs Ascendants en signes de Feu traduisant des tempéraments similaires, aussi passionnés l'un que l'autre.

Gémeaux-Sagittaire (ou Sagittaire-Gémeaux)

Un fils – ou une fille – d'Icare et un Centaure – ou une amazone – s'aiment d'amour tendre. On pourrait croire qu'ils ont le don d'ubiquité, car ils ne tiennent pas en place et quand on croit qu'ils se sont enfin installés, oups ! les voilà repartis pour d'autres horizons. C'est qu'ils ne résistent pas aux voyages, à l'aventure, à la nouveauté. Ils ont tous deux le goût du mouvement et de l'échange et se complètent merveilleusement (quand ils ne s'opposent pas carrément, car cela peut arriver également, si une ou plusieurs méchantes planètes en double quadrature avec leurs Soleils agressent ces derniers). Amateurs d'actualité, d'instantanés, curieux de tout, les Gémeaux ne se soucient guère des spéculations philosophiques et n'ont que faire des hautes visées de ce Centaure parfois mystique. Le Sagittaire, lui, aime hiérarchiser ses pensées et les ordonner dans un système moral ou philosophique cohérent et syncrétique. Seule la synthèse – donc la conclusion – l'intéresse, peu lui importent les analyses compliquées ! De même, s'il aime l'aventure et les voyages, il prend le temps d'organiser ses campagnes, il se projette dans l'avenir, alors que son *alter ego* aérien boucle sa valise en moins de temps qu'il n'en faut pour le dire : le présent est son royaume, il le maîtrise et y excelle. Gageons cependant que tous deux, comme de vrais larrons en foire, trouveront ensemble plaisir et joie dans leurs échappées, dans ce mouvement perpétuel qui les emporte.

Exemples de couples célèbres :

• *Angelina Jolie,* Gémeaux/Asc. Cancer du 4 juin 1975, avec une Lune en Bélier harmonique, elle aussi, avec le Soleil en Sagittaire de *Brad Pitt,* né le 18 décembre 1963, dont l'Asc. Capricorne complète à merveille, lui aussi, l'Asc. de la ravissante actrice, dont le cœur sensible (Lune en Cancer) vibre pour les enfants et trouve un écho dans son généreux Sagittaire de mari. Une double complémentarité, donc, et une double et irrésistible attraction président à cette alliance, apparemment le couple idéal ! Bien sûr, des accrochages sont également de la partie, vu les dissonances Bélier/Capricorne… mais dans une union, à l'instar du conseil de Nietzsche, ne faut-il pas avant tout proscrire l'*ennui* ?

• *Marilyn Monroe,* Gémeaux/Asc. Lion du 1er juin 1926, Lune en Verseau, et le Sagittaire/Asc. Sagittaire *Joe DiMaggio,* né le 25 novembre 1914. Air/Feu, voilà la combinaison idéale… sauf que la sensible Lune en Poissons apporte une note Eau en conflit avec l'Air des Gémeaux – ce qui s'est soldé par un divorce, mais explique la compassion du grand sportif qui fut quasi seul à l'enterrement de son ex-bien-aimée.

Cancer-Capricorne (ou Capricorne-Cancer)

C'est l'union des deux contraires, là aussi, qui – quoique très différents – s'attirent presque irrésistiblement. Tels les tropiques du Cancer et du Capricorne qui s'opposent sur la planète et se regardent depuis leurs hémisphères respectifs, cette complémentarité a quelque chose de fatal et de quasi cosmique. Pourtant, quand le Cancer lunatique boude, comme cela, sans raison, cela agace suprêmement le Capricorne rationnel, qui déteste les caprices ; ils seront alors, vraiment, aux antipodes l'un de l'autre. Et puis, le lendemain, ce sera l'harmonie totale, la fusion de deux sensibilités d'écorchés vifs qui se complètent, se pressentent, s'épousent dans une fusion étonnamment torride. Bref, la douche écossaise dont toute monotonie est exclue !…

Exemple de couple célèbre :

• Le prince *William,* Cancer du 21 juin 1982, et *Kate Middleton,* Capricorne du 9 janvier 1982.

Lion-Verseau (ou Verseau-Lion)

Voici un couple lié, relié et attiré par ses différences. En effet, ce sont les dissemblances qui jouent le rôle d'attrait puissant : « tu es ce qui me manque », telle pourrait être la devise de ces êtres, dont l'un est autocentré, à la personnalité centripète, qui adore avoir sa cour, et l'autre est altruiste, ouvert aux autres et ne souffre pas la solitude. Et cependant, ils ont aussi des points communs : les deux vivent dans l'avenir, ont un idéal et sont sur la même longueur d'ondes. Ils se complètent donc magnifiquement. Et si l'idéal du Lion pourtant généreux est quelque peu égocentrique, celui du Verseau est humanitaire et révolutionnaire (il veut changer le monde), ce qui peut contribuer à enrichir la vision par trop exclusive du Lion. Combien de temps cette fascination – qui n'est autre que celle des contraires – durera-t-elle ? N'empêche, une magnifique complémentarité les unira, surtout si d'autres facteurs planétaires positifs viennent s'ajouter aux ciels de ce duo…

Exemple de couple célèbre :

• *François Hollande*, président de la République, Lion/ Asc. Gémeaux (communication) du 11 août 1954, avec une Lune sérieuse/solitaire en Capricorne (d'où une personnalité très contrastée), et le Verseau/Asc. Lion *Valérie Trierweiler,* née le 16 février 1965. Une bonne équipe, puisque les Ascendants sont harmoniques et qu'il y a rencontre de celui de Valérie Trierweiler avec le Soleil en Lion de son partenaire. Un bon attelage, dans une complémentarité enrichissante pour l'un et l'autre.

Vierge-Poissons (ou Poissons-Vierge)

Il est vrai que l'on s'attendrait à une contradiction permanente, voire une incompatibilité entre ces deux natifs, entre l'hypersensibilité, l'affectivité à fleur de peau de l'un et le rationalisme rigoureux de l'autre. Et en effet, il arrivera cycliquement (lorsque des planètes se placent en dissonance double avec l'un et l'autre qui se trouvent par définition éloignés de 180°) que chacun agace suprêmement l'Autre, qui leur apparaîtra comme un étranger, une étrangère. Toutefois, en règle générale et comme cela arrive souvent lorsque les contraires sont aussi clairement affirmés, cette extrême différence peut se vivre avec bonheur dans une belle complémentarité : l'oblativité dilatée des Poissons entraîne dans son sillage le dévouement plus pudique de la Vierge. Celle-ci équilibrera ce partenaire un peu trop emporté par les courants tumultueux de sa sentimentalité/émotivité. Le Poissons, à son tour, élargira par son sens de l'infini les conceptions quelque peu étriquées de sa pragmatique moitié et saura, dans l'intimité, la séduire et l'entraîner dans son univers onirique qui a toujours quelque chose de cosmique : le septième ciel n'est pas loin !

Exemples de couples célèbres :

• *Richard Gere,* Vierge/Asc. Cancer du 31 août 1949, avec Lune en Sagittaire, et *Cindy Crawford,* Poissons/ Asc. Cancer du 20 février 1966. Malgré une belle complémentarité, la dissonance Soleil/Lune de l'acteur – image d'un certain mal-être –, retentissant par symétrie sur son Poissons conjugal, a mis le feu aux poudres et provoqué le divorce.

• *Paul Guth,* Poissons romancier et pamphlétaire du 5 mars 1910, et sa chère épouse *Juliette*, cette Vierge dévouée qui l'accompagna et le chérit durant tant de décennies… jusqu'à la tombe.

4. Les Couples Explosifs ou chiens-chats

Fondés sur leurs différences qui jouent comme des facteurs d'attraction/répulsion, ces couples sont la négation du proverbe « Qui se ressemble, s'assemble ». Ils opteraient plutôt pour la devise « Je t'aime, moi non plus », chère à Gainsbourg et Birkin. Il s'agit ici en effet d'une division du zodiaque en quatre carrés (90°), lesquels sont traditionnellement considérés comme dissonants, en d'autres termes, comme des aspects de tension, voire de conflit. On aura ainsi l'association Cancer/Balance, Poissons/Gémeaux ou Lion/Scorpion, par exemple. Autrement dit, l'alliance négative du Feu et de l'Eau ou de la Terre et de l'Air, qui bien souvent fait échec et mat sur la durée parce que trop disparate : un jour de coup de sang, on préfère – sous une configuration agressive – trancher ce nœud gordien plutôt que de continuer de se contenter d'une alliance de lapin/carpe ou d'un couple *low cost*.

D'un autre côté, la sagesse populaire affirme que tout vaut mieux que l'indifférence en matière sentimentale. Or le moins que l'on puisse dire à propos de ces couples, c'est qu'ils n'engendrent pas la mélancolie. Suivra souvent, après une plus ou moins brève période de folle attraction physique, l'ère des cris et des grincements de dents, des remarques acerbes, les affres des rapports sadomasochistes et les crêpages de chignon suivie de réconciliations solennelles, entrecoupées d'abîmes de solitude où l'on pressent – avec raison – que l'Autre appartient à une autre planète... mais de tous ces psychodrames, l'ennui, au moins, sera absent. Et comme c'est là, selon Nietzsche et d'autres, l'irréductible poison du mariage, il est permis de garder espoir. Ce qui fera durer un tel tandem se trouvera forcément dans le contexte des deux thèmes. En effet, chez les douze couples ainsi obtenus, on peut supposer, si l'on veut expliquer une certaine entente (voire une entente certaine dans les cas extrêmes où les bons aspects additionnels croisés dominent), que d'autres facteurs des deux ciels de naissance forment en même temps des harmonies compensatrices. En particulier des Lunes et des Vénus harmoniques, donc complices, des Ascendants amis, des Mercure qui s'entendent et promettent une relation intellectuelle où l'on est sur la même longueur d'ondes – par exemple –, voilà autant de ponts qui permettront à ces « étrangers » de se rejoindre par-delà leurs différences et de se comprendre. Et cela au-delà de ces mêmes différences qui, au départ, les auront fascinés et projetés l'un vers l'autre dans la frénésie de somnambules attirés par l'Inconnu, esclaves soumis à un désir impérieux sur lequel ils n'ont pas de prise, envahis par une passion qui les submerge. Bien sûr, les frottements subsisteront, les tensions issues de la dissemblance perdureront, comme perdureront les rapports de force épuisants, mais ces éléments pourront en même temps jouer le rôle de piment dans la relation. Celle-ci évoluera de façon diverse suivant les transits planétaires touchant le couple. Un couple qui se trouvera forcément fragilisé lorsque des planètes lentes viendront se placer sur ce carré entre les deux Soleils natals – ou en dissonance avec ceux-ci –, mettant ainsi le feu aux poudres. C'est alors que, chacun de son côté et dans des dispositions probablement différentes, chacun se dira secrètement : « À nous deux ! Là, ça passe ou ça casse ! »

Voyons maintenant quels sont ces couples chiens-chats :

Bélier-Cancer (ou Cancer-Bélier)

Deux caractères qui ne vivent ni sur la même longueur d'ondes, ni au même rythme. Le Cancer, un instant fasciné par la vitalité du Bélier, s'apercevra vite qu'il ne pourra le suivre très loin, frustré de tendresse. Le Bélier, lui, intrigué par cette nature nostalgique, peu ou prou mystérieuse et quelque peu passive, finira par trouver l'existence monotone et trop compliquée, et s'éclipsera sans demander son reste. Sauf si…

Exemples de couples célèbres :

- *Angela Merkel,* Cancer/Asc. Sagittaire du 17 juillet 1944, et *Joachim Sauer,* Bélier du 19 avril 1949. À coup sûr, l'Asc. Feu de la chancelière d'Allemagne est ici un liant puissant avec le Soleil en signe de Feu de son époux.
- *Dany Boon,* Cancer/Asc. Lion, Lune en Balance, et *Judith Godrèche,* née le 23 mars 1972. La sensibilité à fleur de peau du Cancer (Eau) fut-elle égratignée par le Feu de l'intempestif Bélier ? Bien que ce signe soit en résonance avec l'Asc. Lion de l'acteur/humoriste, il semblerait qu'assez vite l'Eau ait éteint le Feu…

Bélier-Capricorne (ou Capricorne-Bélier)

Un Bélier brûle d'amour pour un Capricorne… Il s'agite, déploie toutes ses armes de séduction. Peine perdue ! Le Capricorne s'abîme dans son scepticisme mélancolique. Comment unir à un iceberg le feu pétillant du Bélier ? Le Capricorne douchera, dès le premier coup d'œil, l'enthousiasme du Bélier. Celui-ci s'arrêtera en pleine course, soudain privé de ses atouts, désarmé. Or que vaut un Bélier conquérant désarmé ? Vous aurez bien du mal à aller plus loin – sauf si le reste de vos thèmes vous rend complémentaires.

Exemples de couples célèbres :

• *Céline Dion,* Bélier/Asc. Lion du 30 mars 1968, avec Lune en Bélier – donc triplement Feu ! –, et *René Angélil,* Capricorne du 16 janvier 1942, avec Lune en Capricorne. Ce ne doit pas être zen tous les jours chez les Angélil-Dion et les assiettes doivent voler, vu les heurts multiples entre Feu et Terre… Avec leurs 26 années d'écart, peut-être la pétillante Céline recherchait-elle un père en son René ? Les disparités n'en disparaissaient pas pour autant…

• *Emil Steinberger,* l'humoriste-business man suisse Capricorne/Asc. Sagittaire du 6 janvier 1933, et son Bélier conjugal *Niccel,* du 13 avril 1965. Le Feu de l'Asc. du premier s'allie au Feu du Soleil de la seconde, aplanissant les obstacles… et ajoutant du piment ? La différence d'âge semble alors agir comme un élément pacificateur, à l'instar du couple Céline Dion/René…

• *Miranda Kerr,* Bélier du 20 avril 1983, avec Lune en Cancer, et le Capricorne *Orlando Bloom*, du 13 janvier 1977. L'opposition/complémentarité est probablement le ciment de ce couple… jusqu'où, vu que l'Eau du Cancer a tendance à éteindre le Feu du Bélier ?

Taureau-Lion (ou Lion-Taureau)

Entre, d'un côté, le Taureau, amoureux de la nature, de ses habitudes et de son confort plus que de vie mondaine, ce Terrien qui déteste la sophistication et les situations compliquées, et, de l'autre, le Lion sociable qui s'empêtre peu ou prou dans ses rôles multiples, de préférence entouré d'une cour où il aime à briller, le dialogue est laborieux. Le Taureau est buté, le Lion orgueilleux. C'est l'affrontement de deux puissances : la force statique du Taureau/Terre et la force dynamique du Lion/Feu. Lequel craquera le premier ?

Exemple de couple célèbre :

• *David Hallyday,* Lion du 14 août 1966, et *Estelle Lefébure,* Taureau du 11 mai 1966. Le Feu a-t-il brûlé la Terre du Taureau ou celle-ci a-t-elle éteint le Feu du Lion ?

Taureau-Verseau (ou Verseau-Taureau)

Le Taureau vit dans le présent et le réel ; le Verseau adore l'improvisation et se projette sur demain. Madame Taureau comprendra très mal que monsieur Verseau ne résiste pas à l'appel impérieux de ses copains, de nuit comme de jour. Et monsieur Verseau, progressiste, sera prodigieusement agacé par le côté conservateur de sa partenaire. Moralité : la Terre (du Taureau) et l'Air (du Verseau) ne feront *a priori* pas très bon ménage et devront mettre beaucoup d'eau dans leur vin !

Exemple de couple célèbre :

• *Adolf Hitler,* Taureau/Asc. Balance du 20 avril 1889, et *Eva Braun,* Verseau/Asc. Capricorne du 6 février 1912. Notons que l'Asc. Air du premier s'accorde avec le Soleil de la seconde, dont l'Asc. Terre se reflète dans la sauvage et austère Lune Capricorne du Chancelier, tout en s'accordant à la Terre du Taureau dictateur. Des éléments qui à coup sûr colmatèrent les différences de tempérament de leurs Soleils respectifs.

Gémeaux-Vierge (ou Vierge-Gémeaux)

Mercure régissant à la fois l'un et l'autre signe, cela tend certainement à atténuer peu ou prou leur dissemblance en prêtant à cette combinaison une excellente entente sur le plan mental. Précisons que la curiosité tous azimuts des Gémeaux peut être comparée à la culture extensive, alors que celle, plus polarisée, de la Vierge, serait comparable à la culture intensive. Deux signes propices aux métiers de commerce et de communication, ou encore aux activités scientifiques. Plus pondérée, plus pragmatique que les Gémeaux (Air), la Vierge (Terre), tout en étant agacée par son éparpillement, apprécie la mobilité et la gaieté de ce compagnon juvénile auquel elle tentera en vain de mettre un peu de plomb dans la cervelle, tandis que le Gémeaux qui apprécie la « légèreté de l'être », fût-elle parfois *insoutenable,* trouvera son *alter ego* maniaque, pointilleux et terre-à-terre. Pourquoi, en effet, demande l'enfant de Castor et Pollux, qui aime à vivre dans le présent, vouloir à tout prix organiser l'avenir jusqu'au détail le plus infime, alors que, il le sait bien, les choses se passent toujours autrement que prévu ? Cela risque de mal finir…

Exemple de couple célèbre :

• *Clara Schumann,* Vierge/Asc. Cancer du 13 septembre 1819, et *Robert Schumann,* Gémeaux/Asc. Capricorne du 8 juin 1810, avec Lune en Vierge. Leurs Soleils en dissonance (leur mariage retardé et combattu par le père de Clara) furent en partie compensés par la conjonction de la Lune du compositeur avec le Soleil de son épouse toute dévouée (Vierge), qui sut materner (Asc. Cancer) son grand dépressif de mari pendant des années. Et surtout, l'attraction perdura (cf. leurs Asc. complémentaires)… le temps d'assurer une progéniture de huit enfants !

Gémeaux-Poissons (ou Poissons-Gémeaux)

Si, au départ, ces deux natures totalement différentes éprouvent une attirance l'une pour l'autre, il est rare que le charme ne se rompe avant peu. L'émotivité et la sensibilité à fleur de peau du Poissons feront sourire le Gémeaux joueur, à la sensibilité plus nerveuse qu'affective, qui ne comprendra rien à la part de rêve et d'irréel de son compagnon ; ce dernier, à son tour, appréciera peu un compagnon en quête perpétuelle d'un *ailleurs*. Sauf exception, bien sûr, due aux contextes planétaires des deux partenaires *a priori* assortis…

Exemple de couple célèbre :

- *Johnny Hallyday*, Gémeaux du 15 juin 1943, et *Laetitia*, Poissons du 18 mars 1975, dont le dévouement – typique de son signe – auprès du chanteur, lors de ses épreuves de santé, n'aura échappé à personne.

Cancer-Balance (ou Balance-Cancer)

C'est le (difficile) mariage Eau/Air. Le Cancer introverti refoule sa sensibilité et vibre à des émotions plus intimes et narcissiques qu'exclusivement esthétiques. Pour notre élégante Balance, tant de rêves secrets manquent un peu de qualité formelle… Pour elle, l'important n'est pas tant de ressentir que de partager, d'exprimer, d'orner, de dialoguer. Elle trouve son ami Cancer un peu pot-au-feu trop introverti et pas assez sociable… mais leurs communes qualités de cœur les réunissent dans une conception non violente et romanesque de l'existence. Sera-ce suffisant ?

Lion-Scorpion (ou Scorpion-Lion)

Le Feu et l'Eau… l'aventure est risquée ! Prenez d'abord une bonne assurance pour coups et blessures et lancez-vous dans la tempête ! Deux volontés de puissance s'affrontent, qui ne se réconcilient que sur l'oreiller, dans un enlacement torride. Le Lion, fier et narcissique, déteste les critiques et les ordres, tandis que le Scorpion, caustique, juge avec ironie son partenaire quelque peu exhibitionniste, en constante représentation. Pourtant, ils respectent tous deux la force, le talent et le succès. Jusqu'où ?

Exemples de couples célèbres :

• *Bill Clinton,* Lion/Asc. Balance du 19 août 1946, et *Hillary,* Scorpionne du 26 octobre 1947, avec l'Asc. Lion, en écho au Soleil de l'ex-président des États-Unis, et en bon aspect avec son Asc., autre facteur de rapprochement, auquel s'ajoutent leurs Lunes complices Terre/Eau (dans le Taureau jouisseur chez Bill, dans les Poissons dévoués et quelque peu passifs, voire quelque peu masochistes chez Hillary) – image de leur drame/vaudeville conjugal aux dimensions planétaires (épisode Monica). Les tensions Lion/Scorpion prirent alors toute leur ampleur.

• *Alain Delon,* Scorpion/Asc. Balance du 9 novembre 1935, avec une Lune belliqueuse en Bélier, et *Nathalie,* Lionne (Asc. Capricorne) du 1er août 1941. Des rapports de pouvoir apparaissent inévitables entre l'Eau du Scorpion et le Feu du Lion, séduit cependant par l'Air de l'Asc. Balance de la star de cinéma.

• *Jan Josef Liefers,* Lion du 8 août 1964, et sa Scorpionne *Anna Loos,* née le 18 novembre 1970. Qui a le dessus quand les assiettes volent ?

• *Yves Saint Laurent,* Lion/Asc. Verseau du 1er août 1936, avec une Lune sauvage en Capricorne. C'est cette dernière qui lia le grand couturier et son mal-être diffus (Soleil opposé à l'Asc.) au collectionneur et amoureux d'art *Pierre Bergé,* Scorpion/Asc. Capricorne du 14 novembre 1930, avec Lune en Vierge – portrait typique de l'homme d'affaires/éminence grise, un rôle qu'il tint avec constance.

Vierge-Sagittaire (ou Sagittaire-Vierge)

Le Feu et la Terre, peu compatibles au premier regard. L'alliance s'exerce plutôt dans des domaines abstraits, le Sagittaire, comme la Vierge, étant porté à l'analyse et à la réflexion, mais avec plus de hardiesse et de scns de la synthèse que cette dernière. La Vierge est intéressée par les ouvertures philosophiques du Sagittaire – encore qu'elle préfère le microscope au télescope ! – mais ne comprend guère sa perpétuelle quête d'aventures et d'horizons lointains... Elle a tellement horreur du changement ! La question est : le Centaure fougueux parviendra-t-il à combler le besoin fondamental de sécurité de sa Vierge préférée ? Et les perpétuelles critiques – pour des vétilles aux yeux du dieu de l'Olympe – de cette dernière n'auront-elles pas très vite raison de sa/son (im)patience ?

Exemples de couples célèbres :

• *Sofia Loren,* Vierge/Asc. Sagittaire du 20 septembre 1934, et *Carlo Ponti,* Sagittaire/Asc. Poissons du 11 décembre 1912. Notons que l'Asc. Eau de Carlo Ponti est opposé/complémentaire au Soleil en Terre de l'actrice, ce qui représente un pôle d'attraction dans le couple, celui-ci étant néanmoins soumis aux turbulences/tensions qui opposent Vierge/Sagittaire/Poissons.

• *Édouard Baer,* acteur Sagittaire (et Lune dans le sensible Cancer) du 1er décembre 1966, et sa Vierge du 4 septembre 1982, *Lou Doillon.* On note l'harmonie compensatrice entre l'Eau du Cancer et la Terre de la Vierge, qui assure une certaine parenté dans la vision du monde de l'un et de l'autre…

• *Jean-Luc Godard,* Sagittaire/Asc. Balance du 3 décembre 1930, et *Anna Karina,* Vierge du 22 septembre 1940 (Lune en Gémeaux, complémentaire au Soleil du réalisateur).

Balance-Capricorne (ou Capricorne-Balance)

Deux natures franchement antinomiques au départ – mais qui a dit que la diplomate Balance ne trouve jamais le secret de la plus délicate des ententes ? Elle sait si bien séduire son monde et alors, même le sévère Capricorne ne saura manquer de tomber sous le charme consommé de sa vénusienne partenaire. Calme, rigoureux, studieux, réaliste, le Capricorne accédera, avec la Balance, à des plaisirs et à des raffinements qu'il ignorerait seul. Mais il n'aime pas les natures volages, tièdes ou capricieuses. La Balance, si elle veut conserver l'estime de son partenaire saturnien, devra maîtriser un peu les errances de son âme poétique et de son esprit hésitant et, au besoin, mettre une chape de plomb sur sa frivolité, quitte à se faire peu ou prou pot-au-feu et à renoncer à ses mondanités. Mais quand on aime, on ne compte pas… jusqu'à un certain point. Jusqu'au point de non-retour, car le *carpe diem,* voilà un *must* pour cette Vénusienne.

Exemple de couple célèbre :

• *Franz Liszt,* Balance/Asc. Lion du 22 octobre, Lune en Sagittaire, donc mélange Feu/Air, qui termina sa vie de grand séducteur en entrant en religion, et *Marie d'Agoult,* Capricorne/Asc. Balance et Lune en Bélier (en opposition/complémentarité avec le Soleil du compositeur), personnage complexe Terre/Air/Feu. Un duo agité, où les facteurs d'attraction le disputent néanmoins à la dissonance basique des Soleils natals, créant des rapports de défi qui jouèrent comme autant de stimulants pour ce couple romantique des plus emblématiques.

Scorpion-Verseau (ou Verseau-Scorpion)

On a déjà dit que c'était le conflit de l'Ange et de la Bête et si l'Apocalypse nous apprend que, au terme d'un long combat, l'Ange sera victorieux, sur un mode plus quotidien l'issue reste douteuse. Le Verseau, en effet, est mal armé pour déjouer les ruses secrètes et compliquées du Scorpion. Parce qu'il a un cœur naturellement bon et désintéressé (si son Soleil natal est harmonique), il est trop souvent confiant et même naïf… Toutefois, tous les Scorpion ne sont pas des démons ni tous les Verseau angéliques, et les plus intelligents d'entre eux sauront respecter ce mélange de fantaisie, de créativité et de sagesse qui est, avec un grain de folie, le propre de leur Verseau conjugal. Mais le Scorpion intimiste risque de ne pas apprécier l'invasion récurrente des copains qui débarquent à l'improviste alors qu'il ou elle projetait de goûter égoïstement un film excitant en compagnie de son *alter ego* avant d'aller sacrifier à Eros. De plus, quelque peu obsédé sexuel sur les bords, il ne sera pas loin de soupçonner son ange de chercher et trouver des dérivatifs opportuns à la sexualité par trop exigeante de sa moitié. Sans parler de la jalousie, ce piment qui risque fort de tourner au venin… D'où de possibles scènes où les assiettes pourraient voler, d'autant que le Verseau a naturellement quelque tendance hystéroïde, ne l'oublions pas ! Bref, autant dans le quotidien que dans l'intimité, dissensions, éclats, ruptures et réconciliations débridées risquent d'être le pain quotidien de ce couple – mais tant que cela les satisfait… Une sexualité active et imaginative les plongera peut-être alors à corps perdu dans le royaume sulfureux de la luxure et des fruits défendus. Rappelons que Sacher-Masoch était Verseau Ascendant Scorpion !

Exemple de couple célèbre :

• *Demi Moore,* Scorpionne du 11 novembre 1962, et *Ashton Kutcher,* Verseau du 7 février 1978, amoureux de la communication – on se souvient qu'il était le roi du Tweet !

Sagittaire-Poissons (ou Poissons-Sagittaire)

Un Sagittaire emporté dans les hautes sphères par ses aspirations élevées, un Poissons vivant dans un rêve absent, voire dans le mysticisme... Assurément, vous pouvez vous retrouver – après tout, Jupiter régissait également les Poissons jusqu'à ce qu'on leur attribue la paternité de Neptune, dieu des Océans. Pourtant, vos différences de tempérament – Feu et Eau – font penser à l'alliance de la carpe et du lapin. Les Poissons trouveront que le Centaure/lapin a la bougeotte et l'envieront pour la sympathie spontanée qu'il sait inspirer tous azimuts ; ils risquent de le trouver vite superficiel, trop extraverti et dépensier, alors que le Sagittaire s'agacera de la passivité de son *alter ego*, voire d'une sensibilité à fleur de peau qu'il prendra rapidement pour de la sensiblerie. Par ailleurs, une tendance naturelle des Poissons à se plaindre va contre le poil de cet animal plein de fougue et de vitalité, qui jugera ce travers comme une contemplation morose des plus irritantes et manquant de dignité. Enfin, si le Poissons, quelque peu passif, voire timoré, a du mal à passer à l'action, le Sagittaire actif, impatient et amoureux du risque, s'irritera si son associé, ou son compagnon, fait preuve de trop d'indécision. *Last but not least,* le pessimisme résigné de ce dernier, en douchant l'enthousiasme du Sagittaire, risque de le lasser peu à peu.

Exemple de couple célèbre :

• *Francis Huster,* Sagittaire/Asc. Verseau du 8 décembre 1947, et *Cristiana Reali,* Poissons/Asc. Balance du 19 mars 1965. L'Asc. Air de Cristiana explique l'attirance avec le mélange Feu/Air de l'acteur, mais visiblement, ce ne fut pas suffisant pour maintenir le couple dans la durée...

5. Les Couples Jumeaux ou Couples Miroirs

Si vous avez parcouru les principes de base de la géométrie du zodiaque, vous êtes déjà familiarisé(e) avec cette catégorie de partenaires attirés par ce qui leur ressemble comme un écho d'eux-mêmes, comme une image/miroir plus ou moins fidèle ou déformante, plus ou moins proche de leur Moi. Autrement dit, attirés par un être né sous le même signe zodiacal. *A priori,* il serait permis de penser que ce sont les signes les plus égotistes, les plus narcissiques – comme les Bélier, les Cancer ou les Lion – qui devraient, plus que les autres, s'attirer entre eux. Ces tandems devraient donc être en surnombre. Bien sûr, seule une étude spécifique et systématique pourrait statuer sur une telle hypothèse…

Il s'agit ici d'une division du zodiaque par un, puisque ces signes sont en conjonction l'un avec l'autre, c'est-à-dire dans un angle de zéro degré. On aboutit ainsi à une douzaine de couples de même signe : deux Capricorne, deux Lion ou deux Vierge, etc. Un couple à la Janus, ce dieu à deux visages symétriques qui se ressemblent et se répondent à travers une sorte de gémellité astropsychologique. Une certaine similitude de perception ou de personnalité peut être au cœur de cette attirance spontanée : comme si on avait tendance à voir les êtres et les choses depuis la même fenêtre, sous une même perspective. Bien évidemment, cela reste très relatif, et seuls les grands traits seront communs dans le couple ainsi formé. N'oublions pas qu'intervient ici le contexte planétaire de chacun avec son originalité propre (Ascendant, Lune, Vénus, Mars, etc.), dont les disparités s'ajoutent et aboutissent à un couple totalement original. Des apports qui viendront approfondir l'harmonie ou, au contraire, créer des disparités, des divergences, voire des points de conflits dans le couple. De plus, dans cette sorte de gémellité astrale, qui répond à une quête de son double, une âme sœur identique à soi-même, le miroir de ses propres défauts peut s'avérer déformant. Il est connu, en effet, que nous réagissons surtout à ce qui nous ressemble. Nous serons ainsi particulièrement sensibles aux défauts de notre propre signe, en l'occurrence de notre signe commun – et ce, même si nous ne l'exprimons pas toujours, même si nous ne les sentons que virtuels en nous, secrets, cachés, parfois refoulés, inconscients. On voit alors dans l'Autre ce que l'on ne voulait pas voir en soi et que l'on rejette. L'identique, menace de l'identité ? Comme de surcroît il y a deux façons d'être Bélier, Scorpion ou autre chose, l'une positive et l'autre négative, l'une incarnant davantage les qualités du signe, l'autre plutôt ses défauts – à l'instar d'une médaille et de son envers –, la grande complicité qui peut exister au départ entre ce duo de larrons en foire peut dégénérer en lutte « fratricide ». Se séparer de l'Autre peut alors apparaître comme une opération chirurgicale en vue d'un dépassement/assainissement de soi. En fin de compte, l'oracle appartient au détail du thème particulier de chacun. (D'où l'intérêt d'une analyse personnalisée, comme celle d'*Astrocouple.*)

Voyons quelles sont les différentes formules zodiacales de ces Couples Jumeaux.

Bélier-Bélier

Deux guerriers courageux qui, animés par la passion et un tempérament de Feu, irritables et autoritaires, ne seront rebutés par aucun obstacle ! C'est dans l'action que vous vous accordez le mieux. Mars, votre planète maîtresse, symbolise la pulsion agressive et la libido. D'où une alternance de désir puissant, torride passion et de rivalité, voire d'agressivité : qui portera la culotte ? voilà la question ! Bref, les assiettes risquent de voler, mais une chose est sûre : vous ne vous ennuierez pas et vos amis non plus !

Exemple de couple célèbre :

• *Ali Mac Graw,* Bélier du 1er avril 1938, avec un Asc. Taureau, qui se marie joliment avec celui, en Cancer, de son mari, *Steve McQueen,* Bélier lui aussi, du 24 mars 1930.

Taureau-Taureau

Ils seront heureux ensemble. Pragmatiques et organisés, de la même espèce, c'est-à-dire constants et fidèles, ils prévoiront leurs voyages et vacances avec (au moins) une année d'avance. Ils adoreront chiner ensemble à la recherche de bibelots (de préférence anciens) ou d'objets d'art destinés à embellir leur *home, sweet home.* C'est amoureusement qu'ils aménageront leur nid, si possible avec un jardin et des barrières – chacun pour soi, c'est mieux – et ils passeront leur temps à soigner leurs arbres, à cultiver leur jardin – dans tous les sens de l'expression, tout en faisant fructifier leur capital avec satisfaction. Car le matériel, l'argent, voilà la manne sans laquelle, ils le savent mieux que quiconque, rien ici-bas n'est possible. Et puis il y a la musique, la musique, dont ils sont friands tous deux et qui berce leur intimité. Fidèles et possessifs tous deux, ils mèneront une vie tranquille et casanière, tirée au cordeau – *métro, boulot, dodo,* cela ne leur fait pas peur, au contraire, ils affectionnent leurs habitudes. Routine étouffante diraient d'aucuns, mais non pas ce tandem de Taureau qui avance dans l'existence, les quatre sabots bien plantés au sol, respectant les traditions et craignant peu ou prou le qu'en-dira-t-on, sans regretter le moins du monde la frivolité ou l'aventure du dehors, qui ne pourrait que troubler leur doux égoïsme à deux. Encore un point commun qui cimentera leur union, bétonnée par une loyauté réciproque indestructible.

Gémeaux-Gémeaux

Castor et Pollux, deux papillons qui butinent, virevoltent, se quittent, se retrouvent, le tout dans une farandole joyeuse et endiablée. Masques et bergamasques, vous rivalisez de mots d'esprit, vous vous jouez la comédie, passez de la tragédie au vaudeville, en vous lançant des clins d'œil complices. Personne n'y comprendra rien, sauf vous. Désinvoltes ou peu ou prou tête en l'air, quand vous égarez vos clés, ami Gémeaux, ou laissez votre sac sur le comptoir d'un magasin, madame Gémeaux, l'Autre vous comprend et ne vous jette pas la pierre… À moins que ce reflet de soi ne soit finalement bien agaçant ? Mais dans l'alcôve, dont le théâtre varie indéfiniment – vous adorez les hôtels, le changement de décor vous inspire –, vous retrouverez vos jeux malicieux, votre souplesse juvénile ; vous incarnez à merveille la parole de Chamfort : « L'amour, c'est l'échange de deux fantaisies et le contact de deux épidermes. » Votre quotidien, vous l'improvisez, entourés d'amis séduits par votre naturelle gaieté, et menez souvent une vie de bohème, voire de vagabonds – s'enraciner n'est-ce pas mourir ? Vous vous passionnez chaque jour pour quelque chose de nouveau. La question : qui remplira le réfrigérateur et les déclarations d'impôts ?

Exemple de couple célèbre :

- *Natalie Portman,* du 9 juin 1981, et *Benjamin Millepied,* du 10 juin 1977.

Cancer-Cancer

La maison, la famille, le retrait, on le sait : « pour vivre heureux, vivons cachés ». Calfeutrés dans leur univers douillet, portes et volets clos, au coin du feu, vautrés voluptueusement sur des coussins confortables, un chat qui ronronne et un chien endormi à vos pieds, entourés d'une ribambelle d'enfants (sages), et le tout près d'une table bien garnie – car, attention, la question vitale et omniprésente tourne autour de la bonne chère –, que demande le peuple ? Un risque cependant par rapport à ce tableau idyllique : un isolement relatif. Cette vie confortable et centrée sur soi peut limiter l'horizon du couple Cancer, par manque d'initiative, par paresse ou par sereine résignation. Mais après tout, si votre bonheur est à ce prix… « – Chut, maman, les voisins pourraient nous entendre ! – Tu as raison, papa, fermons les volets »…

Lion-Lion

Face à face, deux ambitions exigeantes, deux orgueils impérieux, deux volontés implacables, deux passionnés, deux autocrates. Quoi qu'ils fassent ensemble, ce ne sera jamais banal, jamais inachevé, jamais médiocre. Tournés vers l'avenir qu'ils ne peuvent entrevoir que brillant et en progrès par rapport au présent, ils ne ménageront pas leur peine et seront terriblement efficaces – et gare à ceux qui entraveront leur route ! *There's nobody like us,* tel sera leur orgueilleuse devise. Dans l'intimité cependant, un problème : les rapports de force dans ce tandem brillant. L'un des deux devra apprendre à baisser pavillon et montrer patte blanche… par sagesse et gain de paix. Et si cela passe par des rugissements qui font trembler les murs, ce n'est pas grave : conscients tous deux que le seul et impardonnable crime de lèse-majesté serait d'humilier l'Autre, à l'inverse son respect, son estime, voire son admiration seront des ingrédients érotisants, aussi originaux qu'efficaces, qui transformeront en un éclair ces éclats coléreux en rugissements de plaisir.

Exemples de couples célèbres :

• *Sean Penn,* Lion/Asc. Sagittaire, Lune en Cancer, né le 17 août 1960, et *Madonna,* née le 15 août 1958, avec

Asc. dans le Verseau libertaire et la Lune en Vierge. La Lionne a-t-elle dévoré son compagnon plus sensible/vulnérable ? Il est vrai qu'elle est née le même jour que… Napoléon Ier !

• *Antonio Banderas,* Lion/Asc. Poissons du 10 août 1960, et *Mélanie Griffith,* Lion/Asc. Taureau et Lune en Verseau, née le 9 août 1957 : une personnalité au mélange détonant que seul l'Asc. dans le dévoué signe des Poissons d'Antonio peut calmer/désamorcer ! Il est vrai que les deux Asc. harmoniques sont également là pour augurer d'une certaine pérennité/solidité de ce couple sympathique.

Vierge-Vierge

Quel sérieux, quelle lucidité, quel calme, quelle efficacité ! Voilà une association sans histoires, mais qui manque peut-être d'un peu de… fantaisie ! Sauf si l'un des deux se trouve être une « Vierge folle » !… La Vierge, peu ou prou introvertie, critique, voire sceptique et pessimiste (elle a une vision plutôt misanthrope de l'humanité, à l'instar de la Vierge La Rochefoucauld), a besoin d'une compagnie qui la dynamise. Une combinaison excellente pour les affaires commerciales ou pour une entreprise charitable au service de l'humanité souffrante. Il reste à souhaiter que les autres ingrédients astraux de ces ciels de naissance ajoutent quelque piment, un peu de fantaisie et d'imprévu dans ce tandem trop sage, trop prévisible. Celui-ci trouvera son bonheur – quelque peu égocentrique, il est vrai, mais délectable – entouré de ses chats et chiens (la

Vierge adore les compagnons à quatre pattes), scotché devant le petit écran, devant un bon plateau télé... Et sous la couette ? Pardon, nous n'avons pas eu accès à la *privacy* de ces deux pudeurs ajoutées, marquées par un probable syndrome de la cocotte-minute : gare à l'implosion !

Balance-Balance

Voici un duo de tourtereaux qui chantera/roucoulera sur le même air et pour qui la notion de plaisir ne restera pas lettre morte. Luxe, calme et volupté... Vive le *carpe diem !* À déconseiller cependant pour une entreprise un peu hardie ou nécessitant de l'esprit de décision... Face à tant de romanesque et d'élégance cumulés, il serait sage de s'assurer la collaboration de quelqu'un de plus réaliste et de plus téméraire. Sur le plan sentimental, c'est là un excellent tandem, qui saura choisir l'endroit le plus romantique du monde pour convoler. Pour eux, le mot « mariage » est sacré, en dépit de quelques possibles entorses – uniquement sensuelles – au contrat. N'oublions pas que la Balance est le signe traditionnellement associé au mariage. Exit la médiocrité et la laideur ! La vulgarité, l'indélicatesse sont des péchés mortels pour ces deux-là, qui auront une vie sociale/mondaine animée, voire agitée... Un tourbillon qui les emportera tous deux. Et c'est ensemble qu'ils aimeront à briller en société, rivalisant d'élégance avec leurs amis qui leur pardonneront leur péché de vanité : ils sont *tellement* séduisants ! Voilà donc une union qui peut durer, ses liens étant, plus que pour tout autre signe, sacrés.

Exemples de couples célèbres :

• *Michael Douglas,* Balance/Asc. Scorpion du 25 septembre 1944, et sa (presque) jumelle cosmique, *Catherine Zeta-Jones,* Balance/Asc. Sagittaire, elle aussi du 25 septembre… 1969. Gageons que l'indépendance et la fougue de l'Asc. Feu de cette dernière sauront retenir/brider les excès (Asc. Scorpion !) de l'acteur, ce séducteur-né qui fut contraint de faire appel à une cure de désintoxication sexuelle.

• *Catherine Deneuve,* Balance/Asc. Capricorne du 22 octobre 1943, Lune en Lion, et *Marcello Mastroianni,* Balance/Asc. Capricorne du 24 septembre 1924 (Lune en Balance). Des personnages aux natures contrastées, à la fois acteur/actrice exposés au monde et en retrait par rapport à ce dernier, peu ou prou introvertis ou solitaires. On pourrait croire que la similitude de leur cocktail astral aurait dû sceller à jamais leurs destinées. Un exemple, peut-être, du danger virtuel contenu dans des positions planétaires superposées lors des transits ravageurs ? Par ailleurs, est-ce le fait que Mastroianni soit né sous une Nouvelle Lune en Balance qui lui accorda une séduction aussi exceptionnelle ?

• *Brigitte Bardot,* Balance/Asc. Sagittaire du 28 septembre 1934, et *Samy Frey,* Balance du 13 octobre 1937, avec l'Asc. Capricorne. Est-ce ce dernier, si antithétique à l'Air de la Balance de Brigitte Bardot (et responsable d'une disparité difficile à vivre pour Samy Frey), qui empêcha cette union de durer ?

Scorpion-Scorpion

Contrairement à ce qu'on pourrait penser, ce jumelage d'enfants de Pluton peut avoir des résultats extrêmement positifs et durables. Grâce à une intelligence perspicace et une lucidité critique exigeante, chacun des deux se sert de l'autre comme modèle pour ajuster en permanence son comportement, tout en comprenant son intransigeance, voire son éventuelle brutalité. Jusqu'où ? Car naturellement, il y aura des moments où la tension sera si extrême que l'on pourrait s'attendre à une rupture fracassante. Ce serait dommage car cette association, animée par une puissance de travail, une pugnacité, un goût pour une exclusivité jalouse et une persévérance tout à fait exceptionnels, peut se révéler d'une remarquable fécondité. Mais gare aux éclats et aux disputes ! Ce sera volcanique. Leur sexualité exigeante sera leur point phare, un lieu où ils se retrouveront toujours – et alors, ce sera torride, ils réinventeront le sexe chaque jour, chaque nuit. Un érotisme dévastateur fera qu'ils ne se contenteront pas de demi-mesures ni de tièdes épanchements, mais se comprendront et s'enlaceront, se déchireront dans un silence tumultueux, aux frontières de l'anéantissement. La nuit est leur royaume ; elle ne finira jamais, les engloutissant dans une volupté douloureuse, délectable. Ce sera Eros et Thanatos, *à la vie à la mort*, ce lieu où tous deux ressourceront leur inépuisable énergie… Le Scorpion n'est-il pas le signe sexuel par excellence ?

Exemples de couples célèbres :

• *François Mitterrand,* le feu président de la République française, Scorpion/Asc. Balance du 26 octobre 1916, avec Lune en Balance (cf. le grand séducteur), et son épouse *Danielle,* Scorpionne/Asc. Vierge du 29 octobre 1924. Sa Lune en Scorpion pouvait la rendre jalouse des conquêtes de son illustre époux, mais la sage et raisonnable Vierge sut accepter avec dignité les situations les plus délicates.

• *Julia Roberts,* Scorpionne/Asc. Cancer (et Lune en Lion) du 28 octobre 1967, et son chanteur country, *Lyle Lovett,* autre Scorpion, né le 1er novembre 1957, avec Lune dans le signe sensible des Poissons. Des atomes crochus en Eau qui devraient compenser largement les accrochages entre la Lune Feu de l'actrice et l'Eau du ciel de son compagnon… En principe, mais le mélange Mars/Vénus aura le dernier mot !

• *Joseph Goebbels,* ministre de la Propagande d'Hitler, Scorpion/Asc. Lion du 29 octobre 1897 (cocktail puissant et ambitieux, inverse de celui de Napoléon Ier), et son épouse *Magda,* Scorpionne du 11 novembre 1901, née sous une Nouvelle Lune. Celle-ci assure toujours un destin sortant de l'ordinaire. La fin de Magda, empoisonnée avec ses nombreux enfants et son mari, est bien à l'image d'une fin tragique de deux Scorpion autodestructeurs.

Sagittaire-Sagittaire

Deux Sagittaire ont toutes les chances de créer une famille animée, joyeuse et riche en échanges où chacun pourra s'épanouir, dans un esprit de tolérance mutuelle. Vivant dans un climat de bougeotte chronique, leur existence ne sera certes pas monotone ! Monsieur Sagittaire s'envolera dans de hautes réflexions philosophiques, madame voudra explorer le monde… Ou l'inverse ? Dans les deux cas, votre couple, toujours en mouvement, saura tirer le meilleur profit de ces deux formes d'ouverture. Et au lit ? Fiers et pudiques de leurs sentiments – même s'ils peuvent apparaître quelque peu fanfarons/exhibitionnistes avec les copains ou en société – juste pour le show ! –, ils sont tous deux ennemis du ridicule – et donc d'un romantisme échevelé –, ce qui ne les empêchera pas de conjuguer leurs fougueuses natures dans des ébats sains et enthousiastes, et surtout sans complications ! L'humour sera leur passe-temps favori, qui leur évitera de prendre au tragique les aléas de l'existence.

Capricorne-Capricorne

Que d'affinités ! Voilà un couple qui, *a priori,* ne risque guère de se séparer. Vous naviguez dans la même direction et vous prendrez grand soin, dès le début, de construire sur des bases solides. Votre ambition commune vous poussera à gravir les échelons, vous donnera le goût – la possibilité ? – de voir plus grand et encore plus loin. Mais attention, il se pourrait qu'un jour, vous connaissiez des rapports de force dus à vos instincts dominateurs. Ou que vous alliez chercher ailleurs la légèreté et la fantaisie. Mais comme vous êtes stables et fidèles, couper le nœud gordien – ou ombilical ? – ne se fera pas sans douleur. La décision – et le fin mot – appartiendra au contexte de vos thèmes respectifs.

Exemples de couples célèbres :

• *Jude Law,* Capricorne/Asc. Sagittaire (et Lune en Balance) du 29 décembre 1972, et *Sienne Miller,* une Chevrette du 28 décembre 1981, avec une Lune Air dans l'indépendant Verseau (qui fait ami-ami avec la Lune Air et l'Asc. Feu de Jude Law). Un duo qui a tout pour se comprendre, s'aimer et s'apprécier.

• *Laurent Gerra,* Capricorne du 29 décembre 1967 avec l'Asc. et Mars dans le signe rebelle du Verseau, auxquels s'ajoute une Lune en Sagittaire (un mélange astral dévolu à l'humour !), et *Mathilde Seigner,* Capricorne/Asc. Verseau et Lune en Lion du 18 janvier 1968 : deux petites Chèvres faites pour s'entendre… apparemment. À moins que le chassé-croisé de leurs Vénus/Mars respectifs ne dise autre chose ? (Lire le chapitre sur les exceptions, troisième partie, chap. III.)

Verseau-Verseau

L'indépendance est pour l'un et l'autre une notion sacrée, qui vous est vissée au corps. Votre relation risque donc d'être un éternel jeu de cache-cache, car aucun des deux ne veut être l'esclave de l'autre. Mais, amoureux de l'aventure, vous pouvez œuvrer avec enthousiasme à une entreprise commune (scientifique ou humanitaire ?), dans une complicité parfaite. L'Autre est un frère, un amant, un ami, tout à la fois. Entourés de copains et copines – votre *credo* commun, c'est l'amitié –, vous formerez un couple d'originaux, recherchés en société pour leur esprit et leur sens de l'humour et du paradoxe. Une certitude : votre maison sera en permanence remplie d'amis. À vous d'apprendre à nourrir aussi l'intimité. La musique y contribuera sûrement, les échanges philosophiques et le cinéma de science-fiction. Vous avez dit « intimité » ?

Poissons-Poissons

Insaisissables et multiples, vous avez la passion de vous connaître, de vous fondre et vous perdre l'un dans l'autre. Vous vous unissez dans votre soif d'un *ailleurs* imaginaire, dans votre goût de l'infini et du rêve et dans l'amour que vous portez au monde. Votre couple de bons Samaritains, animé par une grande générosité, voire une certaine oblativité altruiste, se montre toujours prêt à accueillir chiens perdus sans collier, amis ou gens de passage, dans une maison ouverte. Et puis, vos deux natures bohèmes et pleines de fantaisie, votre amour de l'art – et surtout de la musique – communieront dans une extase commune et marquée d'une sensualité intense, quoique silencieuse, partageant les méandres de vos imaginaires respectifs. La carpe qu'on dit muette, on le sait, est un poisson… Un monde idéal, en somme. On peut simplement se demander qui remplira les feuilles d'impôts… Vu votre commun manque de réalisme, mieux vaudra confier cette tâche ingrate à une tierce personne – Vierge ou Taureau de préférence.

6. Les Couples Frères, Tandem Complice

« Tu as, tu es tout ce qui me manque », et *vice versa*... Oui, à la fois complices et différents, leurs différences agissant comme des *stimuli* pour la compréhension d'un autre univers (donc d'une ouverture qui ne laisse pas pour autant d'être peu ou prou familière), voilà le rapport assez complexe de ces couples de signes voisins, que l'on retrouve en masse dans la société. Techniquement parlant, il s'agit ici d'un aspect de semi-sextile, donc d'un espace de 30° sur le zodiaque, considéré par la tradition comme un aspect (faiblement) harmonique. Notons que contrairement à une apparente logique, les signes voisins n'ont pas grand-chose de commun ; ils sont même franchement dissemblables. Or, c'est cette même dissemblance qui explique que l'on puisse souhaiter se familiariser avec ce qui nous est quelque peu étranger, afin de s'en attribuer les vertus et les qualités – et ce, notamment si d'autres facteurs des deux thèmes prêchent pour une belle harmonie. L'Autre, que l'on désire apprivoiser pour mieux le connaître – et peut-être l'aimer –, peut alors être synonyme d'équilibre psychologique, voire d'enrichissement spirituel. Inutile de préciser que la dénomination de *Couples Frères* est toute symbolique et qu'elle n'empêche en rien une attirance sexuelle – surtout si Mars/Vénus sont de la partie ! Voici donc ces douze Couples Frères/Complices.

Bélier-Taureau

Voilà un couple assez rare, peut-être à cause des profondes différences de chacun ; autant le Bélier est fougueux, fonceur, rapide, peu ou prou désinvolte et casse-cou, autant le Taureau est lent, pondéré, réfléchi. Le Bélier est un Zorro pour qui tout est panache, ambition enthousiaste et présence à l'instant ; le Taureau est pragmatique, prévoyant et plutôt pantouflard – ô *home, sweet home,* geindra-t-il si le Bélier le harcèle pour improviser une sortie aventureuse ! Là où ce dernier, confiant en son étoile, promet monts et merveilles, le Taureau, lui, veut du solide, des preuves et des plans sur l'avenir tirés au cordeau. Leur complémentarité leur apportera beaucoup s'ils cherchent à se comprendre et à s'accepter. Autrement, leurs disputes ressembleront à un dialogue de sourds. Ils seront plus efficaces et leurs relations seront plus faciles sur le plan professionnel qu'amoureux. Car le problème basique est un problème de rythme : voilà où le bât blesse ! Rappelez-vous la fable de La Fontaine *Le Lièvre et la Tortue*… À tout prendre, mieux vaut que le Taureau, signe vénusien/féminin – et fidèle –, soit celui de la femme ; elle saura calmer les ardeurs intempestives de son martien de partenaire, toujours prêt à monter au créneau pour une nouvelle conquête… Sinon, c'est elle qui portera la culotte.

Exemples de couples célèbres :

• *David Beckham,* Taureau/Asc. Taureau du 2 mai 1975 (et Lune sauvage en Capricorne), et *Victoria,* Bélier du 17 avril 1974. Son Ascendant Cancer, complémentaire à celui de son époux, se marie harmonieusement avec les éléments célestes de ce dernier, compensant peu ou prou les différences/divergences qui peuvent naître de la dissonance entre le Feu du Bélier et la Terre du Capricorne, différences ou tensions inhérentes au demeurant à la propre personnalité de Victoria.

• *Katharine Hepburn,* Taureau/Asc. Scorpion du 12 mai 1907 (Lune en Taureau), et son Bélier/Asc. Capricorne conjugal, *Spencer Tracy,* né le 5 avril 1900. La Lune en Terre de l'actrice faisait le pont avec les éléments Terre/Eau de sa moitié, assurant une belle harmonie.

• *Charlie Chaplin,* Bélier du 16 avril 1889, avec Asc. et Lune en Scorpion (d'où forte sexualité et esprit critique/réformateur), et sa *Oona,* Taureau du 14 mai 1925, complémentaire à la Lune en Scorpion de son illustre mari, auquel elle fit une nuée d'enfants. Le duo martien Bélier/Scorpion explique la nature agressivement révoltée du comique…

• *Jean-Louis Borloo,* ministre sous la présidence de Nicolas Sarkozy, Bélier/Asc. Vierge du 7 avril 1951, Lune en Taureau, et son Taureau/Asc. Poissons conjugal, *Béatrice Schönberg,* née le 9 mai 1953. Les nombreux éléments Terre/Eau qui accompagnent le duo des Soleils natals sont autant de liens, facteurs de complicité et de bonne entente…

Bélier-Poissons

Le Bélier intrépide et chasseur peut avoir une passion pour la sirène, fût-elle mâle !… Mais celle-ci doit accepter – et elle en sera en général ravie – que le Bélier règne en maître absolu sur son quotidien, prenne les décisions et passe à l'action – aussitôt dit, aussitôt fait ! Le Poissons, tout en se dévouant corps et âme à son fougueux compagnon, pourra alors se retirer dans son rocher et rêver à loisir, loin d'une réalité ressentie souvent comme trop abrasive. Mais attention, le Bélier, curieux mélange d'égocentrisme et d'esprit chevaleresque, devra mettre en sourdine sa naturelle brusquerie, que son très (trop ?) sensible *alter ego* aura tendance à ressentir comme un manque de tact, voire de la brutalité. Lorsque le Poissons est l'homme du couple, la situation est encore plus délicate. Comment la femme Bélier, si fougueuse et un brin virile, pourrait-elle s'accommoder de l'extrême sensibilité de son Poissons, qui risque de se cantonner dans un mutisme de carpe s'il se sent blessé ? Cependant, le contexte des thèmes particuliers peut modifier ces appréciations, par exemple si le Bélier a un Asc. Eau ou si le Poissons a un Asc. Feu. Reste que, quoi qu'il en soit de leurs ciels particuliers, le Bélier prendra plaisir à protéger son vulnérable petit Poissons… À moins que ce dernier n'appartienne à l'espèce redoutable des requins et ne fasse qu'une bouchée de son *alter ego* quadrupède, surtout si celui-ci a un Asc. sensible dans le Cancer – ou le Poissons ?

Exemples de couples célèbres :

• *Victor Hugo,* Poissons du 26 février 1802, et *Juliette Drouet,* Bélier du 10 avril 1806, qui fut sa maîtresse pendant presque cinquante ans en jouant *back street.* La disparité Eau/Feu est ici colmatée, compensée idéalement par l'Asc. Taureau et la Lune en Capricorne de Juliette, deux éléments Terre de stabilité, de fidélité et de discrétion sans faille, en symbiose harmonique avec l'Eau des Poissons.

• *Helmut Kohl,* Bélier/Asc. Bélier du 3 avril 1930, et sa femme *Hannelore,* née le 7 mars 1933. Gageons que le Feu puissant du Chancelier ne fit qu'une bouchée de son petit Poissons conjugal, qui finit par se suicider, en raison d'une grave maladie et/ou d'une dépression chronique – liée à un sentiment d'abandon ?

Taureau-Gémeaux

S'il est vrai que la Terre et l'Air n'ont pas d'atomes crochus selon la tradition, ces deux-là feront néanmoins d'excellents copains mais, à moins que le reste du thème ne présente quelques affinités, cela n'ira pas plus loin.

Le Taureau sera agacé par la dispersion, la curiosité, la frivolité, le gaspillage d'énergie du Gémeaux, tandis que celui-ci s'épuisera à vouloir entraîner dans ses expériences et ses aventures ce concentré de force statique qui secouera ses cornes et plantera ferme ses sabots dans le sol en essayant de raisonner son déraisonnable ami. Entreprise vouée à l'échec, sauf s'ils ont des Mercure en affinité. Bien sûr, la puissante alchimie Vénus/Mars peut tout changer – ou presque. À goûter tant que cela dure !...

Exemples de couples célèbres :

- *Steffi Graf,* Gémeaux du 14 juin 1969, et *André Agassi,* Taureau du 29 avril 1970.
- La reine *Elizabeth II d'Angleterre,* Taureau/Asc. Capricorne du 21 avril 1926, Lune en Lion – normal ! –, et le prince Philip, duc d'Édimbourg, Gémeaux du 10 juin 1921, dont le Soleil s'harmonise avec la Lune de sa royale épouse. La longévité persistante de cette dernière, qui semble ne pas donner prise au temps, est le reflet de l'alliage Terre qui a présidé à sa naissance, la Lune en Lion y ajoutant une belle vitalité.

Gémeaux-Cancer

L'alliance, ici, de l'Air et de l'Eau n'est pas *a priori* de très bon augure. Il est vrai que le Cancer est passif et anxieux, le Gémeaux mobile et joueur – ce qui peut fasciner le Cancer introverti. Cependant ils se retrouveront dans leur commune jeunesse éternelle, leur ingéniosité, leurs caprices. Car les Gémeaux restent d'éternels adolescents, tandis que le Cancer, lui, reste proche de son enfance… Au point de vue intellectuel, ils se compléteront, l'humour et l'habileté cérébrale de l'un s'alliant à l'imagination – et à l'humour pince-sans-rire – de l'autre… Mais dans l'intimité ? Le Cancer se trouvera parfois frustré, son partenaire Gémeaux préférant la malice acidulée et ses jeux d'esprit à une forte sensorialité et à une tendresse romantique, et les escapades aventureuses à la sédentarité popotte. N'oublions pas que l'amour du Cancer passe par l'estomac, que son bonheur est conditionné par une gourmandise satisfaite, alors que celle des Gémeaux est toute relative – on pense au philosophe Pascal, Gémeaux qui prétendait ne pas prendre de plaisir à la nourriture… Quant au fils ou à la fille de l'Air qu'est le Gémeaux, il (elle) trouvera parfois un peu pesant et pleurnichard son compagnon peu ou prou hypocondriaque. De grâce, ami(e) Cancer, ravalez vos plaintes si vous avez mal à l'estomac. La litanie « Maman, bobo ! », ce n'est décidément pas la tasse de thé du Gémeaux. Le dernier mot appartiendra au contexte des ciels de naissance, qui assurera ou limitera la longévité de ce duo.

Exemples de couples célèbres :

• *Le duc de Windsor* (Edouard VIII, qui abdiqua), Cancer/Asc. Verseau du 23 juin 1894, Lune en Poissons, et *Wallis Simpson,* Gémeaux/Asc. Verseau du 19 juin 1896, Lune en Balance. On notera l'identité de l'Asc. Verseau indépendant et anticonformiste, auquel s'ajoute celle du Milieu du Ciel (MC = destinée) dans le Sagittaire libertaire. *Last but not least,* leurs Soleils, bien que dans des signes différents, sont conjoints (le duc en début du Cancer, Wallis Simpson en fin du Gémeaux), d'où une communauté de vue. On peut imaginer que le roi Edouard VIII ne résista pas à la personnalité bien centrée, affirmée, mais en même temps légère et charmeuse, séduisante (Asc. Balance) du Gémeaux plein de fantaisie qu'était sûrement Wallis Simpson.

• *Nicole Kidman,* Gémeaux/Asc. Scorpion du 20 juin 1967, Lune en Sagittaire, et *Tom Cruise,* Cancer/Asc. Scorpion du 3 juillet 1962, Lune en Lion. Ces deux-là présentent de nombreuses harmonies planétaires, notamment à travers un tempérament semblable (même Asc.) et des Lunes en Feu assorties. Mais apparemment la Lune en Lion de l'acteur a par trop chatouillé l'Asc. jaloux, en Scorpion, de Nicole Kidman, ce qui a abouti à une séparation.

• *Johnny Hallyday,* Gémeaux/Asc. Vierge du 15 juin 1943, avec Lune en Scorpion, et *Nathalie Baye,* Cancer/Asc. Cancer (et Lune en Cancer !) du 6 juillet 1948. Une sensibilité à fleur de peau de l'actrice, ainsi qu'un côté très famille, voire *popotte*, ennemie de la vie de noctambule d'un Gémeaux qui aime trop faire la fête avec les copains (la Lune en Scorpion goûte les excès !), voilà peut-être où il faut chercher les causes de la séparation, alors que l'Ascendant et la Lune de Johnny sont en résonance positive avec l'amas planétaire en Cancer de Nathalie Baye, reflet de leur attirance primitive…

Cancer-Lion

S'il est vrai que l'Eau et le Feu ne font traditionnellement pas bon ménage, il faut souligner ici que le Lion aime à protéger le Cancer qui, lui, adore admirer ceux qu'il aime. Un *modus vivendi* agréable peut en résulter ; tout le monde sera content. Peut-être le Lion déplorera-t-il par moments la passivité et le fatalisme quelque peu négatif du Cancer, mais il s'apercevra aussi que ce que le Cancer a décidé, il s'y tient avec entêtement et que, pour gérer une famille, le zodiaque n'a pas trouvé mieux. Ils réaliseront leurs projets, l'un avec panache, l'autre avec obstination et sans bruit, de manière à vivre avec aisance et confort, ce à quoi ils aspirent tous deux. Même si la passion dévastatrice fait défaut... Attention que l'Eau du Cancer n'éteigne le Feu du Lion ; ils seraient tous deux perdants dans l'affaire...

Exemples de couples célèbres :

• *Napoléon Ier,* Lion/Asc. Scorpion du 15 août 1769, et *Joséphine de Beauharnais,* Cancer du 23 juin 1763.

• *Gisele Bündchen,* top model, Cancer du 20 juillet 1980, et *Tom Brady,* Lion du 3 août 1977.

• *Roman Polanski,* Lion/Asc. Balance du 18 août 1933, avec Lune en Cancer, et *Emmanuelle Seigner,* Cancer/ Asc. Sagittaire du 22 juin 1966. Notons que l'Asc. Feu de cette dernière se marie heureusement avec le Soleil en Feu de son époux, et que la Lune du réalisateur coïncide avec le Soleil de l'actrice, voilà qui comble amplement le possible hiatus ou le sentiment d'étrangeté résultant de l'alliance Eau/Feu.

Lion-Vierge

En fait, ces deux-là sont assez complémentaires. En commun, ils ont un bon sens de l'organisation, dans le détail pour la Vierge, dans une vision plus synthétique en ce qui concerne le Lion. Ensemble ils partagent aussi leur perfectionnisme, leur goût du travail bien fait, leur loyauté. La Vierge, dévouée, respectueuse et modeste, adepte des rôles d'éminence grise, saura s'effacer habilement devant le Lion, plus brillant et très à l'aise en société, surtout entouré d'une cour dévouée. Fine mouche et sage de nature, elle s'en amusera... Elle sera la secrétaire idéale de ce chef exigeant mais magnanime, qui saura profiter de l'esprit pénétrant de son assistante perspicace et pointilleuse à laquelle il devra néanmoins faire comprendre qu'il ne saurait se passer d'elle – elle a en effet besoin de se sentir indispensable. Ajoutons que, naturellement peu encline aux compliments, elle devra de temps en temps faire un effort, ravaler ses éventuelles critiques, voire flatter et caresser dans le sens de sa crinière ce *Lion superbe et généreux* et se souvenir que son amour-propre à fleur de poil ne souffre pas les crimes de lèse-majesté (n'est-il pas le roi des animaux ?). Attention, donc, à ne pas égratigner sa susceptibilité chatouilleuse ! Et dans l'alcôve ? Sauf ingrédients astraux érotisants entre les deux ciels de naissance, ce ne sera pas l'éruption de l'Etna, tant s'en faut !

Exemples de couples célèbres :

• *François Hollande,* Lion/Asc. Gémeaux du 11 août 1954, avec une Lune sérieuse/solitaire en Capricorne, et *Ségolène Royal,* Vierge/Asc. Verseau du 22 septembre 1953. On remarquera la complémentarité de l'Asc. Air de Ségolène Royal avec le Feu du Soleil en Lion de son ex-compagnon, de même que l'harmonie des deux Asc. Air. La rencontre dans le même signe du Soleil de l'un et de la Vénus en Lion de l'autre constitue un autre facteur d'entente affective. *Last but not least,* leurs Lunes en sextile indiquent une sensibilité commune. Le bât blesse bien sûr entre le Soleil de Ségolène Royal et l'Asc. du président de la République française, mais on s'étonne que cela ait suffi à séparer ce couple. Le poison de la politique, boosté par des transits planétaires critiques ?...

• *Madonna,* Lionne du 15 août 1958, avec Asc. dans le Verseau moderne et libertaire, contredisant une sage Lune en Vierge qui se place sur le Soleil en Vierge de *Guy Ritchie,* né le 10 septembre 1968. On sait que la conjonction Soleil/Lune est une des bases d'entente et de compréhension mutuelle.

Vierge-Balance

La vénusienne Balance, artiste, sensuelle, apprécie cette sage compagnie, encore qu'elle la trouve parfois quelque peu monotone. La Vierge, en effet, a trop le sens des réalités pour aimer la vie de bohème... ou même une existence trop centrée sur le plaisir et le *carpe diem.* Sans parler des sorties et mondanités de la très sociable Balance, qui ne sont guère du goût de la Vierge peu ou prou misanthrope. Celle-ci préférera les soirées agrémentées de plateaux-télé, scotchée devant un documentaire télévisé sur les animaux, une expérience scientifique ou la diététique. À l'inverse, le caractère trop pragmatique, les considérations pratiques, voire prosaïques, ainsi que la pudeur de la Vierge peuvent refroidir, freiner ou étouffer la sentimentale Balance. Pour qu'il y ait vraie attirance entre la Terre de la Vierge et l'Air de la Balance, la première devrait avoir un Asc. Air ou Feu, et la seconde un Asc. Terre ou Eau, ce qui promettrait une belle alchimie affective, voire amoureuse, et cela plus sûrement encore s'il y a intervention réciproque d'une Vénus, d'une Lune ou d'un Mars harmoniques. Le dialogue sera alors parfait entre ces deux enfants de Mercure et Vénus…

Exemple de couple célèbre :

• *Louis Aragon,* Balance du 3 octobre 1887, et *Elsa Triolet,* Vierge du 12 septembre 1896, forment un couple emblématique qu'on comprend mal si on reste à la simple comparaison des signes solaires. La Lune en Capricorne du poète, avide d'amour et d'absolu, se marie heureusement avec le Soleil de son aimée, à laquelle il vouait une véritable adoration – « je suis plein du silence assourdissant d'aimer », écrit-il ; l'art de la Balance romantique fit le reste. Rimbaud, entre autres, appartenait aussi à ce signe vénusien…

Balance-Scorpion

Sur le plan sentimental, et si le Scorpion est le partenaire masculin dans le couple, il y a de la passion dans l'air, le romantisme de la Balance s'accordant bien avec l'intensité des pulsions possessives du Scorpion. Autrement, la femme Scorpion risque de dominer son partenaire Balance et de l'emprisonner dans les chaînes de son amour exclusif et intransigeant. Un conseil destiné au Scorpion : essayez d'éviter le drame que vous chérissez et que la Balance abhorre ! Diplomate et conciliante, elle vous dira *oui* à tout, mais n'en pensera pas moins et, surtout, n'en fera qu'à sa tête : le goût du plaisir est un principe impérieux pour elle et elle ne saurait y renoncer longtemps. Un Scorpion averti… !

Exemples de couples célèbres :

• *Alain Delon,* Scorpion/Asc. Balance du 8 novembre 1935, et *Romy Schneider,* Balance/Asc. Cancer du 23 septembre 1938, avec Lune également en Balance. La Balance que fut Romy Schneider (née sous une Nouvelle Lune, donc au destin spécial, plus chanceux dans sa réalisation professionnelle que dans sa vie privée) était déchirée par un mal-être intime (Air/Eau). Son Asc. reflète une sensibilité à fleur de peau dont elle eut à souffrir sur le plan familial – suicide de son mari Harry Meyen, mort accidentelle de son fils… (cf. Cancer).

• *Brigitte Bardot,* Balance/Asc. Sagittaire du 28 septembre 1934, et *Gunther Sachs,* Scorpion du 14 novembre 1932, avec Lune en Gémeaux. On note la complémentarité entre l'Asc. de la première et la Lune du second, d'où l'attirance initiale, d'autant que l'Air de celle-ci harmonise totalement avec le Soleil de B.B.

• *André Malraux,* Scorpion/Asc. Bélier du 3 novembre 1901, avec la Lune en Lion, et sa femme *Clara,* Balance/Asc. Poissons du 22 octobre 1897. Il y a complémentarité entre l'Asc. de l'écrivain et le Soleil de son épouse, lequel s'harmonise en outre avec la Lune d'André Malraux en signe de Feu, tandis que l'Asc. Eau de Clara est de même essence que l'Eau du signe solaire du Scorpion André Malraux. Le double Martien qu'était Malraux est à l'image de l'homme de combat qu'il fut – on se souvient de *L'Espoir,* son roman sur la guerre d'Espagne, ou des *Conquérants.*

Scorpion-Sagittaire

Le Scorpion, capable de courage physique, de résistance et d'esprit d'entreprise, fascine le Sagittaire toujours à l'affût d'aventures exceptionnelles qui brisent le rythme monotone de la grisaille quotidienne. Tous deux peuvent partir à la conquête de l'Everest, explorer des continents perdus et ressusciter des civilisations oubliées !... Par ailleurs, ils s'enrichissent l'un l'autre par leur communauté de goûts pour tout ce qui est à la périphérie des choses : philosophie, mystique, sciences occultes et autres spéculations en tous genres. C'est une alliance sous le signe du voyage, qu'il soit physique ou mental. Mais le Scorpion devra se garder de se montrer jaloux, possessif ou chicanier. Le Centaure, amoureux de liberté et de simplicité, ennemi de toute complication, partirait au galop ! Avis à la population...

Exemples de couples célèbres :

• *Auguste Rodin,* Scorpion du 10 novembre 1840, et *Camille Claudel,* Sagittaire du 8 décembre 1864.

• *Tina Turner,* Sagittaire du 26 novembre 1939, et *Ike Turner,* Scorpion du 5 novembre 1931.

• *Joey Starr,* Scorpion du 27 octobre 1967, et *Béatrice Dalle,* Sagittaire du 19 décembre 1964.

Sagittaire-Capricorne

C'est l'union de Jupiter (Sagittaire) et de Saturne (Capricorne) : l'expansion et la construction, le mouvement et la persévérance, la fierté et l'ambition. Le sérieux du Capricorne séduira – ou ennuiera ? – le

Centaure gambadant, à la recherche cependant de vérités philosophiques. Si le Capricorne se montre tolérant, l'optimisme de son partenaire lui deviendra vite indispensable et ils formeront une excellente équipe. Intéressés par la connaissance en soi et la recherche philosophique, ensemble ils referont le monde. Ce couple vivra donc une relation intéressante, mais pas forcément des plus simples. L'un manquant de tolérance, de souplesse et de fantaisie (Capricorne) et l'autre de patience et d'humilité (Sagittaire), le quotidien ne se passera pas sans discussions, sans affrontements et échanges de mots cassants, sans humour aigre-doux et jugements acerbes. Car chacun de ces enfants de Saturne et de Jupiter, dieux puissants de l'Olympe, voudra avoir le dernier mot. Certes, parfois, ils se sépareront. L'un décidera de prendre sa valise – probablement le Sagittaire, toujours de passage, en transit dans sa tête. Mais pas pour longtemps. Bientôt, loin des orages et des tourmentes, ils s'ennuieront l'un de l'autre, car la nourriture qu'ils s'apportent l'un à l'autre leur est plus précieuse que leur amour-propre.

Exemples de couples célèbres :

• *Maria Callas,* Sagittaire/Asc. Scorpion (comme Édith Piaf, autre chanteuse exceptionnelle et amoureuse passionnée !) du 3 décembre 1923, Lune en Balance, et *Aristote Onassis,* richissime homme d'affaires Capricorne, collectionneur de belles femmes (cf. Howard Hughes), du 20 janvier 1906, avec une Lune conquérante en Sagittaire (amour des femmes étrangères). L'attirance est présente dans la rencontre du Soleil de la cantatrice avec la Lune d'Onassis, de l'harmonie de son Asc. Eau avec celui, en Poissons, de ce dernier. La Lune délicate et sensible en Balance de Maria Callas souffrit à n'en pas douter de la dureté du Capricorne ambitieux et impitoyable, lorsqu'il jeta son dévolu sur Jackie O ?

• *Ava Gardner,* Capricorne/Asc. Lion du 24 décembre 1922, Lune sensible de naïade (en Poissons), et *Frank Sinatra*, Sagittaire/Asc. Balance à la voix d'or, avec une Lune également en Poissons. Les deux Lunes conjointes montrent une commune sensibilité profonde, tandis que l'Asc. (en Lion) de cette royale actrice épouse le Feu et l'Air de son partenaire, aussi séducteur que séduisant. La Chèvre indomptable et exclusive du zodiaque prit-elle ombrage des frasques de son Centaure toujours sur les routes ?

Capricorne-Verseau

Avant qu'Uranus ne fût découvert par Herschel à la fin du XVIIIe siècle, la planète qui régissait le Verseau était Saturne, comme pour le Capricorne. C'est dire qu'ils sont un peu frères dans le zodiaque et que le Verseau, même s'il a de l'humour et de la fantaisie, n'est en général pas superficiel. Mais il adore le changement, ce qui n'est pas la tasse de thé de la Chèvre du zodiaque, accrocheuse et ambitieuse, qui ne lâche pas son objectif des yeux. En commun, ils ont le goût des idées, d'une recherche philosophique de la Vérité, d'un sens de la vie. Le Capricorne organisé et souvent *workoholic,* apportera par ailleurs au Verseau inventif (extravagant ?) et quelque peu utopiste un réalisme qui lui manque, alors que celui-ci saura agrémenter le quotidien du (trop ?) sérieux Capricorne d'une bonne dose d'imprévu et de détente qui lui fait défaut. Si ce dernier accepte de chambouler son organisation d'airain, tout ira bien, sinon… En somme, un couple constructif pour ce qui est de la collaboration et de l'amitié, mais qui, sur le plan intime, risque de manquer de piment – voire d'harmonie –, le Verseau libertaire comprenant mal le besoin d'absolu et de passion exclusive de son compagnon possessif, qu'il risque de ressentir comme un esclavage.

Exemple de couple célèbre :

• *Nicolas Sarkozy,* ex-président de la République française, Verseau/Asc. Vierge du 28 janvier 1955, avec Lune/Mars en Bélier (d'où son caractère fonceur), et *Carla Bruni,* Capricorne/Asc. Cancer du 23 décembre 1967. Sa Lune en Vierge la rapproche de son époux v*ia* l'Asc. de ce dernier, mais contrarie la Vénus en Sagittaire (en quête de femmes étrangères) de l'ex-président. Des éléments importants relient ces deux êtres, dont certains probablement d'ordre karmique (peut-être se sont-ils connus dans une vie antérieure)…

Verseau-Poissons

Le Verseau est un cérébral et un insoumis, les Poissons sont émotifs et plutôt passifs. L'un est un ironique spirituel, l'autre un pessimiste fataliste, un écorché vif. Vous vous raterez donc souvent, vu ce court-circuit relationnel. Vous vous retrouverez cependant à travers l'imaginaire, l'intuition, l'altruisme, et une curiosité commune pour la métaphysique, les mystères de l'existence, le goût de l'inconnu. Et la musique !... Le Poissons risque cependant de préférer se retirer dans son rocher pour écouter du Chopin ou du Ravel (Poissons comme lui), lorsque son Verseau préféré rentrera avec une horde d'amis bruyants. Sexuellement, il y a comme un défaut, car le Verseau indépendant déteste toute idée d'esclavage des sens, alors que les Poissons en font leur volupté. À bon entendeur... !

Exemples de couples célèbres :

• Le prince *Albert de Monaco,* Poissons/Asc. Gémeaux du 14 mars 1958, et *Charlène Wittstock,* Verseau du 25 janvier 1978. L'Asc. Air du prince est du même élément que le Soleil de Charlène...

• La princesse *Caroline de Monaco,* Verseau/Asc. Poissons du 23 janvier 1957, et le prince *Ernst August von Hannover,* né le 26 février 1954. La Lune en Scorpion (signe de sa mère Grace), donc en Eau, constitue un lien au niveau émotionnel avec son époux Poissons, tandis que la Lune en Sagittaire (Feu) de ce dernier s'allie harmonieusement avec le signe solaire de sa princesse.

• *Paul Newman,* Verseau/Asc. Capricorne du 26 janvier 1925, et l'actrice *Joanne Woodward,* Poissons/Asc. Capricorne du 27 février 1930. La longévité de ce couple, qui fait mentir la règle des mariages hollywoodiens éphémères, est sûrement due aux trois planètes plus Asc. dans le signe sérieux, stable et fidèle du Capricorne de l'acteur, ce signe étant également celui de l'Asc. de son épouse. Cerise sur le gâteau de mariage de ce couple indestructible : la Lune du premier se place sur le Soleil de la seconde. Superbe alchimie astrale...

7. Les Couples Libres/Autonomes

Il nous reste à passer en revue et analyser une dernière catégorie de couples. Il s'agit de l'association des signes espacés de 150 degrés sur le zodiaque, c'est-à-dire d'un angle/aspect appelé *quinconce.* Celui-ci est considéré par la tradition comme un aspect de libre arbitre, car il ne présente ni hostilité/divergence, ni harmonie spécifiques. Sous certains aspects, les deux êtres nés dans cette catégorie se trouveront des affinités, alors que d'autres traits de leurs caractères leur paraîtront parfaitement étrangers. Un mélange qui peut s'apparenter à un défi intéressant, dans la mesure où chacun est appelé/invité à s'attribuer des vertus, une vision du monde (*Weltanschauung*) différente, donc par là même enrichissante.

L'estime, voire l'admiration, le respect sont des valeurs sur lesquelles se fonde en général ce genre de relation – ce qui n'exclut nullement l'affection, voire la passion, qui sont à chercher dans le contexte astral des deux ciels de naissance. Sera déterminant dans l'appréciation de la relation le chassé-croisé entre le Soleil, l'Ascendant, la Lune, Vénus ou Mars – sans oublier Mercure en ce qui concerne les atomes crochus sur le plan mental/relationnel –, donc la comparaison entre les facteurs autres que la relation simplifiée – et simpliste – des signes solaires. Comme indiqué dans la première partie de ce livre, on est invité à tenir compte de ces éléments extérieurs à la simple comparaison Soleil/Soleil, dans l'évaluation qualitative de sa relation. Découvrons ensemble ces cocktails astraux, au demeurant des plus fréquents.

Bélier-Vierge (Feu-Terre)

C'est le pot de fer contre le pot de terre… Et en dernier lieu, ce sera peut-être ce dernier qui gagnera la partie, à force de prévoyance et de finesse. Bien sûr, l'impétuosité et la hardiesse du Bélier étonnent et peuvent déconcerter la Vierge prudente, quelque peu effarouchée par la rudesse de cet être de Feu. Mais ce dernier comprendra vite ce que la sage Vierge peut lui apporter en mesure et en tempérance. Ils peuvent s'entendre pour créer une entreprise, la Vierge modeste et pragmatique apportant au leader Bélier sa sagesse et sa compétence tranquille. Conseillons à ce dernier de confier à sa pendante compagne la trésorerie et la comptabilité… Et l'amour, dans tout cela ? Gageons que dans ce mélange astral on trouvera alors des ingrédients de complicité et de passion qui ne sont pas l'apanage, *a priori*, de ce duo qui fait davantage penser au mariage de la carpe et du lapin qu'à l'union de deux tourtereaux.

Exemple de couple célèbre :

- *Edmonde Charles-Roux,* Bélier/Asc. Scorpion du 17 avril 1920, et *Gaston Defferre,* Vierge/Asc. Balance du 14 septembre 1910. On remarquera l'heureuse complémentarité entre le Soleil d'Edmonde Charles-Roux et l'Asc. de son mari, de même que l'harmonie entre ledit Soleil et l'Asc. de cette dernière.

Bélier-Scorpion (Feu-Eau)

Il y a de la vaisselle cassée dans l'air… excellent passe-temps pour défouler son agressivité ! « Faisons l'amour dans la guerre » sera leur devise. Agressifs, ces deux signes le seront sûrement l'un envers l'autre et les discussions acerbes risquent de s'éterniser. Car ce sont tous deux des natures entêtées et orgueilleuses qui adorent dire NON et avoir le dernier mot. Il faudra bien pourtant que l'un des deux consente à lâcher du lest, sinon le navire risque de chavirer par excès de charge explosive. Le sport, aimé et pratiqué par les deux signes avec bonheur, devrait être un bon moyen d'évacuer le trop-plein d'adrénaline accumulée. Ils s'y défouleront avec rage ! Gageons que, notamment *via* des ingrédients affectifs, voire érotisants, le repos des guerriers se fera sur l'oreiller ou ne se fera pas. Et, qui sait ?, leur fougue agressive se muera alors comme par miracle en un bel incendie dédié à Cupidon…

Exemple de couple célèbre :

- *Sophie Marceau,* Scorpion du 17 novembre 1966, et *Christophe Lambert,* Bélier du 29 mars 1957.

Taureau-Sagittaire (Terre-Feu)

Le matérialisme calme du Taureau saura rappeler au Sagittaire vital et fougueux le plaisir des bons moments de la vie quotidienne dont il est lui aussi friand. En particulier, ils savoureront de concert le confort et la bonne chère, sachant que le Sagittaire, plus hardi, plus libre dans ses idées et ses entreprises, affranchira son partenaire d'un certain immobilisme routinier. Un trait que le Centaure toujours en mouvement pourrait ressentir comme un frein quelque peu frustrant à ses escapades, celles-ci étant à leur tour ressenties comme déstabilisantes pour le Taureau. En effet, pour ce dernier, l'organisation à long terme est une valeur sûre, alors que le futur du Sagittaire est déjà son présent, dans lequel il aime à se jeter à corps perdu. Cela dit, ces enfants de Vénus et de Jupiter, adeptes du *carpe diem,* seront toujours comme larrons en foire… À condition, côté sexe, que leurs différences de rythme ne soient pas un obstacle majeur, le Centaure étant déjà arrivé au but alors que le Taureau en sera encore aux délices des préliminaires…

Exemple de couple célèbre :

• *Jacques Chirac,* ex-président de la République française, Sagittaire/Asc. Verseau du 29 novembre 1932, et son épouse *Bernadette,* Taureau/Gémeaux du 18 mai 1933. Leurs Asc. en signes d'Air sont en résonance harmonique, comblant une possible distance.

Taureau-Balance (Terre-Air)

Bien que mon premier soit plus charnel et jouisseur et mon second plus esthète et délicat, ces deux natures, toutes deux gouvernées par la tendre et voluptueuse Vénus, sont également artistes et sensuelles, qui savent apprécier ensemble les bons moments de la vie. Pourtant, elles sont très différentes. Si le Taureau est trop carré ou obstiné pour exceller dans la diplomatie, la Balance romantique peut le trouver lourd et sans subtilité dans ses jugements, trop pragmatique en somme. Et si le goût des plaisirs, de l'art, de la musique les réunit, le Taureau est plus proche de la nature. Il est le rat des champs, la Balance étant le rat des villes, sociable avant tout, amoureux des lumières de la cité et de la compagnie de ses amis. D'où les possibles conflits dans le quotidien, que la Balance conciliante et adepte de l'harmonie à tout prix trouvera sûrement moyen de résoudre. En ce qui concerne leur adéquation au lit, gageons que la sensualité vénusienne, synonyme de cajoleries, caresses et autres câlins, saura avoir le dernier mot…

Exemples de couples célèbres :

• *Rita Hayworth,* Balance/Asc. Taureau (donc doublement vénusienne, d'où charme et séduction décuplés) du 17 octobre 1918, et *Orson Welles,* Taureau/Asc. Gémeaux du 6 mai 1915. Le couple parfait, *a priori,* vu le chassé-croisé entre les Soleils et les Asc. respectifs…

• *Eva Peron,* Taureau du 7 mai 1919, et *Juan Peron,* Balance du 8 octobre 1895. On sait que le charisme d'Evita a fait d'elle un personnage légendaire.

• *Liliane Bettencourt,* Balance/Asc. Scorpion du 21 octobre 1922, et *André Bettencourt,* Taureau du 21 avril 1919.

Gémeaux-Scorpion (Air-Eau)

L'éclectisme aérien des Gémeaux se marie mal avec les passions abyssales du Scorpion et, malgré un contact facile, la légèreté moqueuse du premier risque d'irriter la susceptibilité quelque peu vindicative du second. De même, sur le plan intellectuel, ces deux esprits ont une démarche très différente : le Scorpion « laboure » un sujet de réflexion, le creuse, le décortique pour en saisir l'essentiel. Les Gémeaux, d'esprit aussi rapide que fugace, captent un climat, une figure d'ensemble. Facile alors pour le Scorpion de taxer son partenaire de superficialité, tandis que le Gémeaux estimera que son ami Scorpion s'appesantit sans raison et met du drame partout. Et ce dernier risque de souffrir du manque d'engagement et de la fluidité de l'enfant de Castor et Pollux, à l'aise partout et nulle part… Le contexte de leurs ciels de naissance dira si oui ou non ces dissemblances se trouvent neutralisées, voire compensées.

Exemples de couples célèbres :

- La princesse *Grace (Kelly) de Monaco,* Scorpionne du 12 novembre 1929, et le prince *Rainier,* Gémeaux du 31 mai 1923.
- *Laurence Olivier,* Gémeaux du 22 mai 1907, et *Vivien Leigh,* Scorpionne du 5 novembre 1913.
- *Gunther Sachs,* Scorpion du 14 novembre 1932, et son épouse *Mirja,* Gémeaux du 28 mai 1943.

Gémeaux-Capricorne (Air-Terre)

C'est le couple d'Alceste, le misanthrope (Saturnien), et de la coquette Célimène (la femme Gémeaux). Le grand Molière, à qui l'on doit cette pièce, était d'ailleurs Capricorne, d'où sa sensibilité au sujet. La fantaisie des enfants de Castor et Pollux peut au demeurant ravir le trop sérieux Capricorne, qui ne demande peut-être qu'à être séduit. Mais il a aussi besoin d'être rassuré, d'avoir l'éternité devant lui, et là, c'est le flou artistique ! Car son *alter ego* vit dans le présent et ne peut regarder plus loin sans être angoissé ; en d'autres mots, qui peut dire ce que fera le Gémeaux demain ? Pas même lui, alors… Notons qu'il est *a priori* préférable que la femme soit Gémeaux, la légèreté et la fantaisie étant l'apanage de ce signe aérien ; tandis que la femme Capricorne risque de s'agacer rapidement de la frivolité de son compagnon, elle qui a besoin avant tout d'absolu, de serments éternels et d'un compte en banque exempt de chiffres en rouge. Or le Gémeaux est plutôt cigale que fourmi… Heureusement, il y a l'humour, un trait qui leur est commun, bien que celui des Gémeaux se niche davantage dans les jeux et mots d'esprit, celui de la Chèvre du zodiaque étant plus mordant, sensible au dérisoire et à l'absurde.

Exemples de couples célèbres :

• *Elvis Presley,* Capricorne du 8 janvier 1935, et son épouse *Priscilla,* Gémeaux du 24 mai 1945.

• *Jean-Paul Sartre,* Gémeaux/Asc. Sagittaire (Lune en Verseau) du 21 juin 1905, et *Simone de Beauvoir,* Capricorne/Asc. Scorpion (Lune/Mars en Poissons) du 9 janvier 1908. La conjonction Lune/Mars est la signature des maîtresses-femmes. La Vénus en Verseau (Air) de Simone de Beauvoir, image de la femme moderne, indépendante et en révolte, fait le pont avec l'Air et le Feu du philosophe, avec lequel il faut dire qu'il y a presque plus de divergences que d'harmonies (Soleil de Sartre en carré aux planètes en Poissons de Simone de Beauvoir, la Lune de l'auteur de *L'Être et le Néant* en carré avec l'Asc. de celle du *Deuxième sexe,* etc.). Donc des sensibilités qui divergent peu ou prou chez ce couple légendaire. Mais, à y regarder de plus près, Simone de Beauvoir est épanouissante pour l'écrivain (son Jupiter le porte et le protège).

• *Johnny Depp,* Gémeaux du 9 juin 1963, et *Vanessa Paradis,* Capricorne du 22 décembre 1972.

• *Hanna Schygulla,* Capricorne/Asc. Sagittaire du 25 décembre 1943, et *Rainer-Werner Fassbinder,* Gémeaux/Asc. Poissons du 31 mai 1945. Remarquons la complémentarité entre l'Asc. Feu de l'actrice et le Soleil Air du réalisateur, ainsi que l'harmonie entre l'Asc. Eau de ce dernier et le Soleil Terre de Hanna Schygulla. Des facteurs planétaires qui montrent une similitude de goûts et de sensibilité de ces deux êtres.

• *Benjamin Biolay,* Capricorne du 20 janvier 1973, et *Chiara Mastroianni,* Gémeaux/Asc. Capricorne du 28 mai 1972. Inutile de préciser que l'écho du Soleil en Terre du chanteur avec l'Asc. de l'actrice est un lien important qui assure une parenté de goûts et de sentiment.

Cancer-Sagittaire (Eau-Feu)

Il est vrai que leurs sensibilités ne sont vraiment pas de même nature. L'un est migrateur, l'autre casanier. Le premier aime l'action et la conquête, l'autre la sécurité et le calme. Cependant, le Cancer vulnérable et rêveur peut intriguer, voire attendrir le regard orienté vers de vastes horizons de son compagnon et le rappeler à des émotions plus accessibles et tout aussi essentielles.

En échange, les visions « panoramiques » du Centaure nourriront l'imaginaire du Crabe rêveur. Si l'Eau du dernier ne douche pas l'enthousiasme du premier, disons qu'à défaut de vivre leur rêve, ils rêveront leur vie. Pourquoi pas ? Là encore, le contexte de leurs ciels respectifs aura le dernier mot. Cependant, un goût prononcé, et commun, pour la bonne chère sera à coup sûr un liant non négligeable. Rien de mieux qu'un bon vin et un plat savoureux pour rétablir le dialogue.

Exemples de couples célèbres :

• *Marcel Cerdan,* Cancer/Asc. Verseau du 22 juillet 1916, et *Édith Piaf,* Sagittaire/Asc. Scorpion (comme Maria Callas, autre grande voix !) du 19 décembre 1915. L'harmonie Eau entre le Soleil du boxeur et l'Asc. de la chanteuse, et par ailleurs entre l'Asc. Air du premier et le Soleil Feu de Piaf sont garants d'une belle attraction et de sensibilités en résonance.

• *George Sand,* Cancer/Asc. Poissons (Lune en Bélier) du 1er juillet 1807, et *Alfred de Musset,* Sagittaire/Asc. Verseau (Lune en Gémeaux) du 11 décembre 1810. On notera la Lune en Bélier virilisante et la Vénus dominatrice en Lion de la romancière, qui s'harmonisent magnifiquement, au demeurant, avec le mélange Feu/Air du poète, mais reflètent également le mal-être de cette femme de lettres (dissonance avec son Soleil, donc tendance à l'indifférenciation sexuelle).

• *George Sand* (cf. ci-dessus) et le Sagittaire *Gustave Flaubert,* du 12 décembre 1821. Là encore, les éléments Feu/Eau de cette grande poétesse/romancière qui sut charmer et conquérir les plus grands esprits de son temps (Chopin, Musset, Flaubert, etc.) sont aussi le reflet de ses profondes et douloureuses contradictions, de son mal-être intime, accentués par une féminité animale, dominatrice (Lune/Vénus en Feu, carré à Mars), ainsi que par une grande sensibilité (Asc. Poissons). « Je me demande pourquoi je vous aime, lui écrivait Flaubert, conquis. Est-ce parce que vous êtes un grand homme ou un être charmant ?

• *Jean Cocteau,* Cancer/Asc. Gémeaux du 5 juillet 1889, et *Jean Marais,* Sagittaire/Asc. Poissons (et Lune en Taureau) du 11 décembre 1913. On observe de belles résonances croisées entre les Soleils et Asc. respectifs (complémentarité entre l'Asc. Air de Cocteau et le Soleil de l'acteur, entre l'Asc. de ce dernier et le Soleil de Cocteau).

• *Tom Cruise,* Cancer/Asc. Scorpion (et Lune en Lion) du 3 juillet 1962, et *Katie Holmes,* Sagittaire/Asc. Lion du 18 décembre 1978. Le Feu chez l'actrice répond et s'harmonise au Feu de l'Asc. de Tom Cruise. Mais *a priori* – sauf si le reste du ciel de Katie Holmes comporte des éléments Eau, la sensibilité, cachée mais non moins présente, de Tom Cruise pourrait être quelque peu incomprise ou malmenée…

Cancer-Verseau (Eau-Air)

Par nature très différents au départ, on peut dire qu'on a affaire ici à deux rêveurs. L'un (le Verseau) invente son rêve, alors que l'autre (Cancer) le subit. Le Verseau comprendra mal la soif de tendresse presque maternelle à laquelle aspire le Cancer. Celui-ci s'étonnera du besoin permanent de l'Autre d'être à la pointe de l'actualité, du progrès, de la mode, quitte à se montrer excentrique, alors que son seul souci à lui sera de vivre tranquille – « pour vivre heureux, vivons cachés », et moins on fait tache dans le décor, mieux ça vaut, toujours le qu'en dira-t-on, soignons notre respectabilité et suivons la tradition ! Voilà son *credo.* Si ce dernier est l'élément mâle, on a affaire au couple moderne de l'homme au foyer où la femme émancipée fait carrière. Les enfants seront un exutoire à la tendresse frustrée du Cancer maternant, tandis que le Verseau ne sera comblé que s'il ramène plein de copains à la maison. Un défi que le Cancer bonne pâte relèvera avec philosophie en se mettant aux fourneaux : après tout, la cuisine est son domaine, ne l'oublions pas.

Exemples de couples célèbres :

• La princesse *Caroline de Monaco,* Verseau/Asc. Poissons du 23 janvier 1957, et *Vincent Lindon,* Cancer du 15 juillet 1959. Le Soleil Eau de l'acteur est de même élément que l'Asc. de Caroline, d'où des sensibilités voisines.

• *Jeanne Moreau,* Verseau du 23 janvier 1928, avec la Lune en Taureau, en harmonie avec le Soleil de *Pierre Cardin,* Cancer du 2 juillet 1922.

Lion-Capricorne (Feu-Terre)

Deux personnalités, chacune en son genre particulier. C'est l'association idéale en vue d'une réussite parfaite de ces deux natures liées par l'ambition et une loyauté réciproque. Le Lion ou la Lionne fera les relations publiques et gérera le succès, les finances étant contrôlées par le Capricorne patient, pratique et économe. Par sa force vitale et sa belle confiance en la vie et en lui-même, le Lion devra apprivoiser la Chèvre du zodiaque qui culpabilise trop facilement et n'a pas la confiance en soi vissée au corps. Cependant, sauf si d'autres facteurs planétaires viennent « réchauffer » ce duo très orienté sur la réussite sociale, parions que même dans l'alcôve, la carrière aura le premier et le dernier mot !

Exemples de couples célèbres :

• *Barack Obama,* Lion/Asc. Verseau du 4 août 1961, et *Michelle Obama,* Capricorne du 17 janvier 1964 (heure de naissance inconnue), Lune en Gémeaux (en trigone exact avec le Mars de Barack Obama ; elle est en résonance avec son action et ses objectifs). *Idem* pour ce qui est du Soleil de Michelle Obama, en sextile harmonique avec le Milieu du Ciel (destinée, honneurs) de Barack Obama. Enfin, avec son Jupiter en trigone exact au Soleil de son auguste époux, Michelle ne peut qu'être porteuse de succès et de réussite pour ce dernier ; elle est en quelque sorte sa mascotte, le booste et lui porte chance (cf. l'Évaluation du couple dans la première partie, p. 34-35).

• *Gérard Depardieu,* Capricorne du 27 décembre 1948, et la Lionne *Carole Bouquet,* née le 18 août 1957. La conjonction Soleil/Jupiter de l'acteur reflète sa grande popularité, ainsi que sa rondeur à la Raimu. À noter que l'acteur est sous les feux de Pluton/Uranus, facteur de changement radical, depuis 2011-2012. Son expatriation vers la Belgique, qui fait scandale dans les médias en cette fin 2012, est également du ressort de cette dissonance, au demeurant peu confortable à vivre.

• *Aristote Onassis,* Capricorne/Asc. Poissons du 20 janvier 1906, avec une Lune en Sagittaire qui lui faisait apprécier les femmes étrangères et le rapprochait de *Jacqueline Kennedy,* Lionne du 28 juillet 1929.

• *David Bowie,* Capricorne du 8 janvier 1947, et sa Lionne *Iman,* née le 25 juillet 1955.

Lion-Poissons (Feu-Eau)

Voilà deux animaux bien étrangers l'un à l'autre, et pourtant… le Poissons sera émerveillé par le panache et la superbe du Lion, et celui-ci sera à la fois attendri et flatté de se voir (comme toujours) le plus fort et le plus beau aux yeux de son impressionnable ami(e), qui l'aimera avec une adoration et dévotion d'esclave. À condition d'être suffisamment apprécié(e), protégé(e) – et dorloté(e) ! Le roi des animaux, de son côté, ne pourra qu'être charmé par les sortilèges de sa sirène qui l'enveloppera de sa mystérieuse séduction et – oups ! – s'échappera au moment où l'habitude ou la lassitude aurait pu s'installer. Néanmoins, le Lion, simple, loyal et direct, devra déployer toute sa sagacité pour tenter de faire irruption dans l'univers compliqué et ambivalent de son Poissons, sous peine que ce dernier ne lui échappe définitivement, éteignant du même coup son énergie ignée.

Exemple de couple célèbre :

• *Sacha Guitry,* Poissons/Asc. Vierge du 21 février 1885, Lune en Taureau, et *Yvonne Printemps,* Lionne du 25 juillet 1894, avec l'Asc. Balance et la Lune en Bélier. Cette sémillante actrice/chanteuse qui n'avait pas froid aux yeux avait en revanche tout pour charmer et plaire… Mais à Sacha Guitry spécialement ? La dominante astrale Eau/Terre de ce dernier ne trouve guère d'écho convaincant dans le mélange Feu/Air d'Yvonne Printemps ; gageons que le Poissons et grand séducteur que fut le dramaturge fut surtout impressionné par le bagout de l'artiste.

Vierge-Verseau (Terre-Air)

Tradition et Révolution… Raison et fantaisie inventive… Tendances misanthropes et altruisme humaniste vissé au corps : voilà un mélange qui ne manque pas dc sel et qui pourrait même se révéler explosif ! Le Verseau, esprit moderne, excentrique et imaginatif, toujours à la recherche de la nouveauté, bouleverse les opinions bien assises de la Vierge qui, malgré des tendances quelque peu cyniques sur l'humanité, y cherche sa place et son rôle (Mère Teresa était Vierge) ; et bien que d'un naturel critique, elle saura en général excuser les extravagances du Verseau. Celles-ci, néanmoins, choqueront le goût de la Vierge réservée pour la discrétion. Ces natures si différentes peuvent construire une belle amitié autour d'un idéal de fraternité et de partage… ou d'une entreprise liée à la communication, si le contexte des thèmes s'y prête.

Exemples de couples célèbres :

• *Juliette Gréco,* Verseau/Asc. Balance du 7 février 1927, et *Darryl Zanuck,* Vierge du 5 septembre 1902.

• La princesse *Caroline de Monaco,* Verseau/Asc. Poissons du 23 janvier 1957, et *Stefano Casiraghi,* Vierge/Asc. Gémeaux (et Lune impulsive en Bélier) du 8 septembre 1960. Signalons le carré exact entre son Soleil et son Asc., peut-être pas étrangers à son accident fatal. Avec Caroline, une belle complémentarité entre Vierge et Poissons, ainsi que des sensibilités de la même famille (Air/Feu)...

• *Michael Jackson,* Vierge/Asc. (et Lune) en Poissons, témoin d'une sensibilité à fleur de peau, et *Lisa Maria Presley,* Verseau/Asc. Lion du 1er février 1968. La Lune en Poissons également explique le lien émotionnel entre ces deux êtres, même si leur mariage fut tout sauf conventionnel.

Balance-Poissons (Air-Eau)

Au-delà de leurs différences de tempérament, élégance et sens artistique côté Balance, intuition et mysticisme côté Poissons, cette combinaison peut se révéler excellente, tout particulièrement dans le domaine de la création. Idéale aussi pour vivre un grandissime amour romantique !... Toutefois, là encore, un brin de rigueur et une solide organisation seront nécessaires pour conserver une harmonie aussi sublime. Il faut souhaiter que l'un des deux au moins ait un Ascendant en signe de Terre, sinon qui assurera les tâches du quotidien ? Qui mènera les enfants à l'école, assistera aux réunions de parents d'élèves ou ira négocier le bail ? Notons cependant que ces deux natures, si douées pour les mondes de la sensibilité et de l'art, peuvent communier également dans une entreprise généreuse, car ce sont deux cœurs charitables. Cependant, le Poissons est si secret et la Balance si accommodante qu'à la longue trop d'émotions non exprimées risquent de peser sur ce lien délicat. Une remarque qui se fait conseil aux Poissons : soignez votre apparence. Exit le laisser-aller, les tenues négligées, trop souvent l'apanage de votre signe ! Votre *alter ego* est des plus sensibles à l'esthétique et à l'élégance, donc aussi à la vôtre. Un Poissons averti…

Exemples de couples célèbres :

• *Gwyneth Paltrow,* Balance du 27 septembre 1972, et le chanteur de Coldplay, *Chris Martin,* Poissons du 2 mars 1977.

• *Miou-Miou,* Poissons/Asc. Taureau du 22 février 1950, et *Julien Clerc,* Balance/Asc. Poissons (et Lune en Gémeaux, qui contrarie le Soleil Poissons de Miou-Miou). Les deux Asc. en Terre et Eau, en revanche, sont de connivence.

Troisième Partie

LA RÉSONANCE SEXUELLE/AFFECTIVE

I.
La cerise sur le gâteau : Vénus/Mars, ou l'ingrédient pimenté de l'attraction sexuelle/affective

Dieux de la Guerre, Arès chez les Grecs et Mars dans la mythologie romaine sont aussi les dieux de la puissance vitale. Dans un symbolisme astrologique orienté sur la terminologie romaine, Mars, fils de Jupiter et père de Remus et Romulus, a donné son nom à l'astre rouge sang que nous connaissons. Mars est la planète assignée au signe du Bélier, qui ouvre l'année cosmique. La planète, comme le signe qu'elle régit, sont synonymes de la sève montante et de la vitalité de la nature liées au printemps. Donc également de la puissance instinctive, de la sexualité. De son côté, on retrouve l'Aphrodite des Grecs, l'Isis des Égyptiens ou l'Astarté des Babyloniens, déesses omniprésentes de la Beauté, des Arts et de l'Amour, sous le nom de Vénus chez les Romains. En s'alliant à celle-ci, Mars constitue le couple par excellence, la dualité biologique fondamentale, la réunion et la complémentarité du Yin et du Yang asiatiques.

L'association des deux entités astrales de Vénus et Mars couvre dans la symbolique astrologique – et dans la psyché humaine – la notion d'attraction amoureuse par définition. Le rôle de Vénus est de focaliser sur notre manière d'aimer, nos goûts et préférences, celui de Mars reflétant davantage la nature de notre volonté, la puissance de notre instinct et les visages que peut prendre notre libido. Par le croisement – la comparaison – des signes respectifs où se trouvent Vénus et Mars dans un couple, on peut apprécier le degré et la nature de leur attirance. Mars/Vénus sont en quelque sorte le baromètre de l'attraction sexuelle dans la relation.

Précisons cependant que cette attirance n'est pas uniquement de nature sexuelle – ou sexuée –, tant s'en faut. L'interaction de ces deux astres révèle aussi une indication précieuse de l'attirance affective que l'on a l'un pour l'autre, qu'il s'agisse d'amitié ou d'une relation familiale : a-t-on envie de toucher l'Autre, éprouve-t-on une sympathie spontanée et gratuite, sans raison, pour lui/elle, ou au contraire fuyons-nous son contact ? Car il peut y avoir aussi rejet, inadéquation entre les élans et aspirations de l'un par rapport à l'Autre ; antipathie spontanée et sans raison autre qu'une réaction instinctive. En d'autres termes, une alchimie qui ne fonctionne pas… Et cela peut exister aussi bien en famille qu'au travail, avec collègues ou supérieurs. Des goûts et des couleurs, on ne discute pas, dit la sagesse populaire. Les ukases de l'instinct sont irrévocables.

Encore que…

La dissonance entre la Vénus de l'un et le Mars de l'autre peut être ambivalente; comme on dit, « un train peut en cacher un autre ». En d'autres termes, il peut y avoir alternance attirance/répulsion, et cela, même sur une période rapprochée – on se chamaille et se déchire de jour et, la nuit venue, on se réconcilie sur l'oreiller, dans une sorte de désir/rage ambigus. L'harmonie, alors, est fade et estimée insuffisamment stimulante sur le plan érotique: « faisons l'amour, pas la guerre », devient alors « faisons l'amour dans la guerre ». Cela peut inclure insultes, voire coups et meurtrissures de toutes sortes, dont l'intensité n'est pas toujours maîtrisée... Sans aller jusqu'au sadomasochisme proprement dit, nombre dc couples fonctionnent sur ce mode qui peut être plus excitant sexuellement mais laisse l'âme sur sa faim.

Pour connaître votre degré d'attraction sexuelle/affective avec l'Autre – quel(le) qu'il/elle soit –, consultez les tables ci-dessous qui vous donneront les positions en signes de ces paramètres astraux. Après avoir pris connaissance de la signification de telle et telle position planétaire, il vous appartiendra de rechercher le degré de compatibilité entre vos Vénus et Mars – et ce, dans les deux sens – et, enfin, de donner une note (sous forme d'un certain nombre de cœurs accordés à chacune de ces combinaisons, celles-ci étant le reflet de l'aspect planétaire qui les sous-tend).

Finalement, en faisant la somme de tous les cœurs, à savoir en ajoutant au paramètre Vénus/Mars les cœurs attribués à chaque « croisement » (entre les deux signes solaires, puis entre les Asc., enfin entre Soleil de l'un et

Asc. de l'Autre – et ce, dans les deux sens), vous obtiendrez un total de cœurs, autrement dit, votre Q.A. – ou quotient amoureux/affectif, reflet de la qualité de votre relation, de l'entente de votre couple, quel qu'il soit.

1. Dans quel signe se situe votre Vénus – et celle de l'Autre ?

Recherchez dans les pages éphémérides ci-dessous vos dates de naissance respectives et prenez note des signes où se place Vénus, chez vous-même (A), puis chez l'Autre (B).

Planète	Aspect	Planète	Entrée	Date	Sortie	Date
Vénus	en	Scorpion	du	01/01/20	au	03/01/20
Vénus	en	Sagittaire	du	04/01/20	au	28/01/20
Vénus	en	Capricorne	du	29/01/20	au	22/02/20
Vénus	en	Verseau	du	23/02/20	au	17/03/20
Vénus	en	Poissons	du	18/03/20	au	11/04/20
Vénus	en	Bélier	du	12/04/20	au	05/05/20
Vénus	en	Taureau	du	06/05/20	au	30/05/20
Vénus	en	Gémeaux	du	31/05/20	au	23/06/20
Vénus	en	Cancer	du	24/06/20	au	17/07/20
Vénus	en	Lion	du	18/07/20	au	11/08/20
Vénus	en	Vierge	du	12/08/20	au	04/09/20
Vénus	en	Balance	du	05/09/20	au	28/09/20
Vénus	en	Scorpion	du	29/09/20	au	23/10/20
Vénus	en	Sagittaire	du	24/10/20	au	16/11/20
Vénus	en	Capricorne	du	17/11/20	au	11/12/20
Vénus	en	Verseau	du	12/12/20	au	05/01/21
Vénus	en	Poissons	du	06/01/21	au	01/02/21
Vénus	en	Bélier	du	02/02/21	au	06/03/21
Vénus	en	Taureau	du	07/03/21	au	24/04/21
Vénus	en	Bélier	du	25/04/21	au	01/06/21
Vénus	en	Taureau	du	02/06/21	au	07/07/21
Vénus	en	Gémeaux	du	08/07/21	au	04/08/21
Vénus	en	Cancer	du	05/08/21	au	30/08/21
Vénus	en	Lion	du	31/08/21	au	25/09/21
Vénus	en	Vierge	du	26/09/21	au	19/10/21
Vénus	en	Balance	du	20/10/21	au	12/11/21
Vénus	en	Scorpion	du	13/11/21	au	06/12/21

Planète	Aspect	Planète	Entrée	Date	Sortie	Date
Vénus	en	Sagittaire	du	07/12/21	au	30/12/21
Vénus	en	Capricorne	du	31/12/21	au	23/01/22
Vénus	en	Verseau	du	24/01/22	au	16/02/22
Vénus	en	Poissons	du	17/02/22	au	12/03/22
Vénus	en	Bélier	du	13/03/22	au	05/04/22
Vénus	en	Taureau	du	06/04/22	au	30/04/22
Vénus	en	Gémeaux	du	01/05/22	au	24/05/22
Vénus	en	Cancer	du	25/05/22	au	18/06/22
Vénus	en	Lion	du	19/06/22	au	14/07/22
Vénus	en	Vierge	du	15/07/22	au	09/08/22
Vénus	en	Balance	du	10/08/22	au	06/09/22
Vénus	en	Scorpion	du	07/09/22	au	09/10/22
Vénus	en	Sagittaire	du	10/10/22	au	27/11/22
Vénus	en	Scorpion	du	28/11/22	au	01/01/23
Vénus	en	Sagittaire	du	02/01/23	au	05/01/23
Vénus	en	Capricorne	du	06/02/23	au	05/03/23
Vénus	en	Verseau	du	06/03/23	au	31/03/23
Vénus	en	Poissons	du	01/04/23	au	25/04/23
Vénus	en	Bélier	du	26/04/23	au	20/05/23
Vénus	en	Taureau	du	21/05/23	au	14/06/23
Vénus	en	Gémeaux	du	15/06/23	au	09/07/23
Vénus	en	Cancer	du	10/07/23	au	02/08/23
Vénus	en	Lion	du	03/08/23	au	26/08/23
Vénus	en	Vierge	du	27/08/23	au	20/09/23
Vénus	en	Balance	du	21/09/23	au	14/10/23
Vénus	en	Scorpion	du	15/10/23	au	07/11/23
Vénus	en	Sagittaire	du	08/11/23	au	01/12/23
Vénus	en	Capricorne	du	02/12/23	au	25/12/23
Vénus	en	Verseau	du	26/12/23	au	18/01/24
Vénus	en	Poissons	du	19/01/24	au	12/02/24
Vénus	en	Bélier	du	13/02/24	au	08/03/24
Vénus	en	Taureau	du	09/03/24	au	04/04/24
Vénus	en	Gémeaux	du	05/04/24	au	05/05/24
Vénus	en	Cancer	du	06/05/24	au	07/09/24
Vénus	en	Lion	du	08/09/24	au	06/10/24
Vénus	en	Vierge	du	07/10/24	au	01/11/24
Vénus	en	Balance	du	02/11/24	au	26/11/24
Vénus	en	Scorpion	du	27/11/24	au	20/12/24
Vénus	en	Sagittaire	du	21/12/24	au	13/01/25
Vénus	en	Capricorne	du	14/01/25	au	06/02/24
Vénus	en	Verseau	du	07/02/25	au	03/03/25

Planète	Aspect	Planète	Entrée	Date	Sortie	Date
Vénus	en	Poissons	du	04/03/25	au	27/03/25
Vénus	en	Bélier	du	28/03/25	au	20/04/25
Vénus	en	Taureau	du	21/04/25	au	14/05/25
Vénus	en	Gémeaux	du	15/05/25	au	08/06/25
Vénus	en	Cancer	du	09/06/25	au	02/07/25
Vénus	en	Lion	du	03/07/25	au	27/07/25
Vénus	en	Vierge	du	28/07/25	au	21/08/25
Vénus	en	Balance	du	22/08/25	au	15/09/25
Vénus	en	Scorpion	du	16/09/25	au	10/10/25
Vénus	en	Sagittaire	du	11/10/25	au	05/11/25
Vénus	en	Capricorne	du	06/11/25	au	04/12/25
Vénus	en	Verseau	du	05/12/25	au	05/04/26
Vénus	en	Poissons	du	06/04/26	au	05/05/26
Vénus	en	Bélier	du	06/05/26	au	01/06/26
Vénus	en	Taureau	du	02/06/26	au	27/06/26
Vénus	en	Gémeaux	du	28/06/26	au	23/07/26
Vénus	en	Cancer	du	24/07/26	au	17/08/26
Vénus	en	Lion	du	18/08/26	au	10/09/26
Vénus	en	Vierge	du	11/09/26	au	04/10/26
Vénus	en	Balance	du	05/10/26	au	28/10/26
Vénus	en	Scorpion	du	29/10/26	au	21/11/26
Vénus	en	Sagittaire	du	22/11/26	au	15/12/26
Vénus	en	Capricorne	du	16/12/26	au	08/01/27
Vénus	en	Verseau	du	09/01/27	au	01/02/27
Vénus	en	Poissons	du	02/02/27	au	25/02/27
Vénus	en	Bélier	du	26/02/27	au	21/03/27
Vénus	en	Taureau	du	22/03/27	au	15/04/27
Vénus	en	Gémeaux	du	16/04/27	au	11/05/27
Vénus	en	Cancer	du	12/05/27	au	07/06/27
Vénus	en	Lion	du	08/06/27	au	06/07/27
Vénus	en	Vierge	du	07/07/27	au	08/11/27
Vénus	en	Balance	du	09/11/27	au	07/12/27
Vénus	en	Scorpion	du	08/12/27	au	03/01/28
Vénus	en	Sagittaire	du	04/01/28	au	28/01/28
Vénus	en	Capricorne	du	29/01/28	au	21/02/28
Vénus	en	Verseau	du	22/02/28	au	17/03/28
Vénus	en	Poissons	du	18/03/28	au	10/04/28
Vénus	en	Bélier	du	11/04/28	au	05/05/28
Vénus	en	Taureau	du	06/05/28	au	29/05/28
Vénus	en	Gémeaux	du	30/05/28	au	22/06/28
Vénus	en	Cancer	du	23/06/28	au	17/07/28

Planète	Aspect	Planète	Entrée	Date	Sortie	Date
Vénus	en	Lion	du	18/07/28	au	10/08/28
Vénus	en	Vierge	du	11/08/28	au	03/09/28
Vénus	en	Balance	du	04/09/28	au	28/09/28
Vénus	en	Scorpion	du	29/09/28	au	22/10/28
Vénus	en	Sagittaire	du	23/10/28	au	16/11/28
Vénus	en	Capricorne	du	17/11/28	au	11/12/28
Vénus	en	Verseau	du	12/12/28	au	05/01/29
Vénus	en	Poissons	du	06/01/29	au	01/02/29
Vénus	en	Bélier	du	02/02/29	au	07/03/29
Vénus	en	Taureau	du	08/03/29	au	19/04/29
Vénus	en	Bélier	du	20/04/29	au	02/06/29
Vénus	en	Taureau	du	03/06/29	au	07/07/29
Vénus	en	Gémeaux	du	08/07/29	au	04/08/29
Vénus	en	Cancer	du	05/08/29	au	30/08/29
Vénus	en	Lion	du	31/08/29	au	24/09/29
Vénus	en	Vierge	du	25/09/29	au	19/10/29
Vénus	en	Balance	du	20/10/29	au	12/11/29
Vénus	en	Scorpion	du	13/11/29	au	06/12/29
Vénus	en	Sagittaire	du	07/12/29	au	30/12/29
Vénus	en	Capricorne	du	31/12/29	au	23/01/30
Vénus	en	Verseau	du	24/01/30	au	15/02/30
Vénus	en	Poissons	du	16/02/30	au	11/03/30
Vénus	en	Bélier	du	12/03/30	au	05/04/30
Vénus	en	Taureau	du	06/04/30	au	29/04/30
Vénus	en	Gémeaux	du	30/04/30	au	24/05/30
Vénus	en	Cancer	du	25/05/30	au	18/06/30
Vénus	en	Lion	du	19/06/30	au	13/07/30
Vénus	en	Vierge	du	14/07/30	au	09/08/30
Vénus	en	Balance	du	10/08/30	au	06/09/30
Vénus	en	Scorpion	du	07/09/30	au	11/10/30
Vénus	en	Sagittaire	du	12/10/30	au	21/11/30
Vénus	en	Scorpion	du	22/11/30	au	02/01/31
Vénus	en	Sagittaire	du	03/01/31	au	05/02/31
Vénus	en	Capricorne	du	06/02/31	au	04/03/31
Vénus	en	Verseau	du	05/03/31	au	30/03/31
Vénus	en	Poissons	du	31/03/31	au	25/04/31
Vénus	en	Bélier	du	26/04/31	au	20/05/31
Vénus	en	Taureau	du	21/05/31	au	13/06/31
Vénus	en	Gémeaux	du	14/06/31	au	08/07/31
Vénus	en	Cancer	du	09/07/31	au	02/08/31
Vénus	en	Lion	du	03/08/31	au	26/08/31

Planète	Aspect	Planète	Entrée	Date	Sortie	Date
Vénus	en	Vierge	du	27/08/31	au	19/09/31
Vénus	en	Balance	du	20/09/31	au	13/10/31
Vénus	en	Scorpion	du	14/10/31	au	06/11/31
Vénus	en	Sagittaire	du	07/11/31	au	30/11/31
Vénus	en	Capricorne	du	01/12/31	au	24/12/31
Vénus	en	Verseau	du	25/12/31	au	18/01/32
Vénus	en	Poissons	du	19/01/32	au	11/12/32
Vénus	en	Bélier	du	12/02/32	au	08/03/32
Vénus	en	Taureau	du	09/03/32	au	04/04/32
Vénus	en	Gémeaux	du	05/04/32	au	05/05/32
Vénus	en	Cancer	du	06/05/32	au	12/07/32
Vénus	en	Gémeaux	du	13/07/32	au	27/07/32
Vénus	en	Cancer	du	28/07/32	au	07/09/32
Vénus	en	Lion	du	08/09/32	au	06/10/32
Vénus	en	Vierge	du	07/10/32	au	01/11/32
Vénus	en	Balance	du	02/11/32	au	26/11/32
Vénus	en	Scorpion	du	27/11/32	au	20/12/32
Vénus	en	Sagittaire	du	21/12/32	au	13/01/33
Vénus	en	Capricorne	du	14/01/33	au	06/02/33
Vénus	en	Verseau	du	07/02/33	au	02/03/33
Vénus	en	Poissons	du	03/03/33	au	26/03/33
Vénus	en	Bélier	du	27/03/33	au	19/04/33
Vénus	en	Taureau	du	20/04/33	au	14/05/33
Vénus	en	Gémeaux	du	15/05/33	au	07/06/33
Vénus	en	Cancer	du	08/06/33	au	02/07/33
Vénus	en	Lion	du	03/07/33	au	26/07/33
Vénus	en	Vierge	du	27/07/33	au	26/07/33
Vénus	en	Balance	du	21/08/33	au	14/09/33
Vénus	en	Scorpion	du	15/09/33	au	10/11/33
Vénus	en	Sagittaire	du	11/10/33	au	05/11/33
Vénus	en	Capricorne	du	06/11/33	au	04/12/33
Vénus	en	Verseau	du	05/12/33	au	05/04/34
Vénus	en	Poissons	du	06/04/34	au	05/05/34
Vénus	en	Bélier	du	06/05/34	au	01/06/34
Vénus	en	Taureau	du	02/06/34	au	27/06/34
Vénus	en	Gémeaux	du	28/06/34	au	22/07/34
Vénus	en	Cancer	du	23/07/34	au	16/08/34
Vénus	en	Lion	du	17/08/34	au	10/09/34
Vénus	en	Vierge	du	11/09/34	au	04/10/34
Vénus	en	Balance	du	05/10/34	au	28/10/34
Vénus	en	Scorpion	du	29/10/34	au	21/11/34

Planète	Aspect	Planète	Entrée	Date	Sortie	Date
Vénus	en	Sagittaire	du	22/11/34	au	15/12/34
Vénus	en	Capricorne	du	16/12/34	au	07/01/35
Vénus	en	Verseau	du	08/01/35	au	31/01/35
Vénus	en	Poissons	du	01/02/35	au	25/02/35
Vénus	en	Bélier	du	26/02/35	au	21/03/35
Vénus	en	Taureau	du	22/03/35	au	15/04/35
Vénus	en	Gémeaux	du	16/04/35	au	10/05/35
Vénus	en	Cancer	du	11/05/35	au	06/06/35
Vénus	en	Lion	du	07/06/35	au	06/07/35
Vénus	en	Vierge	du	07/07/35	au	08/11/35
Vénus	en	Balance	du	09/11/35	au	07/12/35
Vénus	en	Scorpion	du	08/12/35	au	02/01/36
Vénus	en	Sagittaire	du	03/01/36	au	27/01/36
Vénus	en	Capricorne	du	28/01/36	au	21/02/36
Vénus	en	Verseau	du	22/02/36	au	16/03/36
Vénus	en	Poissons	du	17/03/36	au	10/04/36
Vénus	en	Bélier	du	11/04/36	au	04/05/36
Vénus	en	Taureau	du	05/05/36	au	28/05/36
Vénus	en	Gémeaux	du	29/05/36	au	22/06/36
Vénus	en	Cancer	du	23/06/36	au	16/07/36
Vénus	en	Lion	du	17/07/36	au	10/08/36
Vénus	en	Vierge	du	11/08/36	au	03/09/36
Vénus	en	Balance	du	04/09/36	au	27/09/36
Vénus	en	Scorpion	du	28/09/36	au	22/10/36
Vénus	en	Sagittaire	du	23/10/36	au	15/11/36
Vénus	en	Capricorne	du	16/11/36	au	10/12/36
Vénus	en	Verseau	du	11/12/36	au	05/01/37
Vénus	en	Poissons	du	06/01/37	au	01/02/37
Vénus	en	Bélier	du	02/02/37	au	08/03/37
Vénus	en	Taureau	du	09/03/37	au	13/04/37
Vénus	en	Bélier	du	14/04/37	au	03/06/37
Vénus	en	Taureau	du	04/06/37	au	06/07/34
Vénus	en	Gémeaux	du	07/07/37	au	03/08/37
Vénus	en	Cancer	du	04/08/37	au	30/08/37
Vénus	en	Lion	du	31/08/37	au	24/09/37
Vénus	en	Vierge	du	25/09/37	au	18/10/37
Vénus	en	Balance	du	19/10/37	au	11/11/37
Vénus	en	Scorpion	du	12/11/37	au	05/12/37
Vénus	en	Sagittaire	du	06/12/37	au	05/12/37
Vénus	en	Capricorne	du	30/12/37	au	22/01/38
Vénus	en	Verseau	du	23/01/38	au	15/02/38

Planète	Aspect	Planète	Entrée	Date	Sortie	Date
Vénus	en	Poissons	du	16/02/38	au	11/03/38
Vénus	en	Bélier	du	12/03/38	au	04/04/38
Vénus	en	Taureau	du	05/04/38	au	28/04/38
Vénus	en	Gémeaux	du	29/04/38	au	23/05/38
Vénus	en	Cancer	du	24/05/38	au	17/06/38
Vénus	en	Lion	du	18/06/38	au	13/07/38
Vénus	en	Vierge	du	14/07/38	au	08/08/38
Vénus	en	Balance	du	09/08/38	au	06/09/38
Vénus	en	Scorpion	du	07/09/38	au	12/10/38
Vénus	en	Sagittaire	du	13/10/38	au	14/11/38
Vénus	en	Scorpion	du	15/11/38	au	03/01/39
Vénus	en	Sagittaire	du	04/01/39	au	05/02/39
Vénus	en	Capricorne	du	06/02/39	au	04/03/39
Vénus	en	Verseau	du	05/03/39	au	30/03/39
Vénus	en	Poissons	du	31/03/39	au	24/04/39
Vénus	en	Bélier	du	25/04/39	au	19/05/39
Vénus	en	Taureau	du	20/05/39	au	13/06/39
Vénus	en	Gémeaux	du	14/06/39	au	08/07/39
Vénus	en	Cancer	du	09/07/39	au	01/08/39
Vénus	en	Lion	du	02/08/39	au	25/08/39
Vénus	en	Vierge	du	26/08/39	au	19/09/39
Vénus	en	Balance	du	20/09/39	au	13/10/39
Vénus	en	Scorpion	du	14/10/39	au	06/11/39
Vénus	en	Sagittaire	du	07/11/39	au	30/11/39
Vénus	en	Capricorne	du	01/12/39	au	24/12/39
Vénus	en	Verseau	du	25/12/39	au	17/01/40
Vénus	en	Poissons	du	18/01/40	au	11/02/40
Vénus	en	Bélier	du	12/02/40	au	07/03/40
Vénus	en	Taureau	du	08/03/40	au	03/04/40
Vénus	en	Gémeaux	du	04/04/40	au	05/05/40
Vénus	en	Cancer	du	06/05/40	au	04/07/40
Vénus	en	Gémeaux	du	05/07/40	au	31/07/40
Vénus	en	Cancer	du	01/08/40	au	07/09/40
Vénus	en	Lion	du	08/09/40	au	05/10/40
Vénus	en	Vierge	du	06/10/40	au	31/10/40
Vénus	en	Balance	du	01/11/40	au	25/11/40
Vénus	en	Scorpion	du	26/11/40	au	19/12/40
Vénus	en	Sagittaire	du	20/12/40	au	12/01/41
Vénus	en	Capricorne	du	13/01/41	au	05/02/41
Vénus	en	Verseau	du	06/02/41	au	01/03/41
Vénus	en	Poissons	du	02/03/41	au	26/03/41

Planète	Aspect	Planète	Entrée	Date	Sortie	Date
Vénus	en	Bélier	du	27/03/41	au	19/04/41
Vénus	en	Taureau	du	20/04/41	au	13/05/41
Vénus	en	Gémeaux	du	14/05/41	au	06/06/41
Vénus	en	Cancer	du	07/06/41	au	01/07/41
Vénus	en	Lion	du	02/07/41	au	26/07/41
Vénus	en	Vierge	du	27/07/41	au	20/08/41
Vénus	en	Balance	du	21/08/41	au	14/09/41
Vénus	en	Scorpion	du	15/09/41	au	09/10/41
Vénus	en	Sagittaire	du	10/10/41	au	05/11/41
Vénus	en	Capricorne	du	06/11/41	au	04/12/41
Vénus	en	Verseau	du	05/12/41	au	05/04/42
Vénus	en	Poissons	du	06/04/42	au	05/05/42
Vénus	en	Bélier	du	06/05/42	au	01/06/42
Vénus	en	Taureau	du	02/06/42	au	26/06/42
Vénus	en	Gémeaux	du	27/06/42	au	22/07/42
Vénus	en	Cancer	du	23/07/42	au	16/08/42
Vénus	en	Lion	du	17/08/42	au	09/09/42
Vénus	en	Vierge	du	10/09/42	au	03/10/42
Vénus	en	Balance	du	04/10/42	au	27/10/42
Vénus	en	Scorpion	du	28/10/42	au	20/11/42
Vénus	en	Sagittaire	du	21/11/42	au	14/12/42
Vénus	en	Capricorne	du	15/12/42	au	07/01/43
Vénus	en	Verseau	du	08/01/43	au	31/01/43
Vénus	en	Poissons	du	01/02/43	au	24/02/43
Vénus	en	Bélier	du	25/02/43	au	20/03/43
Vénus	en	Taureau	du	21/03/43	au	14/04/43
Vénus	en	Gémeaux	du	15/04/43	au	10/05/43
Vénus	en	Cancer	du	11/05/43	au	06/06/43
Vénus	en	Lion	du	07/06/43	au	06/07/43
Vénus	en	Vierge	du	07/07/43	au	08/11/43
Vénus	en	Balance	du	09/11/43	au	07/12/43
Vénus	en	Scorpion	du	08/12/43	au	02/01/44
Vénus	en	Sagittaire	du	03/01/44	au	27/01/44
Vénus	en	Capricorne	du	28/01/44	au	20/02/44
Vénus	en	Verseau	du	21/02/44	au	16/03/44
Vénus	en	Poissons	du	17/03/44	au	09/04/44
Vénus	en	Bélier	du	10/04/44	au	03/05/44
Vénus	en	Taureau	du	04/05/44	au	28/05/44
Vénus	en	Gémeaux	du	29/05/44	au	21/06/44
Vénus	en	Cancer	du	22/06/44	au	16/07/44
Vénus	en	Lion	du	17/07/44	au	09/08/44

Planète	Aspect	Planète	Entrée	Date	Sortie	Date
Vénus	en	Vierge	du	10/08/44	au	02/09/44
Vénus	en	Balance	du	03/09/44	au	27/09/44
Vénus	en	Scorpion	du	28/09/44	au	21/10/44
Vénus	en	Sagittaire	du	22/10/44	au	15/11/44
Vénus	en	Capricorne	du	16/11/44	au	10/12/44
Vénus	en	Verseau	du	11/12/44	au	04/01/45
Vénus	en	Poissons	du	05/01/45	au	01/02/45
Vénus	en	Bélier	du	02/02/45	au	10/03/45
Vénus	en	Taureau	du	11/03/45	au	06/04/45
Vénus	en	Bélier	du	07/04/45	au	03/06/45
Vénus	en	Taureau	du	04/06/45	au	06/07/45
Vénus	en	Gémeaux	du	07/07/45	au	03/08/45
Vénus	en	Cancer	du	04/08/45	au	29/08/45
Vénus	en	Lion	du	30/08/45	au	23/09/45
Vénus	en	Vierge	du	24/09/45	au	18/10/45
Vénus	en	Balance	du	19/10/45	au	11/11/45
Vénus	en	Scorpion	du	12/11/45	au	05/12/45
Vénus	en	Sagittaire	du	06/12/45	au	29/12/45
Vénus	en	Capricorne	du	30/12/45	au	21/01/46
Vénus	en	Verseau	du	22/01/46	au	14/02/46
Vénus	en	Poissons	du	15/02/46	au	10/03/46
Vénus	en	Bélier	du	11/03/46	au	04/04/46
Vénus	en	Taureau	du	05/04/46	au	28/04/46
Vénus	en	Gémeaux	du	29/04/46	au	23/05/46
Vénus	en	Cancer	du	24/05/46	au	17/06/46
Vénus	en	Lion	du	18/06/46	au	12/07/46
Vénus	en	Vierge	du	13/07/46	au	08/08/46
Vénus	en	Balance	du	09/08/46	au	06/09/46
Vénus	en	Scorpion	du	07/09/46	au	15/10/46
Vénus	en	Sagittaire	du	16/10/46	au	07/11/46
Vénus	en	Scorpion	du	08/11/46	au	04/01/47
Vénus	en	Sagittaire	du	05/01/47	au	05/02/47
Vénus	en	Capricorne	du	06/02/47	au	04/03/47
Vénus	en	Verseau	du	05/03/47	au	29/03/47
Vénus	en	Poissons	du	30/03/47	au	24/04/47
Vénus	en	Bélier	du	25/04/47	au	19/05/47
Vénus	en	Taureau	du	20/05/47	au	12/06/47
Vénus	en	Gémeaux	du	13/06/47	au	12/06/47
Vénus	en	Cancer	du	08/07/47	au	07/07/47
Vénus	en	Lion	du	02/08/47	au	01/08/47
Vénus	en	Vierge	du	26/08/47	au	25/08/47

Planète	Aspect	Planète	Entrée	Date	Sortie	Date
Vénus	en	Balance	du	19/09/47	au	12/10/47
Vénus	en	Scorpion	du	13/10/47	au	05/11/47
Vénus	en	Sagittaire	du	06/11/47	au	29/11/47
Vénus	en	Capricorne	du	30/11/47	au	23/12/47
Vénus	en	Verseau	du	24/12/47	au	17/01/48
Vénus	en	Poissons	du	18/01/48	au	10/02/48
Vénus	en	Bélier	du	11/02/48	au	07/03/48
Vénus	en	Taureau	du	08/03/48	au	03/04/48
Vénus	en	Gémeaux	du	04/04/48	au	06/05/48
Vénus	en	Cancer	du	07/05/48	au	28/06/48
Vénus	en	Gémeaux	du	29/06/48	au	02/08/48
Vénus	en	Cancer	du	03/08/48	au	07/09/48
Vénus	en	Lion	du	08/09/48	au	05/10/48
Vénus	en	Vierge	du	06/10/48	au	31/10/48
Vénus	en	Balance	du	01/11/48	au	25/11/48
Vénus	en	Scorpion	du	26/11/48	au	19/12/48
Vénus	en	Sagittaire	du	20/12/48	au	12/01/49
Vénus	en	Capricorne	du	13/01/49	au	05/02/49
Vénus	en	Verseau	du	06/02/49	au	01/03/49
Vénus	en	Poissons	du	02/03/49	au	25/03/49
Vénus	en	Bélier	du	26/03/49	au	18/04/49
Vénus	en	Taureau	du	19/04/49	au	13/05/49
Vénus	en	Gémeaux	du	14/05/49	au	06/06/49
Vénus	en	Cancer	du	07/06/49	au	30/06/49
Vénus	en	Lion	du	01/07/49	au	25/07/49
Vénus	en	Vierge	du	26/07/49	au	19/08/49
Vénus	en	Balance	du	20/08/49	au	13/09/49
Vénus	en	Scorpion	du	14/09/49	au	09/10/49
Vénus	en	Sagittaire	du	10/10/49	au	05/11/49
Vénus	en	Capricorne	du	06/11/49	au	05/12/49
Vénus	en	Verseau	du	06/12/49	au	05/04/50
Vénus	en	Poissons	du	06/04/50	au	04/05/50
Vénus	en	Bélier	du	05/05/50	au	31/05/50
Vénus	en	Taureau	du	01/06/50	au	26/06/50
Vénus	en	Gémeaux	du	27/06/50	au	21/07/50
Vénus	en	Cancer	du	22/07/50	au	15/08/50
Vénus	en	Lion	du	16/08/50	au	09/09/50
Vénus	en	Vierge	du	10/09/50	au	03/10/50
Vénus	en	Balance	du	04/10/50	au	27/10/50
Vénus	en	Scorpion	du	28/10/50	au	20/11/50
Vénus	en	Sagittaire	du	21/11/50	au	13/12/50

Planète	Aspect	Planète	Entrée	Date	Sortie	Date
Vénus	en	Capricorne	du	14/12/50	au	06/01/51
Vénus	en	Verseau	du	07/01/51	au	30/01/51
Vénus	en	Poissons	du	31/01/51	au	23/02/51
Vénus	en	Bélier	du	24/02/51	au	20/03/51
Vénus	en	Taureau	du	21/03/51	au	14/04/51
Vénus	en	Gémeaux	du	15/04/51	au	10/05/51
Vénus	en	Cancer	du	11/05/51	au	06/06/51
Vénus	en	Lion	du	07/06/51	au	07/07/51
Vénus	en	Vierge	du	08/07/51	au	08/11/51
Vénus	en	Balance	du	09/11/51	au	07/12/51
Vénus	en	Scorpion	du	08/12/51	au	01/01/52
Vénus	en	Sagittaire	du	02/01/52	au	26/01/52
Vénus	en	Capricorne	du	27/01/52	au	20/02/52
Vénus	en	Verseau	du	21/02/52	au	15/03/52
Vénus	en	Poissons	du	16/03/52	au	08/04/52
Vénus	en	Bélier	du	09/04/52	au	03/05/52
Vénus	en	Taureau	du	04/05/52	au	27/05/52
Vénus	en	Gémeaux	du	28/05/52	au	21/06/52
Vénus	en	Cancer	du	22/06/52	au	15/07/52
Vénus	en	Lion	du	16/07/52	au	08/08/52
Vénus	en	Vierge	du	09/08/52	au	02/09/52
Vénus	en	Balance	du	03/09/52	au	26/09/52
Vénus	en	Scorpion	du	27/09/52	au	21/10/52
Vénus	en	Sagittaire	du	22/10/52	au	15/11/52
Vénus	en	Capricorne	du	15/11/52	au	09/12/52
Vénus	en	Verseau	du	10/12/52	au	04/01/53
Vénus	en	Poissons	du	05/01/53	au	01/02/53
Vénus	en	Bélier	du	02/02/53	au	13/03/53
Vénus	en	Taureau	du	14/03/53	au	30/03/53
Vénus	en	Bélier	du	31/03/53	au	04/06/53
Vénus	en	Taureau	du	05/06/53	au	06/07/53
Vénus	en	Gémeaux	du	07/07/53	au	03/08/53
Vénus	en	Cancer	du	04/08/53	au	29/08/53
Vénus	en	Lion	du	30/08/53	au	23/09/53
Vénus	en	Vierge	du	24/09/53	au	17/10/53
Vénus	en	Balance	du	18/10/53	au	10/11/53
Vénus	en	Scorpion	du	11/11/53	au	04/12/53
Vénus	en	Sagittaire	du	05/12/53	au	28/12/53
Vénus	en	Capricorne	du	29/12/53	au	21/01/54
Vénus	en	Verseau	du	22/01/54	au	14/02/54
Vénus	en	Poissons	du	15/02/54	au	10/03/54

Planète	Aspect	Planète	Entrée	Date	Sortie	Date
Vénus	en	Bélier	du	11/03/54	au	03/04/54
Vénus	en	Taureau	du	04/04/54	au	27/04/54
Vénus	en	Gémeaux	du	28/04/54	au	22/05/54
Vénus	en	Cancer	du	23/05/54	au	16/06/54
Vénus	en	Lion	du	17/06/54	au	12/07/54
Vénus	en	Vierge	du	13/07/54	au	08/08/54
Vénus	en	Balance	du	09/08/54	au	05/09/54
Vénus	en	Scorpion	du	06/09/54	au	22/10/54
Vénus	en	Sagittaire	du	23/10/54	au	26/10/54
Vénus	en	Scorpion	du	27/10/54	au	05/01/55
Vénus	en	Sagittaire	du	06/01/55	au	05/02/55
Vénus	en	Capricorne	du	06/02/55	au	03/03/55
Vénus	en	Verseau	du	04/03/55	au	29/03/55
Vénus	en	Poissons	du	30/03/55	au	23/04/55
Vénus	en	Bélier	du	24/04/55	au	18/05/55
Vénus	en	Taureau	du	19/05/55	au	12/06/55
Vénus	en	Gémeaux	du	13/06/55	au	07/07/55
Vénus	en	Cancer	du	08/07/55	au	31/07/55
Vénus	en	Lion	du	01/08/55	au	24/08/55
Vénus	en	Vierge	du	25/08/55	au	17/09/55
Vénus	en	Balance	du	18/09/55	au	12/10/55
Vénus	en	Scorpion	du	13/10/55	au	05/11/55
Vénus	en	Sagittaire	du	06/11/55	au	29/11/55
Vénus	en	Capricorne	du	30/11/55	au	23/12/55
Vénus	en	Verseau	du	24/12/55	au	16/01/56
Vénus	en	Poissons	du	17/01/56	au	10/02/56
Vénus	en	Bélier	du	11/02/56	au	06/03/56
Vénus	en	Taureau	du	07/03/56	au	04/04/56
Vénus	en	Gémeaux	du	04/04/56	au	07/05/56
Vénus	en	Cancer	du	08/05/56	au	22/06/56
Vénus	en	Gémeaux	du	23/06/56	au	03/08/56
Vénus	en	Cancer	du	04/08/56	au	07/09/56
Vénus	en	Lion	du	08/09/56	au	05/10/56
Vénus	en	Vierge	du	06/10/56	au	30/10/56
Vénus	en	Balance	du	31/10/56	au	24/11/56
Vénus	en	Scorpion	du	25/11/56	au	18/12/56
Vénus	en	Sagittaire	du	19/12/56	au	11/01/57
Vénus	en	Capricorne	du	12/01/57	au	04/02/57
Vénus	en	Verseau	du	05/02/57	au	28/02/57
Vénus	en	Poissons	du	01/03/57	au	24/03/57
Vénus	en	Bélier	du	25/03/57	au	18/04/57

Planète	Aspect	Planète	Entrée	Date	Sortie	Date
Vénus	en	Taureau	du	19/04/57	au	12/05/57
Vénus	en	Gémeaux	du	13/05/57	au	05/06/57
Vénus	en	Cancer	du	06/06/57	au	30/06/57
Vénus	en	Lion	du	01/07/57	au	25/07/57
Vénus	en	Vierge	du	26/07/57	au	19/08/57
Vénus	en	Balance	du	20/08/57	au	13/09/57
Vénus	en	Scorpion	du	14/09/57	au	09/10/57
Vénus	en	Sagittaire	du	10/10/57	au	04/11/57
Vénus	en	Capricorne	du	05/11/57	au	05/12/57
Vénus	en	Verseau	du	06/12/57	au	05/04/58
Vénus	en	Poissons	du	06/04/58	au	04/05/58
Vénus	en	Bélier	du	05/05/58	au	31/05/58
Vénus	en	Taureau	du	01/06/58	au	25/06/58
Vénus	en	Gémeaux	du	26/06/58	au	21/07/58
Vénus	en	Cancer	du	22/07/58	au	15/08/58
Vénus	en	Lion	du	16/08/58	au	08/09/58
Vénus	en	Vierge	du	09/09/58	au	02/10/58
Vénus	en	Balance	du	03/10/58	au	26/10/58
Vénus	en	Scorpion	du	27/10/58	au	19/11/58
Vénus	en	Sagittaire	du	20/11/58	au	13/12/58
Vénus	en	Capricorne	du	14/12/58	au	06/01/59
Vénus	en	Verseau	du	07/01/59	au	30/01/59
Vénus	en	Poissons	du	31/01/59	au	23/02/59
Vénus	en	Bélier	du	24/02/59	au	19/03/59
Vénus	en	Taureau	du	20/03/59	au	13/04/59
Vénus	en	Gémeaux	du	14/04/59	au	09/05/59
Vénus	en	Cancer	du	10/05/59	au	05/06/59
Vénus	en	Lion	du	06/06/59	au	07/07/59
Vénus	en	Vierge	du	08/07/59	au	19/09/59
Vénus	en	Lion	du	20/09/59	au	24/09/59
Vénus	en	Vierge	du	25/09/59	au	08/11/59
Vénus	en	Balance	du	09/11/59	au	06/12/59
Vénus	en	Scorpion	du	07/12/59	au	01/01/60
Vénus	en	Sagittaire	du	02/01/60	au	26/01/60
Vénus	en	Capricorne	du	27/01/60	au	19/02/60
Vénus	en	Verseau	du	20/02/60	au	15/03/60
Vénus	en	Poissons	du	16/03/60	au	08/04/60
Vénus	en	Bélier	du	09/04/60	au	02/05/60
Vénus	en	Taureau	du	03/05/60	au	27/05/60
Vénus	en	Gémeaux	du	28/05/60	au	20/06/60
Vénus	en	Cancer	du	21/06/60	au	15/07/60

Planète	Aspect	Planète	Entrée	Date	Sortie	Date
Vénus	en	Lion	du	16/07/60	au	08/08/60
Vénus	en	Vierge	du	09/08/60	au	01/09/60
Vénus	en	Balance	du	02/09/60	au	26/09/60
Vénus	en	Scorpion	du	27/09/60	au	20/10/60
Vénus	en	Sagittaire	du	21/10/60	au	14/11/60
Vénus	en	Capricorne	du	15/11/60	au	09/12/60
Vénus	en	Verseau	du	10/12/60	au	04/01/61
Vénus	en	Poissons	du	05/01/61	au	01/02/61
Vénus	en	Bélier	du	02/02/61	au	04/06/61
Vénus	en	Taureau	du	05/06/61	au	06/07/61
Vénus	en	Gémeaux	du	07/07/61	au	02/08/61
Vénus	en	Cancer	du	03/08/61	au	28/08/61
Vénus	en	Lion	du	29/08/61	au	22/09/61
Vénus	en	Vierge	du	23/09/61	au	17/10/61
Vénus	en	Balance	du	18/10/61	au	10/11/61
Vénus	en	Scorpion	du	11/11/61	au	04/12/61
Vénus	en	Sagittaire	du	05/12/61	au	28/12/61
Vénus	en	Capricorne	du	29/12/61	au	20/01/62
Vénus	en	Verseau	du	21/01/62	au	13/02/62
Vénus	en	Poissons	du	14/02/62	au	09/03/62
Vénus	en	Bélier	du	10/03/62	au	02/04/62
Vénus	en	Taureau	du	03/04/62	au	27/04/62
Vénus	en	Gémeaux	du	28/04/62	au	22/05/62
Vénus	en	Cancer	du	23/05/62	au	16/06/62
Vénus	en	Lion	du	17/06/62	au	11/07/62
Vénus	en	Vierge	du	12/07/62	au	07/08/62
Vénus	en	Balance	du	08/08/62	au	06/09/62
Vénus	en	Scorpion	du	07/09/62	au	05/01/62
Vénus	en	Sagittaire	du	06/01/63	au	04/02/63
Vénus	en	Capricorne	du	05/02/63	au	04/03/63
Vénus	en	Verseau	du	04/03/63	au	29/03/63
Vénus	en	Poissons	du	30/03/63	au	23/04/63
Vénus	en	Bélier	du	24/04/63	au	18/05/63
Vénus	en	Taureau	du	19/05/63	au	11/06/63
Vénus	en	Gémeaux	du	12/06/63	au	06/07/63
Vénus	en	Cancer	du	07/07/63	au	30/07/63
Vénus	en	Lion	du	31/07/63	au	24/08/63
Vénus	en	Vierge	du	25/08/63	au	17/09/63
Vénus	en	Balance	du	18/09/63	au	11/10/63
Vénus	en	Scorpion	du	12/10/63	au	04/11/63
Vénus	en	Sagittaire	du	05/11/63	au	28/11/63

Planète	Aspect	Planète	Entrée	Date	Sortie	Date
Vénus	en	Capricorne	du	29/11/63	au	22/12/63
Vénus	en	Verseau	du	23/12/63	au	16/01/64
Vénus	en	Poissons	du	17/01/64	au	09/02/64
Vénus	en	Bélier	du	10/02/64	au	06/03/64
Vénus	en	Taureau	du	07/03/64	au	03/04/64
Vénus	en	Gémeaux	du	04/04/64	au	08/05/64
Vénus	en	Cancer	du	09/05/64	au	16/06/64
Vénus	en	Gémeaux	du	17/06/64	au	04/08/64
Vénus	en	Cancer	du	05/08/64	au	07/09/64
Vénus	en	Lion	du	08/09/64	au	04/10/64
Vénus	en	Vierge	du	05/10/64	au	30/10/64
Vénus	en	Balance	du	31/10/64	au	24/11/64
Vénus	en	Scorpion	du	25/11/64	au	18/12/64
Vénus	en	Sagittaire	du	19/12/64	au	11/01/65
Vénus	en	Capricorne	du	12/01/65	au	04/02/65
Vénus	en	Verseau	du	05/02/65	au	28/02/65
Vénus	en	Poissons	du	01/03/65	au	24/03/65
Vénus	en	Bélier	du	25/03/65	au	17/04/65
Vénus	en	Taureau	du	18/04/65	au	11/05/65
Vénus	en	Gémeaux	du	12/05/65	au	05/06/65
Vénus	en	Cancer	du	06/06/65	au	29/06/65
Vénus	en	Lion	du	30/06/65	au	24/07/65
Vénus	en	Vierge	du	25/07/65	au	18/08/65
Vénus	en	Balance	du	19/08/65	au	12/09/65
Vénus	en	Scorpion	du	13/09/65	au	08/10/65
Vénus	en	Sagittaire	du	09/10/65	au	04/11/65
Vénus	en	Capricorne	du	05/11/65	au	06/12/65
Vénus	en	Verseau	du	07/12/65	au	05/02/66
Vénus	en	Capricorne	du	06/02/66	au	24/02/66
Vénus	en	Verseau	du	25/02/66	au	05/04/66
Vénus	en	Poissons	du	06/04/66	au	04/05/66
Vénus	en	Bélier	du	05/05/66	au	30/05/66
Vénus	en	Taureau	du	31/05/66	au	25/06/66
Vénus	en	Gémeaux	du	26/06/66	au	20/07/66
Vénus	en	Cancer	du	21/07/66	au	14/08/66
Vénus	en	Lion	du	15/08/66	au	07/09/66
Vénus	en	Vierge	du	08/09/66	au	02/10/66
Vénus	en	Balance	du	03/10/66	au	26/10/66
Vénus	en	Scorpion	du	27/10/66	au	19/11/66
Vénus	en	Sagittaire	du	20/11/66	au	12/12/66
Vénus	en	Capricorne	du	13/12/66	au	05/01/67

Planète	Aspect	Planète	Entrée	Date	Sortie	Date
Vénus	en	Verseau	du	06/01/67	au	29/01/67
Vénus	en	Poissons	du	30/01/67	au	22/02/67
Vénus	en	Bélier	du	23/02/67	au	19/03/67
Vénus	en	Taureau	du	20/03/67	au	13/04/67
Vénus	en	Gémeaux	du	14/04/67	au	09/05/67
Vénus	en	Cancer	du	10/05/67	au	05/06/67
Vénus	en	Lion	du	06/06/67	au	07/07/67
Vénus	en	Vierge	du	08/07/67	au	08/09/67
Vénus	en	Lion	du	09/09/67	au	30/09/67
Vénus	en	Vierge	du	01/10/67	au	08/11/67
Vénus	en	Balance	du	09/11/67	au	06/12/67
Vénus	en	Scorpion	du	07/12/67	au	31/12/67
Vénus	en	Sagittaire	du	01/01/68	au	25/01/68
Vénus	en	Capricorne	du	26/01/68	au	19/02/68
Vénus	en	Verseau	du	20/02/68	au	14/03/68
Vénus	en	Poissons	du	15/03/68	au	07/04/68
Vénus	en	Bélier	du	08/04/68	au	02/05/68
Vénus	en	Taureau	du	03/05/68	au	26/05/68
Vénus	en	Gémeaux	du	27/05/68	au	20/06/68
Vénus	en	Cancer	du	21/06/68	au	14/07/68
Vénus	en	Lion	du	15/07/68	au	07/08/68
Vénus	en	Vierge	du	08/08/68	au	01/09/68
Vénus	en	Balance	du	02/09/68	au	25/09/68
Vénus	en	Scorpion	du	26/09/68	au	20/10/68
Vénus	en	Sagittaire	du	21/10/68	au	13/11/68
Vénus	en	Capricorne	du	14/11/68	au	08/12/68
Vénus	en	Verseau	du	09/12/68	au	03/01/69
Vénus	en	Poissons	du	04/01/69	au	02/02/69
Vénus	en	Bélier	du	02/02/69	au	05/06/69
Vénus	en	Taureau	du	06/06/69	au	05/07/69
Vénus	en	Gémeaux	du	06/07/69	au	02/08/69
Vénus	en	Cancer	du	03/08/69	au	28/08/69
Vénus	en	Lion	du	29/08/69	au	22/09/69
Vénus	en	Vierge	du	23/09/69	au	16/10/69
Vénus	en	Balance	du	17/10/69	au	09/11/69
Vénus	en	Scorpion	du	10/11/69	au	03/12/69
Vénus	en	Sagittaire	du	04/12/69	au	27/12/69
Vénus	en	Capricorne	du	28/12/69	au	20/01/70
Vénus	en	Verseau	du	21/01/70	au	13/02/70
Vénus	en	Poissons	du	14/02/70	au	09/03/70
Vénus	en	Bélier	du	10/03/70	au	02/04/70

Planète	Aspect	Planète	Entrée	Date	Sortie	Date
Vénus	en	Taureau	du	03/04/70	au	26/04/70
Vénus	en	Gémeaux	du	27/04/70	au	21/05/70
Vénus	en	Cancer	du	22/05/70	au	15/06/70
Vénus	en	Lion	du	16/06/70	au	11/07/70
Vénus	en	Vierge	du	12/07/70	au	07/08/70
Vénus	en	Balance	du	08/08/70	au	06/09/70
Vénus	en	Scorpion	du	07/09/70	au	06/01/71
Vénus	en	Sagittaire	du	07/01/71	au	04/02/71
Vénus	en	Capricorne	du	05/02/71	au	03/03/71
Vénus	en	Verseau	du	04/03/71	au	28/03/71
Vénus	en	Poissons	du	29/03/71	au	22/04/71
Vénus	en	Bélier	du	23/04/71	au	17/05/71
Vénus	en	Taureau	du	18/05/71	au	11/06/71
Vénus	en	Gémeaux	du	12/06/71	au	05/07/71
Vénus	en	Cancer	du	06/07/71	au	30/07/71
Vénus	en	Lion	du	31/07/71	au	23/08/71
Vénus	en	Vierge	du	24/08/71	au	16/09/71
Vénus	en	Balance	du	17/09/71	au	10/10/71
Vénus	en	Scorpion	du	11/10/71	au	04/11/71
Vénus	en	Sagittaire	du	05/11/71	au	28/11/71
Vénus	en	Capricorne	du	29/11/71	au	22/12/71
Vénus	en	Verseau	du	23/12/71	au	15/01/72
Vénus	en	Poissons	du	16/01/72	au	09/02/72
Vénus	en	Bélier	du	10/02/72	au	06/03/72
Vénus	en	Taureau	du	07/03/72	au	02/04/72
Vénus	en	Gémeaux	du	03/04/72	au	09/05/72
Vénus	en	Cancer	du	10/05/72	au	10/06/72
Vénus	en	Gémeaux	du	11/06/72	au	05/08/72
Vénus	en	Cancer	du	06/08/72	au	06/09/72
Vénus	en	Lion	du	07/09/72	au	04/10/72
Vénus	en	Vierge	du	05/10/72	au	29/10/72
Vénus	en	Balance	du	30/10/72	au	23/11/72
Vénus	en	Scorpion	du	24/11/72	au	17/12/72
Vénus	en	Sagittaire	du	18/12/72	au	10/01/73
Vénus	en	Capricorne	du	11/01/73	au	03/02/73
Vénus	en	Verseau	du	04/02/73	au	27/02/73
Vénus	en	Poissons	du	28/02/73	au	23/03/73
Vénus	en	Bélier	du	24/03/73	au	17/04/73
Vénus	en	Taureau	du	18/04/73	au	11/05/73
Vénus	en	Gémeaux	du	12/05/73	au	04/06/73
Vénus	en	Cancer	du	05/06/73	au	29/06/73

Planète	Aspect	Planète	Entrée	Date	Sortie	Date
Vénus	en	Lion	du	30/06/73	au	24/07/73
Vénus	en	Vierge	du	25/07/73	au	18/08/73
Vénus	en	Balance	du	19/08/73	au	12/09/73
Vénus	en	Scorpion	du	13/09/73	au	08/10/73
Vénus	en	Sagittaire	du	09/10/73	au	04/11/73
Vénus	en	Capricorne	du	05/11/73	au	06/12/73
Vénus	en	Verseau	du	07/12/73	au	28/01/74
Vénus	en	Capricorne	du	29/01/74	au	27/02/74
Vénus	en	Verseau	du	28/02/74	au	05/04/74
Vénus	en	Poissons	du	06/04/74	au	03/05/74
Vénus	en	Bélier	du	04/05/74	au	30/05/74
Vénus	en	Taureau	du	31/05/74	au	24/06/74
Vénus	en	Gémeaux	du	25/06/74	au	20/07/74
Vénus	en	Cancer	du	21/07/74	au	13/08/74
Vénus	en	Lion	du	14/08/74	au	07/09/74
Vénus	en	Vierge	du	08/09/74	au	01/10/74
Vénus	en	Balance	du	02/10/74	au	25/10/74
Vénus	en	Scorpion	du	26/10/74	au	18/11/74
Vénus	en	Sagittaire	du	19/11/74	au	12/12/74
Vénus	en	Capricorne	du	13/12/74	au	05/01/75
Vénus	en	Verseau	du	06/01/75	au	29/01/75
Vénus	en	Poissons	du	30/01/75	au	22/02/75
Vénus	en	Bélier	du	23/02/75	au	18/03/75
Vénus	en	Taureau	du	19/03/75	au	12/04/75
Vénus	en	Gémeaux	du	13/04/75	au	08/05/75
Vénus	en	Cancer	du	09/05/75	au	05/06/75
Vénus	en	Lion	du	06/06/75	au	08/07/75
Vénus	en	Vierge	du	09/07/75	au	01/09/75
Vénus	en	Lion	du	02/09/75	au	03/10/75
Vénus	en	Vierge	du	04/10/75	au	08/11/75
Vénus	en	Balance	du	09/11/75	au	06/12/75
Vénus	en	Scorpion	du	07/12/75	au	31/12/75
Vénus	en	Sagittaire	du	01/01/76	au	25/01/76
Vénus	en	Capricorne	du	26/01/76	au	18/02/76
Vénus	en	Verseau	du	19/02/76	au	14/03/76
Vénus	en	Poissons	du	15/03/76	au	07/04/76
Vénus	en	Bélier	du	08/04/76	au	01/05/76
Vénus	en	Taureau	du	02/05/76	au	26/05/76
Vénus	en	Gémeaux	du	27/05/76	au	19/06/76
Vénus	en	Cancer	du	20/06/76	au	13/07/76
Vénus	en	Lion	du	14/07/76	au	07/08/76

Planète	Aspect	Planète	Entrée	Date	Sortie	Date
Vénus	en	Vierge	du	08/08/76	au	31/08/76
Vénus	en	Balance	du	01/09/76	au	25/09/76
Vénus	en	Scorpion	du	26/09/76	au	19/10/76
Vénus	en	Sagittaire	du	20/10/76	au	13/11/76
Vénus	en	Capricorne	du	14/11/76	au	08/12/76
Vénus	en	Verseau	du	09/12/76	au	03/01/77
Vénus	en	Poissons	du	04/01/77	au	01/02/77
Vénus	en	Bélier	du	02/02/77	au	05/06/77
Vénus	en	Taureau	du	06/06/77	au	05/07/77
Vénus	en	Gémeaux	du	06/07/77	au	05/07/77
Vénus	en	Cancer	du	02/08/77	au	27/08/77
Vénus	en	Lion	du	28/08/77	au	21/09/77
Vénus	en	Vierge	du	22/09/77	au	16/10/77
Vénus	en	Balance	du	17/10/77	au	09/11/77
Vénus	en	Scorpion	du	10/11/77	au	03/12/77
Vénus	en	Sagittaire	du	04/12/77	au	26/12/77
Vénus	en	Capricorne	du	27/12/77	au	19/01/78
Vénus	en	Verseau	du	20/01/78	au	12/02/78
Vénus	en	Poissons	du	13/02/78	au	08/03/78
Vénus	en	Bélier	du	09/03/78	au	01/04/78
Vénus	en	Taureau	du	02/04/78	au	26/04/78
Vénus	en	Gémeaux	du	27/04/78	au	21/05/78
Vénus	en	Cancer	du	22/05/78	au	15/06/78
Vénus	en	Lion	du	16/06/78	au	11/07/78
Vénus	en	Vierge	du	12/07/78	au	07/08/78
Vénus	en	Balance	du	08/08/78	au	06/09/78
Vénus	en	Scorpion	du	07/09/78	au	06/01/79
Vénus	en	Sagittaire	du	07/01/79	au	04/02/79
Vénus	en	Capricorne	du	05/02/79	au	02/03/79
Vénus	en	Verseau	du	03/03/79	au	28/03/79
Vénus	en	Poissons	du	29/03/79	au	22/04/79
Vénus	en	Bélier	du	23/04/79	au	17/05/79
Vénus	en	Taureau	du	18/05/79	au	10/06/79
Vénus	en	Gémeaux	du	11/06/79	au	05/07/79
Vénus	en	Cancer	du	06/07/79	au	29/07/79
Vénus	en	Lion	du	30/07/79	au	23/08/79
Vénus	en	Vierge	du	24/08/79	au	16/09/79
Vénus	en	Balance	du	17/09/79	au	10/10/79
Vénus	en	Scorpion	du	11/10/79	au	03/11/79
Vénus	en	Sagittaire	du	04/11/79	au	27/11/79
Vénus	en	Capricorne	du	28/11/79	au	21/12/79

Planète	Aspect	Planète	Entrée	Date	Sortie	Date
Vénus	en	Verseau	du	22/12/79	au	15/01/80
Vénus	en	Poissons	du	16/01/80	au	08/02/80
Vénus	en	Bélier	du	09/02/80	au	05/03/80
Vénus	en	Taureau	du	06/03/80	au	02/04/80
Vénus	en	Gémeaux	du	03/04/80	au	11/05/80
Vénus	en	Cancer	du	12/05/80	au	04/06/80
Vénus	en	Gémeaux	du	05/06/80	au	05/08/80
Vénus	en	Cancer	du	06/08/80	au	06/09/80
Vénus	en	Lion	du	07/09/80	au	03/10/80
Vénus	en	Vierge	du	04/10/80	au	29/10/80
Vénus	en	Balance	du	30/10/80	au	23/11/80
Vénus	en	Scorpion	du	24/11/80	au	17/12/80
Vénus	en	Sagittaire	du	18/12/80	au	10/01/81
Vénus	en	Capricorne	du	11/01/81	au	03/02/81
Vénus	en	Verseau	du	04/02/81	au	27/02/81
Vénus	en	Poissons	du	28/02/81	au	23/03/81
Vénus	en	Bélier	du	24/03/81	au	16/04/81
Vénus	en	Taureau	du	17/04/81	au	10/05/81
Vénus	en	Gémeaux	du	11/05/81	au	04/06/81
Vénus	en	Cancer	du	05/06/81	au	28/06/81
Vénus	en	Lion	du	29/06/81	au	23/07/81
Vénus	en	Vierge	du	24/07/81	au	17/08/81
Vénus	en	Balance	du	18/08/81	au	11/09/81
Vénus	en	Scorpion	du	12/09/81	au	08/10/81
Vénus	en	Sagittaire	du	09/10/81	au	04/11/81
Vénus	en	Capricorne	du	05/11/81	au	07/12/81
Vénus	en	Verseau	du	08/12/81	au	22/01/82
Vénus	en	Capricorne	du	23/01/82	au	01/03/82
Vénus	en	Verseau	du	02/03/82	au	05/04/82
Vénus	en	Poissons	du	06/04/82	au	03/05/82
Vénus	en	Bélier	du	04/05/82	au	29/05/82
Vénus	en	Taureau	du	30/05/82	au	24/06/82
Vénus	en	Gémeaux	du	25/06/82	au	19/07/82
Vénus	en	Cancer	du	20/07/82	au	13/08/82
Vénus	en	Lion	du	14/08/82	au	06/09/82
Vénus	en	Vierge	du	07/09/82	au	01/10/82
Vénus	en	Balance	du	02/10/82	au	25/10/82
Vénus	en	Scorpion	du	26/10/82	au	17/11/82
Vénus	en	Sagittaire	du	18/11/82	au	11/12/82
Vénus	en	Capricorne	du	12/12/82	au	04/01/83
Vénus	en	Verseau	du	05/01/83	au	28/01/83

Planète	Aspect	Planète	Entrée	Date	Sortie	Date
Vénus	en	Poissons	du	29/01/83	au	21/02/83
Vénus	en	Bélier	du	22/02/83	au	18/03/83
Vénus	en	Taureau	du	19/03/83	au	12/04/83
Vénus	en	Gémeaux	du	13/04/83	au	08/05/83
Vénus	en	Cancer	du	09/05/83	au	05/06/83
Vénus	en	Lion	du	06/06/83	au	09/07/83
Vénus	en	Vierge	du	10/07/83	au	26/08/83
Vénus	en	Lion	du	27/08/83	au	04/10/83
Vénus	en	Vierge	du	05/10/83	au	08/11/83
Vénus	en	Balance	du	09/11/83	au	05/12/83
Vénus	en	Scorpion	du	06/12/83	au	31/12/83
Vénus	en	Sagittaire	du	01/01/84	au	24/01/84
Vénus	en	Capricorne	du	25/01/84	au	18/02/84
Vénus	en	Verseau	du	19/02/84	au	13/03/84
Vénus	en	Poissons	du	14/03/84	au	06/04/84
Vénus	en	Bélier	du	07/04/84	au	01/05/84
Vénus	en	Taureau	du	02/05/84	au	25/05/84
Vénus	en	Gémeaux	du	26/05/84	au	19/06/84
Vénus	en	Cancer	du	20/06/84	au	13/07/84
Vénus	en	Lion	du	14/07/84	au	06/08/84
Vénus	en	Vierge	du	07/08/84	au	31/08/84
Vénus	en	Balance	du	01/09/84	au	24/09/84
Vénus	en	Scorpion	du	25/09/84	au	19/10/84
Vénus	en	Sagittaire	du	20/10/84	au	12/11/84
Vénus	en	Capricorne	du	13/11/84	au	08/12/84
Vénus	en	Verseau	du	09/12/84	au	03/01/85
Vénus	en	Poissons	du	04/01/85	au	01/02/85
Vénus	en	Bélier	du	02/02/85	au	05/06/85
Vénus	en	Taureau	du	06/06/85	au	05/07/85
Vénus	en	Gémeaux	du	06/07/85	au	01/08/85
Vénus	en	Cancer	du	02/08/85	au	27/08/85
Vénus	en	Lion	du	28/08/85	au	21/09/85
Vénus	en	Vierge	du	22/09/85	au	15/10/85
Vénus	en	Balance	du	16/10/85	au	08/11/85
Vénus	en	Scorpion	du	09/11/85	au	02/12/85
Vénus	en	Sagittaire	du	03/12/85	au	26/12/85
Vénus	en	Capricorne	du	27/12/85	au	19/01/86
Vénus	en	Verseau	du	20/01/86	au	12/02/86
Vénus	en	Poissons	du	13/02/86	au	08/03/86
Vénus	en	Bélier	du	09/03/86	au	01/04/86
Vénus	en	Taureau	du	02/04/86	au	25/04/86

Planète	Aspect	Planète	Entrée	Date	Sortie	Date
Vénus	en	Gémeaux	du	26/04/86	au	20/05/86
Vénus	en	Cancer	du	21/05/86	au	14/06/86
Vénus	en	Lion	du	15/06/86	au	10/07/86
Vénus	en	Vierge	du	11/07/86	au	06/08/86
Vénus	en	Balance	du	07/08/86	au	06/09/86
Vénus	en	Scorpion	du	07/09/86	au	06/01/87
Vénus	en	Sagittaire	du	07/01/87	au	04/02/87
Vénus	en	Capricorne	du	05/02/87	au	02/03/87
Vénus	en	Verseau	du	03/03/87	au	27/03/87
Vénus	en	Poissons	du	28/03/87	au	21/04/87
Vénus	en	Bélier	du	22/04/87	au	16/05/87
Vénus	en	Taureau	du	17/05/87	au	10/06/87
Vénus	en	Gémeaux	du	11/06/87	au	04/07/87
Vénus	en	Cancer	du	05/07/87	au	29/07/87
Vénus	en	Lion	du	30/07/87	au	22/08/87
Vénus	en	Vierge	du	23/08/87	au	15/09/87
Vénus	en	Balance	du	16/09/87	au	09/10/87
Vénus	en	Scorpion	du	10/10/87	au	02/11/87
Vénus	en	Sagittaire	du	03/11/87	au	27/11/87
Vénus	en	Capricorne	du	28/11/87	au	21/12/87
Vénus	en	Verseau	du	22/12/87	au	14/01/88
Vénus	en	Poissons	du	15/01/88	au	08/02/88
Vénus	en	Bélier	du	09/02/88	au	05/03/88
Vénus	en	Taureau	du	06/03/88	au	02/04/88
Vénus	en	Gémeaux	du	03/04/88	au	16/05/88
Vénus	en	Cancer	du	17/05/88	au	26/05/88
Vénus	en	Gémeaux	du	27/05/88	au	05/08/88
Vénus	en	Cancer	du	06/08/88	au	06/09/88
Vénus	en	Lion	du	07/09/88	au	03/10/88
Vénus	en	Vierge	du	04/10/88	au	28/10/88
Vénus	en	Balance	du	29/10/88	au	22/11/88
Vénus	en	Scorpion	du	23/11/88	au	16/12/88
Vénus	en	Sagittaire	du	17/12/88	au	09/01/89
Vénus	en	Capricorne	du	10/01/89	au	02/02/89
Vénus	en	Verseau	du	03/02/89	au	26/02/89
Vénus	en	Poissons	du	27/02/89	au	22/03/89
Vénus	en	Bélier	du	23/03/89	au	15/04/89
Vénus	en	Taureau	du	16/04/89	au	10/05/89
Vénus	en	Gémeaux	du	11/05/89	au	03/06/89
Vénus	en	Cancer	du	04/06/89	au	28/06/89
Vénus	en	Lion	du	29/06/89	au	23/07/89

Planète	Aspect	Planète	Entrée	Date	Sortie	Date
Vénus	en	Vierge	du	24/07/89	au	17/08/89
Vénus	en	Balance	du	18/08/89	au	11/09/89
Vénus	en	Scorpion	du	12/09/89	au	07/10/89
Vénus	en	Sagittaire	du	08/10/89	au	04/11/89
Vénus	en	Capricorne	du	05/11/89	au	09/12/89
Vénus	en	Verseau	du	10/12/89	au	15/01/90
Vénus	en	Capricorne	du	16/01/90	au	02/03/90
Vénus	en	Verseau	du	03/03/90	au	05/04/90
Vénus	en	Poissons	du	06/04/90	au	03/05/90
Vénus	en	Bélier	du	04/05/90	au	29/05/90
Vénus	en	Taureau	du	30/05/90	au	24/06/90
Vénus	en	Gémeaux	du	25/06/90	au	19/07/90
Vénus	en	Cancer	du	20/07/90	au	12/08/90
Vénus	en	Lion	du	13/08/90	au	06/09/90
Vénus	en	Vierge	du	07/09/90	au	30/09/90
Vénus	en	Balance	du	01/10/90	au	24/10/90
Vénus	en	Scorpion	du	25/10/90	au	17/11/90
Vénus	en	Sagittaire	du	18/11/90	au	11/12/90
Vénus	en	Capricorne	du	12/12/90	au	04/01/91
Vénus	en	Verseau	du	05/01/91	au	28/01/91
Vénus	en	Poissons	du	29/01/91	au	21/02/91
Vénus	en	Bélier	du	22/02/91	au	17/03/91
Vénus	en	Taureau	du	18/03/91	au	12/04/91
Vénus	en	Gémeaux	du	13/04/91	au	08/05/91
Vénus	en	Cancer	du	09/05/91	au	05/06/91
Vénus	en	Lion	du	06/06/91	au	10/07/91
Vénus	en	Vierge	du	11/07/91	au	20/08/91
Vénus	en	Lion	du	21/08/91	au	05/10/91
Vénus	en	Vierge	du	06/10/91	au	08/11/91
Vénus	en	Balance	du	09/11/91	au	05/12/91
Vénus	en	Scorpion	du	06/12/91	au	30/12/91
Vénus	en	Sagittaire	du	31/12/91	au	24/01/92
Vénus	en	Capricorne	du	25/01/92	au	17/02/92
Vénus	en	Verseau	du	18/02/92	au	12/03/92
Vénus	en	Poissons	du	13/03/92	au	06/04/92
Vénus	en	Bélier	du	07/04/92	au	30/04/92
Vénus	en	Taureau	du	01/05/92	au	25/05/92
Vénus	en	Gémeaux	du	26/05/92	au	18/06/92
Vénus	en	Cancer	du	19/06/92	au	12/07/92
Vénus	en	Lion	du	13/07/92	au	06/08/92
Vénus	en	Vierge	du	07/08/92	au	30/08/92

Planète	Aspect	Planète	Entrée	Date	Sortie	Date
Vénus	en	Balance	du	31/08/92	au	24/09/92
Vénus	en	Scorpion	du	25/09/92	au	18/10/92
Vénus	en	Sagittaire	du	19/10/92	au	12/11/92
Vénus	en	Capricorne	du	13/11/92	au	07/12/92
Vénus	en	Verseau	du	08/12/92	au	02/01/93
Vénus	en	Poissons	du	03/01/93	au	01/02/93
Vénus	en	Bélier	du	02/02/93	au	05/06/93
Vénus	en	Taureau	du	06/06/93	au	05/07/93
Vénus	en	Gémeaux	du	06/07/93	au	31/07/93
Vénus	en	Cancer	du	01/08/93	au	26/08/93
Vénus	en	Lion	du	27/08/93	au	20/09/93
Vénus	en	Vierge	du	21/09/93	au	15/10/93
Vénus	en	Balance	du	16/10/93	au	08/11/93
Vénus	en	Scorpion	du	09/11/93	au	01/12/93
Vénus	en	Sagittaire	du	02/12/93	au	25/12/93
Vénus	en	Capricorne	du	26/12/93	au	18/01/94
Vénus	en	Verseau	du	19/01/94	au	11/02/94
Vénus	en	Poissons	du	12/02/94	au	07/03/94
Vénus	en	Bélier	du	08/03/94	au	31/03/94
Vénus	en	Taureau	du	01/04/94	au	25/04/94
Vénus	en	Gémeaux	du	26/04/94	au	20/05/94
Vénus	en	Cancer	du	21/05/94	au	14/06/94
Vénus	en	Lion	du	15/06/94	au	10/07/94
Vénus	en	Vierge	du	11/07/94	au	06/08/94
Vénus	en	Balance	du	07/08/94	au	06/09/94
Vénus	en	Scorpion	du	07/09/94	au	06/01/95
Vénus	en	Sagittaire	du	07/01/95	au	03/02/95
Vénus	en	Capricorne	du	04/02/95	au	01/03/95
Vénus	en	Verseau	du	02/03/95	au	27/03/95
Vénus	en	Poissons	du	28/03/95	au	21/04/95
Vénus	en	Bélier	du	22/04/95	au	15/05/95
Vénus	en	Taureau	du	16/05/95	au	09/06/95
Vénus	en	Gémeaux	du	10/06/95	au	04/07/95
Vénus	en	Cancer	du	05/07/95	au	28/07/95
Vénus	en	Lion	du	29/07/95	au	22/08/95
Vénus	en	Vierge	du	23/08/95	au	15/09/95
Vénus	en	Balance	du	16/09/95	au	09/10/95
Vénus	en	Scorpion	du	10/10/95	au	02/11/95
Vénus	en	Sagittaire	du	03/11/95	au	26/11/95
Vénus	en	Capricorne	du	27/11/95	au	20/12/95
Vénus	en	Verseau	du	21/12/95	au	14/01/96

Planète	Aspect	Planète	Entrée	Date	Sortie	Date
Vénus	en	Poissons	du	15/01/96	au	08/02/96
Vénus	en	Bélier	du	09/02/96	au	05/03/96
Vénus	en	Taureau	du	06/03/96	au	02/04/96
Vénus	en	Gémeaux	du	03/04/96	au	06/08/96
Vénus	en	Cancer	du	07/08/96	au	06/09/96
Vénus	en	Lion	du	07/09/96	au	03/10/96
Vénus	en	Vierge	du	04/10/96	au	28/10/96
Vénus	en	Balance	du	29/10/96	au	22/11/96
Vénus	en	Scorpion	du	23/11/96	au	16/12/96
Vénus	en	Sagittaire	du	17/12/96	au	09/01/97
Vénus	en	Capricorne	du	10/01/97	au	02/02/97
Vénus	en	Verseau	du	03/02/97	au	26/02/97
Vénus	en	Poissons	du	27/02/97	au	22/03/97
Vénus	en	Bélier	du	23/03/97	au	15/04/97
Vénus	en	Taureau	du	16/04/97	au	09/05/97
Vénus	en	Gémeaux	du	10/05/97	au	03/06/97
Vénus	en	Cancer	du	04/06/97	au	27/06/97
Vénus	en	Lion	du	28/06/97	au	22/07/97
Vénus	en	Vierge	du	23/07/97	au	16/08/97
Vénus	en	Balance	du	17/08/97	au	11/09/97
Vénus	en	Scorpion	du	12/09/97	au	07/10/97
Vénus	en	Sagittaire	du	08/10/97	au	04/11/97
Vénus	en	Capricorne	du	05/11/97	au	11/12/97
Vénus	en	Verseau	du	12/12/97	au	08/01/98
Vénus	en	Capricorne	du	09/01/98	au	03/03/98
Vénus	en	Verseau	du	04/03/98	au	05/04/98
Vénus	en	Poissons	du	06/04/98	au	02/05/98
Vénus	en	Bélier	du	03/05/98	au	28/05/98
Vénus	en	Taureau	du	29/05/98	au	23/06/98
Vénus	en	Gémeaux	du	24/06/98	au	18/07/98
Vénus	en	Cancer	du	19/07/98	au	12/08/98
Vénus	en	Lion	du	13/08/98	au	05/09/98
Vénus	en	Vierge	du	06/09/98	au	29/09/98
Vénus	en	Balance	du	30/09/98	au	23/10/98
Vénus	en	Scorpion	du	24/10/98	au	16/11/98
Vénus	en	Sagittaire	du	17/11/98	au	10/12/98
Vénus	en	Capricorne	du	11/12/98	au	03/01/99
Vénus	en	Verseau	du	04/01/99	au	27/01/99
Vénus	en	Poissons	du	28/01/99	au	20/02/99
Vénus	en	Bélier	du	21/02/99	au	17/03/99
Vénus	en	Taureau	du	18/03/99	au	11/04/99

Planète	Aspect	Planète	Entrée	Date	Sortie	Date
Vénus	en	Gémeaux	du	12/04/99	au	07/05/99
Vénus	en	Cancer	du	08/05/99	au	04/06/99
Vénus	en	Lion	du	05/06/99	au	11/07/99
Vénus	en	Vierge	du	12/07/99	au	14/08/99
Vénus	en	Lion	du	15/08/99	au	06/10/99
Vénus	en	Vierge	du	07/10/99	au	08/11/99
Vénus	en	Balance	du	09/11/99	au	04/12/99
Vénus	en	Scorpion	du	05/12/99	au	30/12/99
Vénus	en	Sagittaire	du	31/12/99	au	23/01/00
Vénus	en	Capricorne	du	24/01/00	au	18/02/00
Vénus	en	Verseau	du	18/02/00	au	12/03/00
Vénus	en	Poissons	du	13/03/00	au	05/04/00
Vénus	en	Bélier	du	06/04/00	au	30/04/00
Vénus	en	Taureau	du	01/05/00	au	24/05/00
Vénus	en	Gémeaux	du	25/05/00	au	17/06/00
Vénus	en	Cancer	du	18/06/00	au	12/07/00
Vénus	en	Lion	du	13/07/00	au	05/08/00
Vénus	en	Vierge	du	06/08/00	au	30/08/00
Vénus	en	Balance	du	31/08/00	au	23/09/00
Vénus	en	Scorpion	du	24/09/00	au	18/10/00
Vénus	en	Sagittaire	du	19/10/00	au	12/11/00
Vénus	en	Capricorne	du	13/11/00	au	07/12/00
Vénus	en	Verseau	du	08/12/00	au	02/01/01
Vénus	en	Poissons	du	03/01/01	au	01/02/01
Vénus	en	Bélier	du	02/02/01	au	05/06/01
Vénus	en	Taureau	du	06/06/01	au	04/07/01
Vénus	en	Gémeaux	du	05/07/01	au	31/07/01
Vénus	en	Cancer	du	01/08/01	au	26/08/01
Vénus	en	Lion	du	27/08/01	au	20/09/01
Vénus	en	Vierge	du	21/09/01	au	14/10/01
Vénus	en	Balance	du	15/10/01	au	07/11/01
Vénus	en	Scorpion	du	08/11/01	au	01/12/01
Vénus	en	Sagittaire	du	02/12/01	au	26/12/01
Vénus	en	Capricorne	du	26/12/01	au	18/01/02
Vénus	en	Verseau	du	19/01/02	au	11/02/02
Vénus	en	Poissons	du	12/02/02	au	07/03/02
Vénus	en	Bélier	du	08/03/02	au	31/03/02
Vénus	en	Taureau	du	01/04/02	au	24/04/02
Vénus	en	Gémeaux	du	25/04/02	au	19/05/02
Vénus	en	Cancer	du	20/05/02	au	13/06/02
Vénus	en	Lion	du	14/06/02	au	09/07/02

Planète	Aspect	Planète	Entrée	Date	Sortie	Date
Vénus	en	Vierge	du	10/07/02	au	06/08/02
Vénus	en	Balance	du	07/08/02	au	07/09/02
Vénus	en	Scorpion	du	08/09/02	au	06/01/03
Vénus	en	Sagittaire	du	07/01/03	au	03/02/03
Vénus	en	Capricorne	du	04/02/03	au	01/03/03
Vénus	en	Verseau	du	02/03/03	au	26/03/03
Vénus	en	Poissons	du	27/03/03	au	20/04/03
Vénus	en	Bélier	du	21/04/03	au	15/05/03
Vénus	en	Taureau	du	16/05/03	au	09/06/03
Vénus	en	Gémeaux	du	10/06/03	au	03/07/03
Vénus	en	Cancer	du	04/07/03	au	28/07/03
Vénus	en	Lion	du	29/07/03	au	21/08/03
Vénus	en	Vierge	du	22/08/03	au	14/09/03
Vénus	en	Balance	du	15/09/03	au	08/10/03
Vénus	en	Scorpion	du	09/10/03	au	01/11/03
Vénus	en	Sagittaire	du	02/11/03	au	26/11/03
Vénus	en	Capricorne	du	27/11/03	au	20/12/03
Vénus	en	Verseau	du	21/12/03	au	13/01/04
Vénus	en	Poissons	du	14/01/04	au	07/02/04
Vénus	en	Bélier	du	08/02/04	au	04/03/04
Vénus	en	Taureau	du	05/03/04	au	02/04/04
Vénus	en	Gémeaux	du	03/04/04	au	06/08/04
Vénus	en	Cancer	du	07/08/04	au	05/09/04
Vénus	en	Lion	du	06/09/04	au	02/10/04
Vénus	en	Vierge	du	03/10/04	au	28/10/04
Vénus	en	Balance	du	29/10/04	au	21/11/04
Vénus	en	Scorpion	du	22/11/04	au	15/12/04
Vénus	en	Sagittaire	du	16/12/04	au	08/01/05
Vénus	en	Capricorne	du	09/01/05	au	01/02/05
Vénus	en	Verseau	du	02/02/05	au	25/02/05
Vénus	en	Poissons	du	26/02/05	au	21/03/05
Vénus	en	Bélier	du	22/03/05	au	14/04/05
Vénus	en	Taureau	du	15/04/05	au	09/05/05
Vénus	en	Gémeaux	du	10/05/05	au	02/06/05
Vénus	en	Cancer	du	03/06/05	au	27/06/05
Vénus	en	Lion	du	28/06/05	au	22/07/05
Vénus	en	Vierge	du	23/07/05	au	16/08/05
Vénus	en	Balance	du	17/08/05	au	10/09/05
Vénus	en	Scorpion	du	11/09/05	au	07/10/05
Vénus	en	Sagittaire	du	08/10/05	au	04/11/05
Vénus	en	Capricorne	du	05/11/05	au	14/12/05

Planète	Aspect	Planète	Entrée	Date	Sortie	Date
Vénus	en	Verseau	du	15/12/05	au	31/12/05
Vénus	en	Capricorne	du	01/01/06	au	04/03/06
Vénus	en	Verseau	du	05/03/06	au	05/04/06
Vénus	en	Poissons	du	06/04/06	au	02/05/06
Vénus	en	Bélier	du	03/05/06	au	28/05/06
Vénus	en	Taureau	du	29/05/06	au	23/06/06
Vénus	en	Gémeaux	du	24/06/06	au	18/07/06
Vénus	en	Cancer	du	19/07/06	au	11/08/06
Vénus	en	Lion	du	12/08/06	au	05/09/06
Vénus	en	Vierge	du	06/09/06	au	29/09/06
Vénus	en	Balance	du	30/09/06	au	23/10/06
Vénus	en	Scorpion	du	24/10/06	au	16/11/06
Vénus	en	Sagittaire	du	17/11/06	au	10/12/06
Vénus	en	Capricorne	du	11/12/06	au	03/01/07
Vénus	en	Verseau	du	04/01/07	au	27/01/07
Vénus	en	Poissons	du	28/01/07	au	20/02/07
Vénus	en	Bélier	du	21/02/07	au	16/03/07
Vénus	en	Taureau	du	17/03/07	au	11/04/07
Vénus	en	Gémeaux	du	12/04/07	au	07/05/07
Vénus	en	Cancer	du	08/05/07	au	04/06/07
Vénus	en	Lion	du	05/06/07	au	13/07/07
Vénus	en	Vierge	du	14/07/07	au	08/08/07
Vénus	en	Lion	du	09/08/07	au	08/10/07
Vénus	en	Vierge	du	09/10/07	au	07/11/07
Vénus	en	Balance	du	08/11/07	au	04/12/07
Vénus	en	Scorpion	du	05/12/07	au	29/12/07
Vénus	en	Sagittaire	du	30/12/07	au	23/01/08
Vénus	en	Capricorne	du	24/01/08	au	16/02/08
Vénus	en	Verseau	du	17/02/08	au	11/03/08
Vénus	en	Poissons	du	12/03/08	au	05/04/08
Vénus	en	Bélier	du	06/04/08	au	29/04/08
Vénus	en	Taureau	du	30/04/08	au	23/05/08
Vénus	en	Gémeaux	du	24/05/08	au	17/06/08
Vénus	en	Cancer	du	18/06/08	au	11/07/08
Vénus	en	Lion	du	12/07/08	au	05/08/08
Vénus	en	Vierge	du	06/08/08	au	29/08/08
Vénus	en	Balance	du	30/08/08	au	23/09/08
Vénus	en	Scorpion	du	24/09/08	au	17/10/08
Vénus	en	Sagittaire	du	18/10/08	au	11/11/08
Vénus	en	Capricorne	du	12/11/08	au	06/12/08
Vénus	en	Verseau	du	07/12/08	au	02/01/09

Planète	Aspect	Planète	Entrée	Date	Sortie	Date
Vénus	en	Poissons	du	03/01/09	au	02/02/09
Vénus	en	Bélier	du	03/02/09	au	10/04/09
Vénus	en	Poissons	du	11/04/09	au	23/04/09
Vénus	en	Bélier	du	24/04/09	au	05/06/09
Vénus	en	Taureau	du	06/06/09	au	04/07/09
Vénus	en	Gémeaux	du	05/07/09	au	31/07/09
Vénus	en	Cancer	du	01/08/09	au	25/08/09
Vénus	en	Lion	du	26/08/09	au	19/09/09
Vénus	en	Vierge	du	20/09/09	au	13/10/09
Vénus	en	Balance	du	14/10/09	au	07/11/09
Vénus	en	Scorpion	du	08/11/09	au	30/11/09
Vénus	en	Sagittaire	du	01/12/09	au	24/12/09
Vénus	en	Capricorne	du	25/12/09	au	17/01/10
Vénus	en	Verseau	du	18/01/10	au	10/02/10
Vénus	en	Poissons	du	11/02/10	au	06/03/10
Vénus	en	Bélier	du	07/03/10	au	30/03/10
Vénus	en	Taureau	du	31/03/10	au	24/04/10
Vénus	en	Gémeaux	du	25/04/10	au	19/05/10
Vénus	en	Cancer	du	20/05/10	au	13/06/10
Vénus	en	Lion	du	14/06/10	au	09/07/10
Vénus	en	Vierge	du	10/07/10	au	06/08/10
Vénus	en	Balance	du	07/08/10	au	07/09/10
Vénus	en	Scorpion	du	08/09/10	au	07/11/10
Vénus	en	Balance	du	08/11/10	au	29/11/10
Vénus	en	Scorpion	du	30/11/10	au	31/12/10

J = ♀ Cap
L = ♀ Bel

2. Dans quel signe se situe votre Mars – et celui de l'Autre ?

Recherchez ci-dessous les positions en signe de votre Mars natal (A'), puis du Mars de l'Autre (B') et gardez-les en mémoire ou, mieux, notez-les.

1920
- 1/1-31/1 : Balance
- 1/2-23/4 : Scorpion
- 24/4-10/7 : Balance
- 11/7-4/9 : Scorpion
- 5/9-18/10 : Sagittaire
- 19/10-27/11 : Capricorne
- 28/11-31/12 : Verseau

1921
- 1/1-5/1 : Verseau
- 6/1-13/2 : Poissons
- 14/2-25/3 : Bélier
- 26/3-6/5 : Taureau
- 7/5-18/6 : Gémeaux
- 19/6 – 3/8 : Cancer
- 4/8-19/9 : Lion
- 20/9-6/11 : Vierge
- 7/11-26/12 : Balance
- 27/12-31/12 : Scorpion

1922
- 1/1-18/2 : Scorpion
- 19/2-13/9 : Sagittaire
- 14/9-31/10 : Capricorne
- 1/11-11/12 : Verseau
- 12/12-31/12 : Poissons

1923
- 1/1-21/1 : Poissons
- 22/1-4/3 : Bélier
- 5/3-16/4 : Taureau
- 17/4-31/5 : Gémeaux
- 1/6-16/7 : Cancer
- 17/7-1/9 : Lion
- 2/9-18/10 : Vierge
- 19/10-4/12 : Balance
- 5/12-31/12 : Scorpion

1924
- 1/1-19/1 : Scorpion
- 20/1-6/3 : Sagittaire
- 7/3-24/4 : Capricorne
- 25/4-24/6 : Verseau
- 25/6-24/8 : Poissons
- 25/8-20/10 : Verseau
- 21/10-19/12 : Poissons
- 20/12-31/12 : Bélier

1925
- 1/1-5/2 : Bélier
- 6/2-24/3 : Taureau
- 25/3-9/5 : Gémeaux
- 10/5-26/6 : Cancer
- 27/6-12/8 : Lion
- 13/8-28/9 : Vierge
- 29/9-13/11 : Balance
- 14/11-28/12 : Scorpion
- 29/12-31/12 : Sagittaire

1926
- 1/1-9/2 : Sagittaire
- 10/2-23/3 : Capricorne
- 24/3-3/5 : Verseau
- 4/5-15/6 : Poissons
- 16/6-1/8 : Bélier
- 2/8-31/12 : Taureau

1927
- 1/1-22/2 : Taureau
- 23/2-17/4 : Gémeaux
- 18/4-6/6 : Cancer
- 7/6-25/7 : Lion
- 26/7-10/9 : Vierge
- 11/9-26/10 : Balance
- 27/10-8/12 : Scorpion
- 9/12-31/12 : Sagittaire

1928
- 1/1-19/1 : Sagittaire
- 20/1-28/2 : Capricorne
- 29/2-7/4 : Verseau
- 8/4-16/5 : Poissons
- 17/5-26/6 : Bélier
- 27/6-9/8 : Taureau
- 10/8-3/10 : Gémeaux
- 4/10-20/12 : Cancer
- 21/12-31/12 : Gémeaux

1929
- 1/1-10/3 : Gémeaux
- 11/3-13/5 : Cancer
- 14/5-4/7 : Lion
- 5/7-21/8 : Vierge
- 22/8-6/10 : Balance
- 7/10-18/11 : Scorpion
- 19/11-31/12 : Sagittaire

1930
- 1/1-6/2 : Capricorne
- 7/2-17/3 : Verseau
- 18/3-24/4 : Poissons
- 25/4-3/6 : Bélier
- 4/6-14/7 : Taureau
- 15/7-28/8 : Gémeaux
- 29/8-20/10 : Cancer
- 21/10-31/12 : Lion

1931
- 1/1-16/2 : Lion
- 17/2-30/3 : Cancer
- 31/3-10/6 : Lion
- 11/6-1/8 : Vierge
- 2/8-17/9 : Balance
- 18/9-31/10 : Scorpion
- 1/11-10/12 : Sagittaire
- 11/12-31/12 : Capricorne

1932
- 1/1-18/1 : Capricorne
- 19/1-25/2 : Verseau
- 26/2-3/4 : Poissons
- 4/4-12/5 : Bélier
- 13/5-22/6 : Taureau
- 23/6-4/8 : Gémeaux
- 5/8-20/9 : Cancer
- 21/9-13/11 : Lion
- 14/11-31/12 : Vierge

1933
- 1/1-6/7 : Vierge
- 7/7-26/8 : Balance
- 27/8-9/10 : Scorpion
- 10/10-19/11 : Sagittaire
- 20/11-28/12 : Capricorne
- 29/12-31/12 : Verseau

1934
- 1/1-4/2 : Verseau
- 5/2-14/3 : Poissons
- 15/3-22/4 : Bélier
- 23/4-2/6 : Taureau
- 3/6-15/7 : Gémeaux
- 16/7-31/8 : Cancer
- 1/9-18/10 : Lion
- 19/10-11/12 : Vierge
- 12/12-31/12 : Balance

1935
- 1/1-29/7 : Balance
- 30/7-16/9 : Scorpion
- 17/9-28/10 : Sagittaire
- 29/10-7/12 : Capricorne
- 8/12-31/12 : Verseau

1936
- 1/1-14/1 : Verseau
- 15/1-22/2 : Poissons
- 23/2-1/4 : Bélier
- 2/4-13/5 : Taureau
- 14/5-25/6 : Gémeaux
- 26/6-10/8 : Cancer
- 11/8-26/9 : Lion
- 27/9-14/11 : Vierge
- 15/11-31/12 : Balance

1937
- 1/1-6/1 : Balance
- 7/1-13/3 : Scorpion
- 14/3-14/5 : Sagittaire
- 15/5-8/8 : Scorpion
- 9/8-30/9 : Sagittaire
- 1/10-11/11 : Capricorne
- 12/11-21/12 : Verseau
- 22/12-31/12 : Poissons

1938
- 1/1-30/1 : Poissons
- 31/1-12/3 : Bélier
- 13/3-23/4 : Taureau
- 24/4-7/6 : Gémeaux
- 8/6-22/7 : Cancer
- 23/7-7/9 : Lion
- 8/9-25/10 : Vierge
- 26/10-11/12 : Balance
- 12/12-31/12 : Scorpion

1939
- 1/1-29/1 : Scorpion
- 30/1-21/3 : Sagittaire
- 22/3-24/5 : Capricorne
- 25/5-21/7 : Verseau
- 22/7-24/9 : Capricorne
- 25/9-19/11 : Verseau
- 20/11-31/12 : Poissons

1940
- 1/1-3/1 : Poissons
- 4/1-17/2 : Bélier
- 18/2-1/4 : Taureau
- 2/4-17/5 : Gémeaux
- 18/5-3/7 : Cancer
- 4/7-19/8 : Lion
- 20/8-5/10 : Vierge
- 6/10-20/11 : Balance
- 21/11-31/12 : Scorpion

1941
- 1/1-4/1 : Scorpion
- 5/1-17/2 : Sagittaire
- 18/2-2/4 : Capricorne
- 3/4-16/5 : Verseau
- 17/5-2/7 : Poissons
- 3/7-31/12 : Bélier

1942
- 1/1-11/1 : Bélier
- 12/1-7/3 : Taureau
- 8/3-26/4 : Gémeaux
- 27/4-14/6 : Cancer
- 15/6-1/8 : Lion
- 2/8-17/9 : Vierge
- 18/9-1/11 : Balance
- 2/11-15/12 : Scorpion
- 16/12-31/12 : Sagittaire

1943
- 1/1-26/1 : Sagittaire
- 27/1-8/3 : Capricorne
- 9/3-17/4 : Verseau
- 18/4-27/5 : Poissons
- 28/5-7/7 : Bélier
- 8/7-23/8 : Taureau
- 24/8-31/12 : Gémeaux

1944
- 1/1-28/3 : Gémeaux
- 29/3-22/5 : Cancer
- 23/5-12/7 : Lion
- 13/7-29/8 : Vierge
- 30/8-13/10 : Balance
- 14/10-25/11 : Scorpion
- 26/11-31/12 : Sagittaire

1945
- 1/1-5/1 : Sagittaire
- 6/1-14/2 : Capricorne
- 15/2-25/3 : Verseau
- 26/3-2/5 : Poissons
- 3/5-11/6 : Bélier
- 12/6-23/7 : Taureau
- 24/7-7/9 : Gémeaux
- 8/9-11/11 : Cancer
- 12/11-26/12 : Lion
- 27/12-31/12 : Cancer

1946
- 1/1-22/4 : Cancer
- 23/4-20/6 : Lion
- 21/6-9/8 : Vierge
- 10/8-24/9 : Balance
- 25/9-6/11 : Scorpion
- 7/11-17/12 : Sagittaire
- 18/12-31/12 : Capricorne

1947
- 1/1-25/1 : Capricorne
- 26/1-4/3 : Verseau
- 5/3-11/4 : Poissons
- 12/4-21/5 : Bélier
- 22/5-1/7 : Taureau
- 2/7-13/8 : Gémeaux
- 14/8-1/10 : Cancer
- 2/10-1/12 : Lion
- 2/12-31/12 : Vierge

1948
- 1/1-12/2 : Vierge
- 13/2-18/5 : Lion
- 19/5-17/7 : Vierge
- 18/7-3/9 : Balance
- 4/9-17/10 : Scorpion
- 18/10-26/11 : Sagittaire
- 27/11-31/12 : Capricorne

1949
- 1/1-4/1 : Capricorne
- 5/1-11/2 : Verseau
- 12/2-21/3 : Poissons
- 22/3-30/4 : Bélier
- 1/5-10/6 : Taureau
- 11/6-23/7 : Gémeaux
- 24/7-7/9 : Cancer
- 8/9-27/10 : Lion
- 28/10-26/12 : Vierge
- 27/12-31/12 : Balance

1950
- 1/1-28/3 : Balance
- 29/3-11/6 : Vierge
- 12/6-10/8 : Balance
- 11/8-25/9 : Scorpion
- 26/9-6/11 : Sagittaire
- 7/11-15/12 : Capricorne
- 16/12-31/12 : Verseau

1951
- 1/1-22/1 : Verseau
- 23/1-1/3 : Poissons
- 2/3-10/4 : Bélier
- 11/4-21/5 : Taureau
- 22/5-3/7 : Gémeaux
- 4/7-18/8 : Cancer
- 19/8-5/10 : Lion
- 6/10-24/11 : Vierge
- 25/11-31/12 : Balance

1952
- 1/1-20/1 : Balance
- 21/1-27/8 : Scorpion
- 28/8-12/10 : Sagittaire
- 13/10-21/11 : Capricorne
- 22/11-31/12 : Verseau

1953
- 1/1-8/2 : Poissons
- 9/2-20/3 : Bélier
- 21/3-1/5 : Taureau
- 2/5-14/6 : Gémeaux
- 15/6-29/7 : Cancer
- 30/7-14/9 : Lion
- 15/9-1/11 : Vierge
- 2/11-20/12 : Balance
- 21/12-31/12 : Scorpion

1954
- 1/1-9/2 : Scorpion
- 10/2-12/4 : Sagittaire
- 13/4-3/7 : Capricorne
- 4/7-24/8 : Sagittaire
- 25/8-21/10 : Capricorne
- 22/10-4/12 : Verseau
- 5/12-31/12 : Poissons

1955
- 1/1-15/1 : Poissons
- 16/1-26/2 : Bélier
- 27/2-10/4 : Taureau
- 11/4-26/5 : Gémeaux
- 27/5-11/7 : Cancer
- 12/7-27/8 : Lion
- 28/8-13/10 : Vierge
- 14/10-29/11 : Balance
- 30/11-31/12 : Scorpion

1956
- 1/1-14/1 : Scorpion
- 15/1-28/2 : Sagittaire
- 29/2-14/4 : Capricorne
- 15/4-3/6 : Verseau
- 4/6-6/12 : Poissons
- 7/12-31/12 : Bélier

1957
- 1/1-28/1 : Bélier
- 29/1-17/3 : Taureau
- 18/3-4/5 : Gémeaux
- 5/5-21/6 : Cancer
- 22/6-8/8 : Lion
- 9/8-24/9 : Vierge
- 25/9-8/11 : Balance
- 9/11-23/12 : Scorpion
- 24/12-31/12 : Sagittaire

1958
- 1/1-3/2 : Sagittaire
- 4/2-17/3 : Capricorne
- 18/3-27/4 : Verseau
- 28/4-7/6 : Poissons
- 8/6-21/7 : Bélier
- 22/7-21/9 : Taureau
- 22/9-29/10 : Gémeaux
- 30/10-31/12 : Taureau

1959
- 1/1-10/2 : Taureau
- 11/2-10/4 : Gémeaux
- 11/4-1/6 : Cancer
- 2/6-20/7 : Lion
- 21/7-5/9 : Vierge
- 6/9-21/10 : Balance
- 22/10-3/12 : Scorpion
- 4/12-31/12 : Sagittaire

1960
- 1/1-14/1 : Sagittaire
- 15/1-23/2 : Capricorne
- 24/2-2/4 : Verseau
- 3/4-11/5 : Poissons
- 12/5-20/6 : Bélier
- 21/6-2/8 : Taureau
- 3/8-21/9 : Gémeaux
- 22/9-31/12 : Cancer

1961
- 1/1-6/5 : Cancer
- 7/5-28/6 : Lion
- 29/6-17/8 : Vierge
- 18/8-1/10 : Balance
- 2/10-13/11 : Scorpion
- 14/11-24/12 : Sagittaire
- 25/12-31/12 : Capricorne

1962
- 1/1-1 /2 : Capricorne
- 2/2-12/3 : Verseau
- 13/3-19/4 : Poissons
- 20/4-28/5 : Bélier
- 29/5-9/7 : Taureau
- 10/7-22/8 : Gémeaux
- 23/8-11/10 : Cancer
- 12/10-31/12 : Lion

1963
- 1/1-3/6 : Lion
- 4/6-27/7 : Vierge
- 28/7-12/9 : Balance
- 13/9-25/10 : Scorpion
- 26/10-5/12 : Sagittaire
- 6/12-31/12 : Capricorne

1964
- 1/1-13/1 : Capricorne
- 14/1-20/2 : Verseau
- 21/2-29/3 : Poissons
- 30/3-7/5 : Bélier
- 8/5-17/6 : Taureau
- 18/6-30/7 : Gémeaux
- 31/7-15/9 : Cancer
- 16/9-6/11 : Lion
- 7/11-31/12 : Vierge

1965
- 1/1-29/6 : Vierge
- 30/6-20/8 : Balance
- 21/8-4/10 : Scorpion
- 5/10-14/11 : Sagittaire
- 15/11-23/12 : Capricorne
- 24/12-31/12 : Verseau

1966
- 1/1-30/1 : Verseau
- 31/1-9/3 : Poissons
- 10/3-17/4 : Bélier
- 18/4-28/5 : Taureau
- 29/5-11/7 : Gémeaux
- 12/7-25/8 : Cancer
- 26/8-12/10 : Lion
- 13/10-4/12 : Vierge
- 5/12-31/12 : Balance

1967

- 1/1-12/2 : Balance
- 13/2-31/3 : Scorpion
- 1 /4 – 19/7 : Balance
- 20/7-10/9 : Scorpion
- 11/9-23/10 : Sagittaire
- 24/10-1/12 : Capricorne
- 2/12-31/12 : Verseau

1968

- 1/1-9/1 : Verseau
- 10/1-17/2 : Poissons
- 18/2-27/3 : Bélier
- 28/3-8/5 : Taureau
- 9/5-21/6 : Gémeaux
- 22/6-5/8 : Cancer
- 6/8-21/9 : Lion
- 22/9-9/11 : Vierge
- 10/11-29/12 : Balance
- 30/12-31/12 : Scorpion

1969

- 1/1-25/2 : Scorpion
- 26/2-21/9 : Sagittaire
- 22/9-4/11 : Capricorne
- 5/11-15/12 : Verseau
- 16/12-31/12 : Poissons

1970

- 1/1-24/1 : Poissons
- 25/1-7/3 : Bélier
- 8/3-18/4 : Taureau
- 19/4-2/6 : Gémeaux
- 3/6-18/7 : Cancer
- 19/7-3/9 : Lion
- 4/9-20/10 : Vierge
- 21/10-6/12 : Balance
- 7/12-31/12 : Scorpion

1971

- 1/1-23/1 : Scorpion
- 24/1-12/3 : Sagittaire
- 13/3-3/5 : Capricorne
- 4/5-6/11 : Verseau
- 7/11-26/12 : Poissons
- 27/12-31/12 : Bélier

1972

- 1/1-10/2 : Bélier
- 11/2-27/3 : Taureau
- 28/3-12/5 : Gémeaux
- 13/5-28/6 : Cancer
- 29/6-15/8 : Lion
- 16/8-30/9 : Vierge
- 1/10-16/11 : Balance
- 17/11-31/12 : Scorpion

1973

- 1/1-12/2 : Sagittaire
- 13/2-26/3 : Capricorne
- 27/3-8/5 : Verseau
- 9/5-20/6 : Poissons
- 21/6-12/8 : Bélier
- 13/8-29/10 : Taureau
- 30/10-24/12 : Bélier
- 25/12-31/12 : Taureau

1974

- 1/1-27/2 : Taureau
- 28/2-20/4 : Gémeaux
- 21/4-9/6 : Cancer
- 10/6-27/7 : Lion
- 28/7-12/9 : Vierge
- 13/9-28/10 : Balance
- 29/10-10/12 : Scorpion
- 11/12-31/12 : Sagittaire

1975

- 1/1-21/1 : Sagittaire
- 22/1-3/3 : Capricorne
- 4/3-11/4 : Verseau
- 12/4-21/5 : Poissons
- 22/5-1/7 : Bélier
- 2/7-14/8 : Taureau
- 15/8 – 17/10 : Gémeaux
- 18/10-25/11 : Cancer
- 26/11-31/12 : Gémeaux

1976

- 1/1-18/3 : Gémeaux
- 19/3-16/5 : Cancer
- 17/5-6/7 : Lion
- 7/7-24/8 : Vierge
- 25/8-8/10 : Balance
- 9/10-20/11 : Scorpion
- 21/11-31/12 : Sagittaire

1977

- 1/1-9/2 : Capricorne
- 10/2-20/3 : Verseau
- 21/3-27/4 : Poissons
- 28/4-8/6 : Bélier
- 9/6-17/7 : Taureau
- 18/7-1/9 : Gémeaux
- 2/9-26/10 : Cancer
- 27/10-31/12 : Lion

1978

- 1/1-26/1 : Lion
- 27/1-11/4 : Cancer
- 12/4-14/6 : Lion
- 15/6-4/8 : Vierge
- 5/8-19/9 : Balance
- 20/9-2/11 : Scorpion
- 3/11-12/12 : Sagittaire
- 13/12-31/12 : Capricorne

1979

- 1/1-20/1 : Capricorne
- 21/1-27/2 : Verseau
- 28/2-7/4 : Poissons
- 8/4-16/5 : Bélier
- 17/5-26/6 : Taureau
- 27/6-8/8 : Gémeaux
- 9/8-24/9 : Cancer
- 25/9-19/11 : Lion
- 20/11-31/12 : Vierge

1980

- 1/1-11/3 : Vierge
- 12/3-4/5 : Lion
- 5/5-10/7 : Vierge
- 11/7-28/8 : Balance
- 29/8-12/10 : Scorpion
- 13/10-22/11 : Sagittaire
- 23/11-31/12 : Capricorne

1981

- 1/1-6/2 : Verseau
- 7/2-17/3 : Poissons
- 18/3-24/4 : Bélier
- 25/4-5/6 : Taureau
- 6/6-18/7 : Gémeaux
- 19/7-2/9 : Cancer
- 3/9-21/10 : Lion
- 22/10-15/12 : Vierge
- 16/12-31/12 : Balance

1982

- 01/01-03/08 : Balance
- 04/08-20/09 : Scorpion
- 21/09-31/10 : Sagittaire
- 01/11-10/12 : Capricorne
- 11/12-31/12 : Verseau

1983

- 01/01-17/01 : Verseau
- 18/01-25/02 : Poissons
- 26/02-05/04 : Bélier
- 06/04-16/05 : Taureau
- 17/05-29/06 : Gémeaux
- 30/06-13/08 : Cancer
- 14/08-29/09 : Lion
- 30/09-18/11 : Vierge
- 19/11-31/12 : Balance

1984

- 01/01-11/01 : Balance
- 12/01-17/08 : Scorpion
- 18/08-05/10 : Sagittaire
- 06/10-15/11 : Capricorne
- 16/11-25/12 : Verseau
- 26/12-31/12 : Poissons

1985

- 01/01-02/02 : Poissons
- 03/02-15/03 : Bélier
- 16/03-26/04 : Taureau
- 27/04-09/06 : Gémeaux
- 10/06-25/07 : Cancer
- 26/07-10/09 : Lion
- 11/09-27/10 : Vierge
- 28/10-14/12 : Balance
- 15/12-31/12 : Scorpion

1986

- 01/01-02/02 : Scorpion
- 03/02-28/03 : Sagittaire
- 29/03-09/10 : Capricorne
- 10/10-26/11 : Verseau
- 27/11-31/12 : Poissons

1987

- 01/01-08/01 : Poissons
- 09/01-20/02 : Bélier

- 21/02-05/04 : Taureau
- 06/04-21/05 : Gémeaux
- 22/05-06/07 : Cancer
- 07/07-22/08 : Lion
- 23/08-08/10 : Vierge
- 09/10-24/11 : Balance
- 25/11-31/12 : Scorpion

1988

- 01/01-08/01 : Scorpion
- 09/01-22/02 : Sagittaire
- 23/02-06/04 : Capricorne
- 07/04-22/05 : Verseau
- 23/05-13/07 : Poissons
- 14/07-24/10 : Bélier
- 25/10-01/11 : Poissons
- 02/11-31/12 : Bélier

1989

- 01/01-19/01 : Bélier
- 20/01-11/03 : Taureau
- 12/03-29/04 : Gémeaux
- 30/04-16/06 : Cancer
- 17/06-03/08 : Lion
- 04/08-19/09 : Vierge
- 20/09-04/11 : Balance
- 05/11-18/12 : Scorpion
- 19/12-31/12 : Sagittaire

1990

- 01/01-29/01 : Sagittaire
- 30/01-11/03 : Capricorne
- 12/03-20/04 : Verseau
- 21/04-31/05 : Poissons
- 01/06-12/07 : Bélier
- 13/07-31/08 : Taureau
- 01/09-14/12 : Gémeaux
- 15/12-31/12 : Taureau

1991

- 01/01-21/01 : Taureau
- 22/01-03/04 : Gémeaux
- 04/04-26/05 : Cancer
- 27/05-17/07 : Lion
- 18/07-01/09 : Vierge
- 02/09-16/10 : Balance
- 17/10-29/11 : Scorpion
- 30/11-31/12 : Sagittaire

1992

- 01/01-09/01 : Sagittaire
- 10/01-18/02 : Capricorne
- 19/02-28/03 : Verseau
- 29/03-05/05 : Poissons
- 06/05-14/06 : Bélier
- 15/06-26/07 : Taureau
- 27/07-12/09 : Gémeaux
- 13/09-31/12 : Cancer

1993

- 01/01-27/04 : Cancer
- 28/04-23/06 : Lion
- 24/06-12/08 : Vierge
- 13/08-27/09 : Balance
- 28/09-09/11 : Scorpion
- 10/11-20/12 : Sagittaire
- 21/12-31/12 : Capricorne

1994

- 01/01-28/01 : Capricorne
- 29/01-07/03 : Verseau
- 08/03-14/04 : Poissons
- 15/04-23/05 : Bélier
- 24/05-03/07 : Taureau
- 04/07-16/08 : Gémeaux
- 17/08-04/10 : Cancer
- 05/10-12/12 : Lion
- 13/12-31/12 : Vierge

1995

- 01/01-23/01 : Vierge
- 24/01-25/05 : Lion
- 26/05-21/07 : Vierge
- 22/07-07/09 : Balance
- 08/09-20/10 : Scorpion
- 21/10-30/11 : Sagittaire
- 01/12-31/12 : Capricorne

1996

- 01/01-08/01 : Capricorne
- 09/01-15/02 : Verseau
- 16/02-24/03 : Poissons
- 25/03-02/05 : Bélier
- 03/05-12/06 : Taureau
- 13/06-25/07 : Gémeaux
- 26/07-09/09 : Cancer
- 10/09-30/10 : Lion
- 31/10-31/12 : Vierge

1997

- 01/01-03/01 : Vierge
- 04/01-08/03 : Balance
- 09/03-19/06 : Vierge
- 20/06-14/08 : Balance
- 15/08-28/09 : Scorpion
- 29/09-29/11 : Sagittaire
- 30/11-18/12 : Capricorne
- 19/12-31/12 : Verseau

1998

- 01/01-25/01 : Verseau
- 26/01-04/03 : Poissons
- 05/03-13/04 : Bélier
- 14/04-24/05 : Taureau
- 25/05-06/07 : Gémeaux
- 07/07-20/08 : Cancer
- 21/08-07/10 : Lion
- 08/10-27/11 : Vierge
- 28/11-31/12 : Balance

1999

- 01/01-26/01 : Balance
- 27/01-05/05 : Scorpion
- 06/05-05/07 : Balance
- 06/07-02/09 : Scorpion
- 03/09-17/10 : Sagittaire
- 18/10-26/11 : Capricorne
- 27/11-31/12 : Verseau

2000

- 01/01-04/01 : Verseau
- 05/01-12/02 : Poissons
- 13/02-23/03 : Bélier
- 24/03-03/05 : Taureau
- 04/05-16/06 : Gémeaux
- 17/06-01/08 : Cancer
- 02/08-17/09 : Lion
- 18/09-04/11 : Vierge
- 05/11-23/12 : Balance
- 24/12-31/12 : Scorpion

2001

- 01/01-14/02 : Scorpion
- 15/02-08/09 : Sagittaire
- 09/09-27/10 : Capricorne
- 28/10-08/12 : Verseau
- 09/12-31/12 : Poissons

2002

- 01/01-18/01 : Poissons
- 19/01-01/03 : Bélier
- 02/03-13/04 : Taureau
- 14/04-28/05 : Gémeaux
- 29/05-13/07 : Cancer
- 14/07-29/08 : Lion
- 30/08-15/10 : Vierge
- 16/10-01/12 : Balance
- 02/12-31/12 : Scorpion

2003

- 01/01-17/01 : Scorpion
- 18/01-04/03 : Sagittaire
- 05/03-21/04 : Capricorne
- 22/04-17/06 : Verseau
- 18/06-16/12 : Poissons
- 17/12-31/12 : Bélier

2004

- 01/01-03/02 : Bélier
- 04/02-21/03 : Taureau
- 22/03-07/05 : Gémeaux
- 08/05-23/06 : Cancer
- 24/06-10/08 : Lion
- 11/08-26/09 : Vierge
- 27/09-11/11 : Balance
- 12/11-25/12 : Scorpion
- 26/12-31/12 : Sagittaire

2005

- 01/01-06/02 : Sagittaire
- 07/02-20/03 : Capricorne
- 21/03-01/05 : Verseau
- 02/05-12/06 : Poissons
- 13/06-28/07 : Bélier
- 29/07-31/12 : Taureau

2006

- 01/01-17/02 : Taureau
- 18/02-14/04 : Gémeaux
- 15/04-03/06 : Cancer
- 04/06-22/07 : Lion
- 23/07-08/09 : Vierge
- 09/09-23/10 : Balance
- 24/10-06/12 : Scorpion
- 07/12-31/12 : Sagittaire

2007

- 01/01-16/01 : Sagittaire
- 17/01-26/02 : Capricorne
- 27/02-06/04 : Verseau
- 07/04-15/05 : Poissons
- 16/05-24/06 : Bélier
- 25/06-07/08 : Taureau
- 08/08-28/09 : Gémeaux
- 29/09-31/12 : Cancer

2008

- 01/01-04/03 : Gémeaux
- 05/03-09/05 : Cancer
- 10/05-01/07 : Lion
- 02/07-19/08 : Vierge
- 20/08-04/10 : Balance
- 05/10-16/11 : Scorpion
- 17/11-27/12 : Sagittaire
- 28/12-31/12 : Capricorne

2009

- 01/01-04/02 : Capricorne
- 05/02-15/03 : Verseau
- 16/03-22/04 : Poissons
- 23/04-31/05 : Bélier
- 01/06-12/07 : Taureau
- 13/07-25/08 : Gémeaux
- 26/08-16/10 : Cancer
- 17/10-31/12 : Lion

2010

- 01/01-07/06 : Lion
- 08/06-29/07 : Vierge
- 30/07-14/09 : Balance
- 15/09-28/10 : Scorpion
- 29/10-07/12 : Sagittaire
- 08/12-31/12 : Capricorne

J = ♂ Balce
L = ♂ Poissons

Évaluation de la comparaison entre votre Mars natal (A) et la Vénus natale de l'Autre (B)

Cochez et évaluez !
Attention ! Le barème à utiliser en l'occurrence est différent (voir légende ci-contre)

Vous (A)

L'Autre (B)	Bélier ♈	Taureau ♉	Gémeaux ♊	Cancer ♋	Lion ♌	Vierge ♍
Bélier ♈	☌	⚺	✱	□	△	⚻
Taureau ♉	⚺	☌	⚺	✱	□	△
Gémeaux ♊	✱	⚺	☌	⚺	✱	□
Cancer ♋	□	✱	⚺	☌	⚺	✱
Lion ♌	△	□	✱	⚺	☌	⚺
Vierge ♍	⚻	△	□	✱	⚺	☌
Balance ♎	☍	⚻	△	□	✱	⚺
Scorpion ♏	⚻	☍	⚻	△	□	✱
Sagittaire ♐	△	⚻	☍	⚻	△	□
Capricorne ♑	□	△	⚻	☍	⚻	△
Verseau ♒	✱	□	△	⚻	☍	⚻
Poissons ♓	⚺	✱	□	△	⚻	☍

☌ (dans même signe) = 6 ♥

△ (dans signes de même élément) = 5 ♥

✱ (dans signes en éléments harmoniques Eau/Terre ou Feu/Air) = 4 ♥

⚺ (dans signes voisins) = 2 ♥

⚻ (dans signes en quinconce neutres) = 0 ♥

☍ (signes en opposition) = 4 ♥

□ (signes en carré) = 3 ♥

Vous (A)

L'Autre (B)	Balance ♎	Scorpion ♏	Sagittaire ♐	Capricorne ♑	Verseau ♒	Poissons ♓
Bélier ♈	☍	⚻	△	□	✱	⚺
Taureau ♉	⚻	☍	⚻	△	□	✱
Gémeaux ♊	△	⚻	☍	⚻	△	□
Cancer ♋	□	△	⚻	☍	⚻	△
Lion ♌	✱	□	△	⚻	☍	⚻
Vierge ♍	⚺	✱	□	△	⚻	☍
Balance ♎	☌	⚺	✱	□	△	⚻
Scorpion ♏	⚺	☌	⚺	✱	□	△
Sagittaire ♐	✱	⚺	☌	⚺	✱	□
Capricorne ♑	□	✱	⚺	☌	⚺	✱
Verseau ♒	△	□	✱	⚺	☌	⚺
Poissons ♓	⚻	△	□	✱	⚺	☌

Évaluation de la comparaison entre votre Vénus (A) et Mars de l'Autre (B)

Procédez comme expliqué sur la figure précédente.

Vous (A)

L'Autre (B)

	Bélier ♈	Taureau ♉	Gémeaux ♊	Cancer ♋	Lion ♌	Vierge ♍
Bélier ♈	☌	⚺	✱	□	△	⚻
Taureau ♉	⚺	☌	⚺	✱	□	△
Gémeaux ♊	✱	⚺	☌	⚺	✱	□
Cancer ♋	□	✱	⚺	☌	⚺	✱
Lion ♌	△	□	✱	⚺	☌	⚺
Vierge ♍	⚻	△	□	✱	⚺	☌
Balance ♎	☍	⚻	△	□	✱	⚺
Scorpion ♏	⚻	☍	⚻	△	□	✱
Sagittaire ♐	△	⚻	☍	⚻	△	□
Capricorne ♑	□	△	⚻	☍	⚻	△
Verseau ♒	✱	□	△	⚻	☍	⚻
Poissons ♓	⚺	✱	□	△	⚻	☍

Vous (A)

L'Autre (B)	Balance ♎	Scorpion ♏	Sagittaire ♐	Capricorne ♑	Verseau ♒	Poissons ♓
Bélier ♈	☍	⚻	△	□	✱	⚺
Taureau ♉	⚻	☍	⚻	△	□	✱
Gémeaux ♊	△	⚻	☍	⚻	△	□
Cancer ♋	□	△	⚻	☍	⚻	△
Lion ♌	✱	□	△	⚻	☍	⚻
Vierge ♍	⚺	✱	□	△	⚻	☍
Balance ♎	☌	⚺	✱	□	△	⚻
Scorpion ♏	⚺	☌	⚺	✱	□	△
Sagittaire ♐	✱	⚺	☌	⚺	✱	□
Capricorne ♑	□	✱	⚺	☌	⚺	✱
Verseau ♒	△	□	✱	⚺	☌	⚺
Poissons ♓	⚻	△	□	✱	⚺	☌

3. VÉNUS, ou l'Éternel Féminin

La position dans le ciel de Vénus, *alias* Aphrodite, Isis ou Astarté, lors de notre arrivée sur cette Terre, va nous éclairer sur notre ouverture affective et esthétique au monde, sur nos goûts et préférences, notre manière d'aimer – et dans une certaine mesure sur notre apparence. Une Vénus en Balance ou en Taureau, ou encore valorisée par sa position dans le thème – sur l'Ascendant surtout, mais aussi sur un autre axe, ou sa conjonction avec le Soleil ou Mars –, a de grandes chances d'ajouter à notre séduction naturelle, voire à l'harmonie de nos traits. En somme, on aime suivant ce que l'on est, suivant ses astralités et particulièrement en fonction de la position de Vénus dans les signes – et dans les Maisons (en Secteurs).

Vénus dans les signes

Vénus en Bélier

- **(cf. la Païva, Michel-Ange, M. Monroe, G. Clooney, E. Taylor, B. Marley, J. Nicholson, A. Hepburn, A. Dombasle, P. Brosnan…)**

Vos désirs sont impérieux. Généreux et enthousiaste, vous donnez immédiatement votre confiance, et la plupart du temps votre spontanéité désarme les mauvaises intentions et prévient les abus. Peu sentimental, mais très émotif, vous êtes impétueux et spontané : une victime désignée du coup de foudre ! Les âmes sensibles vous trouvent trop exalté et on s'y reprend à deux fois avant de mettre le feu à vos poudres ! Car une fois enflammé, vous devenez tyrannique, jaloux et excessif. Côté cœur, vous brûlez la chandelle par les deux bouts – le désir a ses raisons que la raison ne connaît pas – et, après une déception, repartez hardiment vers d'autres émois. Vive le présent et *carpe diem !* Un peu de recul ne vous ferait pas de mal.

Zones érogènes : la tête, le crâne. Vous appartiendrez à celui – ou celle – qui saura vous gratter le plus sensuellement le crâne ou effleurer, caresser les oreilles. Sans rire.

Vénus en Taureau

- **(cf. A. Lecouvreur, un Bélier ardent qui aima Maurice de Saxe « à en mourir », L. de Vinci, Ch. Chaplin, J. Depp, J. Binoche, Lady Diana, Prince William, J.-P. Sartre, Y. Noah, D. Strauss-Kahn, M. Brando...)**

Vous croquez la vie avec sensualité et gourmandise. Votre goût de vivre a quelque chose d'animal, de vital et de terriblement concret. Fin gourmet, vous appréciez autant les plaisirs de la table que les parfums délicats et les matières sensuelles, les arts, la musique, et bien sûr l'amour. D'une sensualité puissante, vous n'en avez jamais assez, n'êtes jamais rassasié. Au point, si l'Autre est un mental ou un être peu ou prou frigide, de faire figure d'obsédé sexuel – un peu comme le Scorpion, mais avec la tendresse en sus. Vous avez un besoin vital de contact avec la nature, qui vous régénère littéralement. Attiré par le commerce de luxe et les métiers touchant à l'esthétique, à la mode, au chant, à la peinture ou à l'architecture, vous êtes un sentimental et aimez avec constance et fidélité, en l'absence, bien sûr, d'éléments contradictoires dans votre Ciel… Et vous exigez la pareille de l'Autre, faisant même preuve d'une possessivité féroce. Rancunier, si l'élu(e) de votre cœur vous trahit, il/elle aura droit à votre vindicte tenace, et quant à la confiance, elle sera à jamais brisée…

Zones érogènes: le cou, la gorge. Vous ne résisterez guère à leurs caresses et baisers, et ce d'autant que le toucher est le sens qui vous correspond…

Vénus en Gémeaux

- **(cf. Catherine de Russie, Taureau insatiable qui collectionna les conquêtes, H. Schneider, qui séduisit Offenbach – entre autres ! –, J. Kennedy-Onassis, I. Adjani, G. Bündchen, U. Thurman, H. Klum, J. Lopez, T. Hanks, J.F. Kennedy, A. Pacino…)**

La jeunesse d'esprit, l'insouciance et la gaieté font partie de vos traits de caractère. Sociable et enjoué, vous êtes apprécié de vos amis et vous savez jouer le rôle d'intermédiaire – ou d'entremetteur – avec brio. Diplomate, habile et charmeur, vous êtes d'une compagnie agréable, vous liez facilement contact, mais vos sentiments sont changeants et quelque peu superficiels, à fleur de peau. De l'effleurage sentimental. Le butinage amoureux, le flirt, le jeu, la complicité fraternelle, l'échange intellectuel ont la priorité et la gravité des sentiments vous ennuie. Possibilité de deux liaisons marquantes (ou mariages) dans la vie. Ah oui, vous avez souvent de fort jolies mains, objet certain de séduction…

Zones érogènes: les mains, les bras, les épaules. Prenez-lui les poignets et effleurez-les subtilement d'un baiser aérien…

Vénus en Cancer

- **(cf. Marguerite de Navarre : « J'aime jusqu'à la mort », Napoléon Ier, B. Obama, C. Eastwood, M. Aubry, C. Diaz, M. Streep, Ch. Aznavour, A. Schwarzenegger, Camilla, duchesse de Cornouailles, B. Affleck, N. Portman, J.-M. Jarre, A. Juppé, L. Kravitz...)**

Que vous soyez du style femme-enfant ou *mater familias*, vous êtes, madame, hypersensible et affectueuse, viscéralement attachée à votre foyer que vous protégez avec vigilance et passion. Homme ou femme, la maison et la famille sont d'autant plus importantes pour vous que vous vivez au cœur de vos souvenirs. Nostalgique et conservateur, vous donnez parfois aux objets une valeur excessive ; jeter ou donner de ce qui a fait son temps est pour vous une vraie souffrance. Quoi qu'il en soit, votre demeure sera la maison du Bonheur… Votre sensualité est très forte, diffuse – on devrait plutôt parler de sensorialité –, et cela plus encore si votre Ascendant se situe en Balance. Mais votre pudeur vous retient trop souvent, alors même que vous êtes d'une nature narcissique. Grand adorateur du sommeil, vous êtes un adepte des siestes coquines qui vous permettent de plonger dans les bras de Morphée après avoir quitté ceux de l'être aimé. Cette position de Vénus peut aussi vous conférer un côté bohème, fantasque et rêveur, et vous enfermer dans un monde intérieur de fantasmes et de chimères. Auquel cas vous aurez du mal à fonder cette famille à laquelle vous tenez tant, car vous interdirez à quiconque l'accès à votre coquille.

Zones érogènes : la poitrine, les seins. Le passage obligé qui mène à votre cœur. Nous voilà avertis...

Vénus en Lion

- **(cf. G. Sand, l'amoureuse dominatrice, aux célèbres « victimes » dont Musset et Flaubert (deux Sagittaire), Louis XIV, A. Warhol, F. Sagan, A. Hitchcock, Coco Chanel, Madonna, S. Stallone, J. Hallyday, E. Béart, N. Kidman, M. Bellucci, M. Cotillard, M. Le Pen, G. Paltrow, T. Cruise, W. Houston, S. Hayek, S. Royal, A. Winehouse...)**

Vous aimez avec passion, sans compter. Avec générosité et éclat. Votre amour ne souffre pas de refus. Vous considérez que la loyauté et l'estime sont des qualités indispensables à une belle relation ; vous fuyez comme la peste les personnes ternes, vulgaires, ou à la moralité douteuse. Volontiers dominatrice, voire manipulatrice, la Lionne est précoce – c'est une Lolita qui a besoin d'admirer pour aimer, et qui ne peut admirer que quelqu'un de prestigieux, voire d'extraordinaire. Le jugement d'autrui est cependant important, car vous êtes orgueilleux(euse) ; loin de vous l'idée de choquer, de faire jaser. Vous êtes d'abord un(e) esthète ; l'art en général, les beaux bijoux – en or, votre métal, bien évidemment – ont votre préférence. Comme la Lionne Coco Chanel, vous les aimez importants et spectaculaires. La beauté de ses traits, mais aussi l'allure, l'élégance, la grâce de l'Autre jouent un rôle essentiel dans les éléments de séduction qui vous font succomber. Par ailleurs, vous êtes un(e) idéaliste : vous recherchez un amour absolu et êtes peu enclin(e) aux compromis, concessions et autres demi-mesures. Et bien sûr, gare à celle ou celui qui osera vous ridiculiser en public ! En un éclair, c'en sera fait de ses rêves et ambitions de faire tandem avec vous, cet animal royal, fier et orgueilleux, à la vanité chatouilleuse.

Zones érogènes : la colonne vertébrale. Le Lion ou la Lionne frémira jusqu'aux entrailles si vous effleurez savamment son dos de vos griffes…

Vénus en Vierge

- **(cf. C. Schumann, F. Nietzsche, A. Merkel, F. Mitterrand, R. Redford, R. Polanski, M. Jagger, A. Delon, R. Federer, C. Deneuve, C. Zeta-Jones, J. Roberts, R. de Niro, S. Penn, Sting, K. Winslet, S. Vartan, M. Griffith, A. Banderas, C. Bouquet, S. Loren, A. Karambeu…)**

La raison et le sens du ridicule mettent un frein à vos effusions. Vous ne vous permettez de tomber amoureux que si vous êtes sûr que cela n'entachera pas votre réputation, que la personne concernée est socialement convenable et qu'elle vous respecte. Vous savez jeter un voile pudique sur vos sentiments – qui, au demeurant, peuvent être intenses. Mais en général vous êtes plutôt sceptique et méfiant sur tout ce qui concerne l'amour – sauf si d'autres éléments de votre ciel natal disent le contraire. Votre pudeur vous empêche de vous livrer à de grandes démonstrations auxquelles vous préférez la confiance réciproque et la tendresse. Fidèle et attentionné(e), vous estimez que le vrai langage de l'amour doit être plus tendre et efficace que lyrique; d'ailleurs, vous savez faire preuve, à l'occasion, d'un dévouement remarquable. Ce qui n'empêchera nullement la Vierge sage de se muer en Vierge folle, si l'on trouve le sésame de son cœur… qui passe par sa raison, on l'aura compris.

Zones érogènes: l'abdomen. Caressez-lui doucement le bas-ventre, pour venir à bout de ses défenses et l'apprivoiser.

Vénus en Balance

- **(cf. la marquise de Montespan, favorite de Louis XIV, reine des arts, des fêtes et des plaisirs, et qui finira au couvent, A. Rimbaud, B. Clinton, P. Picasso, R. Hayworth, G. Kelly, M. Douglas, W. Allen, F. Mercury, S. Connery, R. Gere, H. Grant, W. Smith, F. Hollande, F. Gall, P. Poivre d'Arvor…)**

Vous aimez l'amour pour lui-même; en d'autres termes, vous êtes amoureux de l'amour. Sans relâche, vous tombez amoureux, pour le seul plaisir de sentir votre cœur battre et pour l'excitation de recommencer une belle histoire. Pour entendre de nouveau cette musique divine, ce langage des anges qui vous transporte au septième ciel: celui de l'Amour avec un grand A… Pourtant, hésitant, vous n'aimez pas vous engager à la légère, optant au besoin pour une vie double – en tout cas tant que vous êtes dans la phase d'incertitude. L'amour doit s'épanouir dans un sens délicat et raffiné, quitte à éviter les sujets qui fâchent – et cependant vos orgasmes peuvent être dévastateurs!… Le couple que vous formez a une existence primordiale à vos yeux, ce qui exige respect, voire renoncement, si la réalité du quotidien n'épouse pas votre rêve romanesque. Vous avez d'excellentes dispositions artistiques et un goût très sûr – notamment celui des fêtes, au demeurant. Poli, distingué, aimable, animé d'un sens aigu de la justice et de l'harmonie, mais répugnant aux controverses, vous disposez souvent d'une grâce et d'une séduction particulières, auxquelles on ne résiste que difficilement.

Zones érogènes: les reins, la croupe. Un baiser au creux de ses reins fera d'elle (ou de lui) votre chose. Privilégiez la position à cheval, sur sa croupe sensible…

Vénus en Scorpion

- **(cf. la Belle Otero, Sagittaire amazone de la Belle Époque aux multiples conquêtes, la reine Marie-Antoinette, au sort funeste, Gandhi, V. Poutine, H. Clinton, C. Bruni, R. Schneider, A. Gardner, J. Birkin, L. DiCaprio, J. Chirac, S. Marceau, D. Moore, B. Gates, J. Foster, J. Morrison, D. de Villepin, S. Berlusconi, C. Chazal…)**

L'amour et la haine cohabitent étrangement dans votre cœur et parfois, passant de l'un à l'autre, il peut vous être difficile d'y voir clair. Vous aimez avec passion et rage, c'est à la vie, à la mort, avec jalousie et exaltation, sans retenue, sans concession, mais sans ostentation: vos passions sont secrètes et vous restez sur la réserve le plus longtemps possible. Puis, quand vous acceptez de baisser la garde, vous vivez l'amour presque douloureusement, infligeant à l'autre des épreuves, lui demandant sans cesse des manifestations de l'amour exclusif qu'il est censé vous porter ! La sexualité est primordiale et plus exigeante que pour le commun des mortels – les autres signes. Disons qu'il ne faut pas vous en promettre et si vous êtes frustré(e) en ce domaine, cela peut susciter chez vous toutes sortes de désordres psychosomatiques. Car votre équilibre exige une forte dépense côté libido, qu'on se le dise ! Votre partenaire doit être à la hauteur de vos exigences.

Parfois cependant, cette position de Vénus suscite paradoxalement le renoncement de l'amour au profit d'une vie mystique. C'est la libido sublimée.

Zones érogènes : les parties génitales. Les caresses et baisers, ce qu'on appelle les *préliminaires* s'imposent et prennent ici tout leur sens…

Vénus en Sagittaire

- **(cf. le général de Gaulle, N. Sarkozy, W. Churchill, C. Grant, J. Baez, T. Turner, K. Costner, V. Cassel, K. Basinger, J. Fonda, J. Hendrix, G. Depardieu, J. Moreau, C. François, D. Bowie, Coluche, J. Law, P. Kaas, M. Sardou, V. Paradis, F. Hardy…)**

Vous vous lancez dans une histoire d'amour comme on part à l'aventure : avec audace et exaltation. Les étranger(e)s vous attirent tout particulièrement et vous avez une prédilection pour les personnes d'une autre culture que la vôtre, d'un autre monde. Le lointain, l'inaccessible vous exaltent et vous monopolisent. Vous aimez avec générosité et tolérance ; sauf que vous ne tolérez aucune entrave ! Lorsque vous sentez qu'une relation menace votre chère liberté, vous ruez dans les brancards et bondissez vers d'autres horizons.

Quitte, en bon signe double, à courir deux lièvres à la fois – au moins ! Votre arc de Sagittaire a soif de butin et de conquêtes… Pourtant, paradoxalement, l'idéalisme, la loyauté, l'estime font partie des *musts* auxquels vous souscrivez en amour. Et si votre sensualité de Centaure (mi-homme, mi-animal, faut-il le rappeler ?) est un peu à l'emporte-pièce et peut manquer de raffinement, elle ne manquera jamais ni de sincérité ni d'intensité !…

Zones érogènes : les cuisses, les hanches. Flattez sa croupe, effleurez ses flancs, et votre Centaure bien éperonné ne pourra que prendre son envol – essayez !

Vénus en Capricorne

- **(cf. Elizabeth Ire, la « reine Vierge », Elisabeth d'Autriche, dite Sissi, la Récamier fermée à l'amour, Madame Roland : « Personne moins que moi n'a connu la volupté ; j'ai commandé à mes sens », Beethoven, M. Callas, R. Dati, É. Piaf, Caroline de Monaco, S. Weil (la philosophe), E. Presley, J. Dean, Dalida, F. Sinatra, M. Trintignant, B. Pitt, J. Timberlake, S. Jobs, P. Newman, C. Crawford, D. Balavoine, L. Ruquier, S. Johansson…)**

Méfiant et distant, vous n'êtes pas d'approche engageante et vous faites preuve d'une extrême discrétion en matière de sentiments. Votre peur de souffrir vous a appris le détachement et l'humour : vous tombez difficilement amoureux, à la fois par exigence et par manque de foi. L'amour, selon vous, tient du miracle, aussi ne doit-on pas s'attendre à le voir surgir à chaque coin de rue. La solitude affective, la dépression ou la fatalité peuvent marquer votre destin. Votre attitude froide et objective, réaliste, décourage effectivement les passions naissantes, et on doit vraiment passer le rideau de fer avant d'atteindre votre cœur, sensible et entier, capable de brûler alors de façon inattendue – et c'est le volcan sous la glace !

Zones érogènes : les genoux, la colonne vertébrale. Pour amadouer la Chèvre du zodiaque, rien de plus efficace que de savants effleurages sur son dos, ses reins. Quant aux genoux, ils exigent un subtil savoir-faire, ni trop appuyé, ni bêtement distrait… sur le creux des genoux de préférence. La Chevrette en bêlera de plaisir !…

Vénus en Verseau

- **(cf. I. Newton, Nostradamus, W.-A. Mozart, F. Chopin, Albert de Monaco, S. Tate, E. John, J. Joplin, N. Cage, B. Willis, K. Middleton, K. Moss, B. Tapie, M. Gibson, V. Trierweiler, J.-M. Ayrault, M. Schumacher, O. Muti, M. Dietrich – prototype de la femme froide, avec ses cinq planètes en Capricorne –, Mistinguett, D. Craig…)**

Selon vous, l'amitié amoureuse est l'expression idéale de l'amour enfin libéré des chaînes de la passion. « Aimer, c'est consentir à l'existence » de l'Autre, a dit le Verseau Simone Weil. Aussi l'amour doit-il se vivre dans la liberté totale, dans l'épanouissement de chaque personnalité. On ne s'appartient pas, on s'apprend, on s'apprivoise, sans peser l'un sur l'autre, dans une sorte d'attachement ou plutôt de détachement fraternel. La sexualité est un exercice agréable et amusant, mais qui ne vaut guère les jouissances intellectuelles qu'une discussion exaltée peut susciter. Plus mental ou spirituel que physique ou émotif, vous pouvez flirter avec « l'angélisme » de votre signe, dont Mozart est l'exemple le plus accompli. Peut-être aurez-vous la chance de goûter au bonheur ineffable du partage suprême : celui de deux âmes, orchestré par deux corps qui exultent.

Zones érogènes : les jambes, les chevilles… et l'imaginaire – car vous êtes avant tout un cérébral.

Vénus en Poissons

- **(cf. J.-S. Bach, J. Verne, V. Hugo, V. Van Gogh, M. Luther King, Elizabeth II d'Angleterre, M. Obama, J. Travolta, F Ardant, M. Pfeiffer, P. Cruz, S. Gainsbourg, F. Fillon, C. Dion, J. Gréco, U. Andress, V. Beckham, A. Keys…)**

Un romantisme échevelé guide vos attirances et vos sentiments, qui sont souvent excessifs et basés sur votre seule imagination. C'est le règne du rêve fou. L'amour vient d'ailleurs, il se vit dans un autre monde, il donne tout, permet tout, y compris les fantasmes les plus délirants, les chimères les plus dangereuses aussi. Car vous avez une prédilection pour les relations douloureuses qui exigent sacrifice, abnégation et dévotion, les amours compliquées et dévastatrices, les liaisons secrètes… et les gens « à problèmes ». Votre âme de Bon Samaritain, ou de saint-bernard s'attendrit à la vue d'un cas social, d'un chien errant… mais vous pouvez tout aussi bien vous prendre de passion pour qui fera vibrer votre corde sensible : le romanesque ! Vous vous fabriquerez alors l'image type de celui ou celle que vous imaginez depuis votre adolescence – le barbu à la pipe virile, la blonde aux seins généreux et au regard de braise –, dont vous chercherez sans répit un spécimen dans la réalité. Quitte à déchanter cruellement si l'élu(e) de votre cœur se révèle tout autre, en étant simplement... soi ! Mais si votre destin est de rencontrer l'âme sœur, c'est alors l'union fusionnelle, l'abandon total à vos fantasmes, les sensations ineffables qui vous étreignent. Vous faites un avec l'univers, vous frisez l'expérience mystique, c'est carrément cosmique !

Zones érogènes : les pieds. Massez-les-lui doucement, avec conviction – devant la télé ou dans l'alcôve –, cela lui donnera de délicieux frissons et lui inspirera à coup sûr des idées coquines... Sinon, plus risquée, une séance de réflexologie dans un cabinet aux lumières tamisées fera l'affaire : elle planera, prête pour le septième ciel.

4. MARS, ou l'Éternel Masculin

Si Mars symbolise, pour résumer, la volonté, l'instinct, la puissance d'action, dans le couple, il donnera, chez Lui, des indications sur sa virilité, sa façon d'agir et de réagir. Chez Elle, il indiquera son image de l'Homme. À l'instar du couple Lune/Soleil (ou Yin/Yang), on a le tandem Vénus/Mars qui sous-tend la complémentarité homme/femme, sachant que, biologiquement parlant, il y a du féminin dans l'Homme et du masculin dans la Femme – comme l'indique d'ailleurs la représentation du binôme Yin/Yang.

Mars dans les signes

Mars en Bélier

- **(cf. F. Chopin, Ch. Baudelaire, Caroline de Monaco, Prince, J. Hallyday, S. Jobs, A. Jolie, N. Sarkozy, R. Crowe, C. Eastwood, P. Newman, U. Andress, F. Ardant, J.-L. Borloo, I. Huppert, D. Craig, F. Copé, K. Costner, M. Laroque, D. Strauss-Kahn, Y. Noah…)**

Dynamique, entreprenant et enthousiaste, vous êtes un indomptable doublé d'un égocentrique. Véritable concentré d'énergie vitale, vous êtes doté d'une ardeur – y compris sexuelle – hors du commun ; l'instinct pur prime en la matière et les raffinements « efféminés » ne sont guère votre tasse de thé : Mars dans son signe laisse la primeur à un érotisme instinctif, voire brutal, purement phallique... Dans un thème féminin, cette position, outre qu'elle signe les aspirations plus ou moins (in)conscientes de la native en termes d'*alter ego,* indique également une composante peu ou prou virilisante, en tout cas l'image d'une maîtresse-femme – voire une virago !...

Le cas échéant, vous êtes capable de donner des coups de boutoir et de déplacer les montagnes. Si on vous provoque, vous êtes également sujet aux colères violentes : les introvertis sont à vos yeux des faibles venus d'une autre planète. Qu'on n'essaie pas de vous mettre des bâtons dans les roues, ou vous montrerez de quel bois vous vous chauffez ! Vous pouvez alors devenir brutal, cinglant, agressif, incapable de mesurer les conséquences de vos paroles, lancées du tac au tac ; et d'ailleurs, c'est là le dernier de vos soucis : la colère vous aveugle ! En revanche, vous ignorez la rancune, même si, dans les discussions, vous tenez à avoir le dernier mot. En contrepartie, d'un naturel chevaleresque, vous avez à cœur de protéger l'Autre. Casse-cou et recherchant les défis, vous êtes un aventurier passionné par le risque et le dépassement de soi, un actif, voire un téméraire qui aspire à la première place. Confiant en votre étoile, vous aimez ouvrir des sentiers nouveaux. Il peut vous manquer une certaine persévérance : c'est que vous laissez à d'autres le soin de terminer ce que vous avez commencé, ou de récolter ce que vous avez semé. Désinvolte et grand seigneur, vous laissez cela aux besogneux.

Mots-clés : agir, diriger, conquérir, créer.

Mars en Taureau

- (cf. F. Castro, A. Hitler, J.-F. Kennedy, I. Newton, Ch. Chaplin, S. Dali, T. Cruise, K. Moss, J. Gréco, O. Muti, Ch. Théron, A. Dombasle, B. Giraudeau, R. Weisz, É. Cantona, A. Warhol, M. Jagger, R. de Niro, B. Willis, K. Knightley...)

Grâce à votre force de résistance et votre puissante vitalité – celle des signes de printemps –, vous reprenez toujours le dessus après une difficulté. Vous possédez une force d'inertie, donc plutôt statique que dynamique, qui vous pousse à défendre votre acquis bec et ongles – d'où un certain manque de souplesse et d'adaptation. Votre entêtement légendaire et une obstination sans faille vous aideront à atteindre vos objectifs. Quand vous vous serez mis en tête de conquérir l'Autre, vous mettrez tout en œuvre pour la/le séduire – y compris les petits plats dans les grands, le tout bien arrosé : n'êtes-vous pas un fin gourmet doublé d'un gourmand ? Vous ne renoncerez que lorsque tout espoir de réussir vous aura abandonné(e). Placide et apparemment d'un calme inébranlable, doté(e) d'une force tranquille, vous êtes sujet à des colères qui, pour être rares, n'en sont pas moins redoutables. Et quand le Taureau voit rouge, le voilà devenu bulldozer – un terme qui flirte avec votre signe !...

Cependant, en temps normal, votre action est rationnelle et méthodique. Patient, persévérant, obstiné, vous faites plier les événements devant votre volonté, à la façon du rouleau-compresseur. Votre sensualité est animale ; vous aimez les odeurs et recherchez un contact presque charnel avec la nature : les arbres vous parlent.

Vos expressions sont souvent crues et on peut vous reprocher un manque de délicatesse, de la brutalité en paroles ou actes, une certaine cruauté parfois, voire – si Mars est dissonant – une cruauté certaine et sans pitié.

Mots-clés : jouir, acquérir, posséder.

Mars en Gémeaux

- **(cf. M.L. King, J. Bové, N. Hulot, A. Schwarzenegger, F. Bayrou, M. Valls, J. Morrison, C. Deneuve, M. Darc, T. Blair, C. Chanel, L. van Beethoven, P. Brosnan, Camilla, duchesse de Cornouailles, M. Streep, S. Bullock, A. Pacino, C. Love...)**

Votre énergie est surtout mentale. Elle sert vos idées ; celles-ci sont le moteur de votre nature, au centre de vos véritables objectifs. C'est pour elles qu'au besoin vous vous engagez, prêt à vous battre. L'escrime, physique ou intellectuelle, est votre sport favori : signe d'air, vos réflexes rivalisent avec la vitesse du vent ! Rien ne vous stimule davantage que les joutes oratoires, et vous pouvez faire preuve d'agressivité verbale par pur sens polémique. Votre esprit vif vous souffle des reparties qui ne le sont pas moins. D'où d'excellentes dispositions pour la critique – alimentée par une insatiable curiosité tous azimuts qui vous met au fait de l'actualité et vous donne accès à la culture en général –, mais aussi pour la taquinerie caustique, l'ironie. Apprenez à ne pas en abuser, votre conjoint, même muni d'un bon sens de l'humour, pourrait s'en lasser ! Amoureux de « masques et bergamasques », vous êtes l'incarnation de la *légèreté de l'être,* à l'affût d'un mot d'esprit ou d'une réplique drôle – vos principales armes de séduction. En raison même de votre grande adresse manuelle, paradoxalement, les accidents aux mains, bras et épaules vous guettent, en cas de dissonance de Mars dans votre ciel natal. En amour, vous êtes partisan du flirt cérébral, un « intellectuel du sexe » qui, dans l'alcôve, préférera vous lire du Wilhelm Reich ou le rapport Kinsey plutôt que de vous proposer des travaux pratiques selon le Kamasutra. La solution ? Surprendre, étonner, amuser, distraire par la parole, le verbe, la tchatche, voilà les sésames !

Mots-clés : rire, comprendre, communiquer, jongler.

Mars en Cancer

- **(cf. Nostradamus, W.A. Mozart, la reine Marie-Antoinette, P. Picasso, J. Cocteau, I. Adjani, P. Cruz, A. Hepburn, R. Gere, R. Federer, M. Le Pen, H. Berry, J. Dujardin, Zidane, A. Kutcher, P. Bruel, P. Poivre d'Arvor, L. Messi, N. Wood...)**

Votre force vitale s'emploie à vous protéger et à protéger les vôtres. Devant l'obstacle, vous préférez l'usure à l'affrontement et vos positions sont plus défensives que combatives. Ce qui peut être interprété comme une fuite, voire une forme de lâcheté. C'est alors dans le milieu familial que vous avez tendance à laisser éclater votre agressivité – une réaction compensatoire ? Au demeurant, la famille peut se révéler un lieu de tribulations et d'épreuves... Vous y agissez en maître, ce qui laisse présager des conflits familiaux. N'en devenez pas pour autant un tyran domestique ! C'est seulement devant un plat copieux arrosé d'un bon vin que vous retrouvez votre bonne humeur, une joie de vivre qui, au quotidien, peut vous faire défaut et vous incliner à avoir sur le monde une vision négative et désenchantée. Vous vous rattraperez souvent dans l'art, qui servira d'exutoire à vos rêves nostalgiques. C'est l'imaginaire au pouvoir ! Par ailleurs, bien qu'hésitant ou passif au départ, vous ne lâchez pas prise avant d'avoir atteint votre but. Vous êtes ainsi capable de grands efforts de volonté et savez être résistant et tenace, surtout lorsqu'il s'agit de protéger votre foyer. Votre érotisme sera vécu de préférence dans l'intimité de votre coquille de Crabe, dans une douce pénombre complice. C'est à l'abri des regards que vous donnerez libre cours à votre fantaisie sensuelle, qui est riche, tendre et imaginative, vu la sensibilité à fleur de peau qui est la vôtre…

Mots-clés : persister, se souvenir, défendre, résister (passivement).

Mars en Lion

- **(cf. B. Bardot, G. Clooney, H. Clinton, R. Redford, É. Piaf, A. Montebourg, Cher, F. Sinatra, J. Dean, C. Schiffer, H. Ford, P. McCartney, S. Loren, M. Bellucci, D. Moore, Charlène de Monaco, J.-L. Mélenchon, F. Gall, S. Hayek, A. Winehouse, L. Casta, L. Ruquier…)**

Vous jouissez d'une force vitale rayonnante et galvanisante : le Soleil, notre source de lumière, n'est-il pas l'astre du Lion ? Enthousiaste et énergique, doté d'une volonté d'airain, vous ne dérogez pas facilement à votre ligne d'action – bien malin celui qui vous fera abandonner un projet ; il devra se lever tôt pour avoir raison de votre détermination ! Vous avez d'excellentes dispositions pour diriger, y compris un côté « héroïque » dans les circonstances graves où d'autres céderaient à la panique : on peut compter sur votre sang-froid et votre efficacité. Passionné, exalté, vous vous lancez volontiers dans l'aventure avec un optimisme confondant qui force sinon la chance, du moins l'admiration. Vous partez vainqueur, ce qui fait plier les circonstances devant vous. « La fortune sourit aux audacieux », « aux innocents, les mains pleines ! » dit la sagesse populaire. Vous avez besoin de briller, que ce soit par vos réalisations – votre créativité est grande – ou à travers votre *alter ego,* obligatoirement captivant, voire exceptionnel – forcément !... Généreux et magnanime, vous aurez à cœur de protéger ce dernier contre les embûches de la vie, à condition qu'il (elle) vous laisse le premier rôle. Pour la/le séduire, vous ferez appel à une mise en scène irrésistible : dîner aux chandelles dans un restaurant à la mode, jeux de séduction impressionnants... et irrésistibles ! Sauf si vous avez affaire à un pisse-froid, un ours mal léché ou une *emmerderesse* désireuse de donner une leçon au Lion arrogant... Quoi qu'il en soit, personne ne pourra dire que vos tentatives manquaient d'allure ou de classe !...

Dans vos (rares) colères retentissantes, vous faites éclater une autorité parfois despotique : on entend alors au loin vos rugissements léonins, qui ne souffrent aucune réplique ! Quant à votre sexualité, elle est ardente et exigeante, mais décline avec le temps, à l'instar du Soleil, votre astre, qui se couche au crépuscule.

Mots-clés : régir, décider, rayonner, déléguer.

Mars en Vierge

- **(cf. F. Nietzsche, B. Obama, Napoléon Ier, G.W. Bush, J. Chirac, J. Kennedy, A. Onassis, R. Schneider, Lady Diana, Dalida, J. Depp., S. Marceau, S. Royal, V. Trierweiler, C. Diaz, V. Cassel, M. Damon, W. Smith, S. Stallone, N. Dessay, Stéphanie de Monaco, S. Vartan, S. Berlusconi, A. Sinclair, L. de Funès, T. Gottschalk...)**

Votre combativité est disciplinée, rationalisée ; et inversement, votre raison raisonnante est forte, active, combative. Devant l'obstacle ou l'adversité, loin d'agir sous le coup de l'impulsion, vous analysez froidement la situation de façon à être plus efficace. Votre agressivité et votre stratégie ont ceci de redoutable que les considérations sentimentales n'ont guère de prise sur vous. Vous savez exclure ces paramètres gênants pour juger/décider en toute objectivité. Dans l'action en général, dans le travail, vous êtes tout aussi efficace. Excellent stratège, vous organisez, planifiez votre action et ne laissez rien au hasard. Le mental est votre force ; votre puissance d'analyse est votre instrument privilégié pour atteindre vos objectifs. Méthodique, vous faites un collaborateur précieux – même si vous manquez parfois d'enthousiasme et de dynamisme. Un comportement peu expansif qui peut être pris pour de la froideur par l'Autre – songez-y ! Même si vos efforts visent à une action pragmatique et une réussite matérielle, apprenez à laisser davantage libre cours à vos sentiments, à une certaine spontanéité. Cela y compris dans votre plan de séduction, qui – forcément – sera prévu au *iota* près, jusqu'au moindre détail. On est subtil et sensible aux nuances ou on ne l'est pas... L'Autre doit savoir que, au moment M, tout doit être juste *parfait!* Un détail qui cloche, une fausse note et tout est fichu, le/la voilà défrisé(e)! Immédiatement, voilà ses barrières de défense qui réapparaissent, la libido est bloquée, d'où frigidité passagère, impuissance transitoire... Faudra tout recommencer à un moment plus propice. En attendant, une bonne partie d'échecs, de scrabble, de backgammon devrait faire l'affaire... Et cependant, en bon signe de Terre – à l'instar du Taureau et du Capricorne –, la Vierge, bien que fortement cérébrale (elle est gouvernée par Mercure, comme les Gémeaux), a aussi une connotation charnelle très incarnée. D'ailleurs, votre sexualité, si elle est en général peu précoce, vous dicte ensuite de mettre les bouchées doubles: vous vous rattrapez et restez actif jusque tard dans la vie. Qui s'en plaindra?

Mots-clés: analyser/critiquer, prévoir, organiser.

Mars en Balance

- **(cf. N. Mandela, W. Churchill, S. Freud, J. Lennon, F. Mercury, B. Gates, B. Clinton, R. Polanski, E. Presley, M. Farmer, N. Kidman, M. Douglas, F. Sagan, K. Basinger, prince William d'Angleterre, K. Middleton, J.K. Rowling, D. de Villepin, J.-M. Ayrault, M. Aubry, M. Callas, G. Bündchen, P. Anderson, J. Reno, T. Parker, E. Béart...)**

Vous êtes calme, pondéré, juste et diplomate: l'arbitre rêvé d'un conflit, juge d'autant plus impartial que votre jugement est libre de vos émotions et que vous savez être objectif. Votre énergie est canalisée dans le dialogue et vous avez un faible pour la dialectique et les jeux d'esprit. Votre forme d'agressivité est surtout cérébrale, mais déviée : vous ne cherchez pas le conflit mais la conciliation à travers le dialogue. Dans le couple, c'est là un trait précieux qui peut contribuer à maintenir la paix des ménages, une harmonie, même relative ou provisoire : faites-en bon usage lorsque l'orage gronde *at home.* La discussion et tout ce qui concerne la psychologie ou la philosophie vous passionne ; elle tournera de préférence autour de l'amour, du partage, des lois… Vous êtes un ardent défenseur de la non-violence, de l'idée de justice et de partage, des droits de chacun ; vous êtes alors capable de monter au créneau. C'est là que vous mettez toute votre énergie. Ou alors – autre variante – dans la recherche des plaisirs, que vous souhaitez raffinés, agrémentés de caresses suaves. Une recherche qui peut être addictive, obsessionnelle. Qu'on se le dise !…

Mots-clés : dialoguer, partager, concilier, jouir…

Mars en Scorpion

- **(cf. Gandhi, Coluche, Staline, J.-P. Sartre, M. Gibson, L. DiCaprio, J. Law, G. Kelly, V. Paradis, J. Aniston, M. Sheen, M. Schumacher, K. Lagerfeld, M. Zuckerberg, L. Nelson, K. Cobain, B. del Toro, D. Balavoine, F. Pagny, R. Domenech…)**

Vous disposez de ressources vitales *quasi* inépuisables – le scorpion n'est-il pas le seul animal qui résiste aux rayonnements atomiques ? Votre force s'exerce de préférence à travers le conflit, le défi, le dépassement. Les situations critiques, la difficulté, l'effort vous stimulent et vous êtes capable de réalisations hors du commun, surtout lorsqu'il s'agit de prouver que vous êtes meilleur que les autres. Pour vaincre, vous vous lancez dans des aventures parfois suicidaires, avec exaltation. Pour emporter le morceau dans une discussion, vous usez volontiers – et avec un malin plaisir – d'une mauvaise foi désarmante. Et comme, de plus, vous êtes un polémiste-né, cela fait de vous un adversaire redoutable ; bref, mieux vaut vous avoir avec soi que contre soi…

Votre entourage – et l'Autre en particulier – savent que vos colères froides sont les plus terribles et qu'alors, c'est sauve qui peut ! Vous ne faites pas de quartier et pouvez alors être d'une cruauté mentale raffinée, car vous savez piquer d'instinct aux points vulnérables de l'Autre. Votre force vitale étonnante exerce un magnétisme puissant sur autrui et une sorte de fascination sur l'autre sexe : on a du mal à demeurer insensible à votre puissant *sex-appeal !* Habité(e) de désirs impérieux, votre désir flirte avec l'idée de mort : Thanatos n'est pas loin : *je meurs en toi*, dans un acte érotique quasi sacrificiel. Ou bien – à l'instar de la mante religieuse – *je prends symboliquement ta vie. Cela surtout si je me venge de ta trahison, si tu m'as déçu(e) : je saurai te rendre esclave, totalement dépendant(e)*. Suivent alors les jeux de manipulation, les séances sadomasochistes d'érotomanes, aux frontières d'autant plus périlleuses qu'elles sont incertaines… Au demeurant, vous avez tendance à être une vraie *sex-machine* et séparez fort bien sexe et sentiment. Bon à savoir : Votre libido particulièrement exigeante peut être commuée en créativité féconde.

Mots-clés : douter, attaquer, détruire, réformer, maîtriser.

Mars en Sagittaire

- **(cf. J.-S. Bach, A. Rimbaud, J. Verne, A. Merkel, F. Mitterrand, F. Hollande, F. Fillon, Poutine, Louis XIV, C.-G. Jung, G. Garbo, R. Hayworth, S. Tate, J. Baez, J. Lopez, J. Nicholson, J. Travolta, J. Birkin, C. Blanchett, M. Ryan, B. Tapie, R. Gosling, C. François, A. Lavigne, Nolwenn, Rihanna...)**

Votre tempérament ardent aspire à de grandes réalisations. Vous avez le goût de l'aventure, du risque, des voyages initiatiques ou « exotiques » qui vous confrontent à une autre réalité, à l'Inconnu. Enfant de Jupiter, votre planète, *alias* Zeus polymorphe – qui s'incarna dans des formes multiples dans le seul but de séduire –, vous savez vous adapter et vous transformer pour capter l'attention de l'Autre et le/la conquérir. Cependant, noble et loyal de nature, vous jouez franc jeu – en principe ! Parcourir le monde en toute liberté, sans but, vous ouvre les perspectives les plus exaltantes. Votre appétit de vivre, votre indépendance et votre idéalisme sont vos plus belles qualités. Avec l'humour, *of course,* votre arme de séduction imparable. Insouciant, prodigue, enthousiaste, courageux, vous avez un côté Don Quichotte et redresseur de torts, qui s'assagit avec le temps, sans perdre pour autant de sa bonne humeur ni de sa confiance en l'existence… ou de son engouement pour l'être aimé ? L'effort sportif – l'équitation, le golf, l'escrime – vous procure un vif plaisir : plus que quiconque, vous avez besoin d'espace et de mouvement. Et si vous annoncez devoir sortir pour acheter des cigarettes, ce ne sera pas forcément un prétexte pour draguer la buraliste. L'instinct du chasseur est développé: avant tout vous avez besoin de conquérir l'Autre. Un détail qui a son importance. Mon conseil à ce dernier: pour garder un tantinet captif et fidèle ce Centaure (ou cette amazone), renouvelez-vous, dialoguez, discutez de tout, de sujets graves ou philosophiques aussi bien que des derniers *buzz* sur internet (tout l'intéresse), mais gardez un brin de mystère, soyez inaccessible. Pas trop longtemps néanmoins, car la patience n'est pas son fort et par ailleurs il a horreur des caprices. Le chemin du milieu, voilà la solution!

Mots-clés: synthétiser, croire, conquérir, réussir.

Mars en Capricorne

- **(cf. Einstein, W. Disney, B. Marley, Albert de Monaco, S. Spielberg, W. Allen, B. Pitt, G. Depardieu, D. Bowie, N. Cage, K. Holmes, Sh. Stone, J. Roberts, M. Brando, A. Delon, C. Zeta-Jones, R. Dati, J. Moreau, M. Trintignant, R. Pattinson, O. Bloom, Shakira...)**

Savez-vous que vous avez une volonté de général d'armée? Rien ni personne ne résiste à vos désirs, pas même vous: vous avez décidé de vous mettre au régime? Aucune tentation ne vous fera vaciller. Votre volonté de fer ne plie jamais et vous êtes aussi dur et exigeant envers vous-même qu'envers les autres. Robuste et solide comme un chêne – votre arbre selon la tradition –, vous êtes courageux et obstiné, vous vous lancez dans l'action avec prudence et détermination. Capable d'efforts prolongés, vous surestimez votre résistance – considérable au demeurant: vous pouvez travailler sans relâche jusqu'à épuisement. Vous agissez avec méthode, concentration et rigueur et choisissez des tâches à longue portée que vous menez à bien. La paresse et l'insouciance chez autrui vous insupportent ; vous avez alors un côté moralisateur qui peut indisposer votre entourage. N'en abusez pas avec l'Autre ; lassé, humilié, il/elle pourrait décider (sous des aspects planétaires critiques) d'aller voir si l'herbe n'est pas plus verte ailleurs et le quotidien plus amusant. Ce serait dommage, car vous êtes comme le bon vin : vous vous bonifiez avec le temps – Chronos n'est-il pas votre maître ? – et votre charme discret y trouve son compte. Votre sexualité s'en ressentira aussi, qui vous fera accomplir des exploits jusque tard dans la vie... Alors, honnête et fidèle, vous serez définitivement attaché à l'Autre, tel le lierre...

Et si cette position de Mars est la vôtre, madame, vous êtes attirée par des hommes plus âgés, des mâles dominants de préférence, qui se seront taillé une belle réussite sociale. Bref, vous êtes de celles qui pensent que le pouvoir est un aphrodisiaque puissant...

Mots-clés : utiliser, (s')imposer, rationaliser, contrôler, (se) réaliser (ses ambitions).

Mars en Verseau

- **(cf. L. de Vinci, général de Gaulle, Elizabeth II d'Angleterre, V. Hugo, M. Obama, C. Bruni, J. Fonda, S. Gainsbourg, Ch. Aznavour, S. Johansson, J. Timberlake, A. Karembeu, L. Hallyday, E. Longoria, M. Sardou, C. Gainsbourg, M. Brant, L. Gerra, K. Stewart, L. Manaudou, L. Armstrong, Adèle...)**

Vous avez un côté apprenti-sorcier; vous vous lancez avec passion dans l'expérimentation ou l'invention d'une nouvelle technique/activité, plus soucieux de l'expérience que du résultat. Dans l'alcôve, cela prendra la forme d'explorations sensorielles/sexuelles sortant des sentiers battus, sans aucun préjugé freinant. Et sans vous encombrer forcément de considérations affectives qui nuiraient à la pureté de l'expérience (!). Votre force vitale est plus d'essence mentale et spirituelle que physique ou affective. Vous affichez une féroce indépendance et cependant, les amis, les copains et copines sont partie prenante dans votre quotidien et dans votre cœur : impossible d'imaginer la vie sans eux – vous les préférez même à la famille parfois, ce qui vous attire les foudres outrées des vôtres. L'amour prendra de préférence la forme de l'amitié amoureuse, d'un compagnonnage complice – vous êtes *a priori* ennemi de la passion dévastatrice qui vous volerait votre belle indépendance…

De fait, vous avez du mal à vous plier aux us, coutumes et autres disciplines : vous vous croyez exempté(e) des règles valables pour tous. Même sans vous engager sous une quelconque bannière politique – vous êtes en général trop libertaire pour cela –, vous « militez » pour un monde meilleur; vous avez une âme de Prométhée. Votre activité – le plus souvent intellectuelle – est irrégulière mais intense. Méfiez-vous des projets utopiques, car vous vivez pour demain et votre imagination est grande : en vous sommeille une âme de visionnaire…

Mots-clés : s'opposer, stigmatiser, se rebeller, changer (les choses).

Mars en Poissons

- (cf. Michel-Ange, Che Guevara, V. Van Gogh, le roi Juan Carlos d'Espagne, M. Monroe, A. Gardner, S. McQueen, E. Jones, D. Washington, E. Taylor, J. Binoche, M. Pfeiffer, A. Hopkins, J. Cash, H. Klum, M. Fassbinder, B. Dylan, A. Onassis, T. Turner, P. Hilton, C. Crawford, T. Hanks, Bono (U2), J. Dutronc, M. Seigner, C. Chazal, N. Jones...)

Votre force vitale est comme l'eau qui dort: inépuisable et imprévisible. Votre talon d'Achille est l'indécision et la difficulté à vous engager – dans une idée, une action. Vous évoluez dans une sorte de rêve éveillé, dans un état de somnambule, avec des tendances peu ou prou schizoïdes, partagé(e) entre rêve et réalité. Du coup, devant la diversité des choix, vous avez du mal à vous fixer, suivant l'adage de Gide « Choisir n'est pas tant élire qu'éliminer », car vous souhaitez conserver toutes les possibilités – ce qui ne fera pas forcément la joie de vos conquêtes... Devant l'obstacle ou l'adversité, vous cherchez des voies contournées. Vous préférez agir par la ruse ou la séduction. Celle-ci est bien souvent irrésistible, assortie de mystère: vous fascinez, et vos yeux, souvent très beaux, ne sont pas étrangers à votre charme... Qui résistera à une danse des sept voiles de la sylphide que vous êtes ou à l'air vulnérable et un peu perdu que vous affichez, monsieur Mars en Poissons ?

Dans la vie, méfiez-vous des coups de Jarnac, des médisances et calomnies. De nature nonchalante, vous êtes capable de déployer une force sans limites lorsque vous mobilisez vos ressources, et pouvez alors faire preuve d'une agressivité puissante quoique chaotique.

Vous êtes très sensible et d'une sensorialité/sensualité exceptionnelles, capable de vous fondre totalement en l'Autre, au point parfois d'y perdre de votre identité, dans une union qui a quelque chose de cosmique ou de mystique. Vous êtes capable de faire partager à l'Autre vos fantasmes et vos chimères ; l'extase érotique, lorsqu'elle frise la perfection, vous relie à l'univers, au grand Tout, dans une émotion à la fois dévastatrice et illuminatrice.

Mots-clés : croire, rêver, aider, imaginer.

5. Commentaires sur les tableaux des harmonies et dissonances entre votre Vénus et Mars de l'Autre – et l'inverse

Le cas fascinant des dissonances paradoxales

Comme on l'aura certainement déjà compris, les comparaisons croisées entre les planètes Vénus et Mars sont déterminantes dans l'appréciation non seulement de l'attraction sexuelle mais aussi, très simplement, de l'attirance, de la sympathie que l'on peut exercer – et éprouver – par rapport à une autre personne ; elles sont un reflet de l'alchimie affective – et plus spécifiquement érotique – qui préside à la relation. Par ailleurs, ces échanges étant d'une grande subtilité/complexité, la manière de les noter leur sera spécifique. Ainsi, les dissonances (opposition, carré ou quadrature) seront-elles surévaluées par rapport aux croisements basiques (Soleil/Soleil, Soleil/Asc., etc.) exposés dans la première partie (V).

Pourquoi ?

L'opposition (180°), et plus encore le carré (90°), montrent une attraction puissante mais ambiguë et ambivalente, doublée de rejets intermittents, un amour/haine en somme : « je t'aime, moi non plus ». D'abord, ce sont les assiettes qui volent, puis les plumes de la couette – ou l'inverse (chronologiquement parlant).

On ne s'ennuie pas, mais c'est épuisant à la longue… Notamment, encore une fois, dans le cas de la quadrature qui exacerbe les différences – les facteurs sont dans des éléments hostiles, les dissemblances de l'Autre le font apparaître par moments comme un étranger, voire un ennemi. D'où l'appellation « Couples chiens-chats » qui leur est consacrée dans cet ouvrage.

6. Analyse et conclusion sur le facteur Attraction sexuelle/affective

Barème et évaluation

Quelques exemples pratiques de couples célèbres

Quelle que soit la résultante obtenue à partir des éléments basiques des deux ciels de naissance (comparaison des deux Soleils, de et avec leurs Asc., leurs Vénus), comme expliqué dans la première partie, le score des relations croisées Vénus/Mars reste un ingrédient incontournable pour apprécier l'alchimie affective en puissance dans un couple, quel qu'il soit. Qu'il s'agisse d'un couple fraternel, filial, conjugal, amical, professionnel, partout où la sympathie – ou l'antipathie – peut jouer un rôle, cette comparaison a sa raison d'être, jouant comme un baromètre au niveau émotionnel/passionnel.

REMARQUE IMPORTANTE. Précisons que lors de relations hors sexe – familiales, amicales, professionnelles –, *les dissonances prennent une valeur négative plus affirmée*, la sexualité jouant le rôle d'exutoire à des énergies survoltées/excessives qu'il s'agit d'évacuer ou transcender. Sous des aspects planétaires (transits) agressifs, la relation peut alors carrément exploser, le rejet prédominer, voire la haine s'installer. Si de plus le Mars de l'un agresse le Soleil, l'Asc. ou Mercure de l'Autre, ce sera carrément l'hostilité déclarée, voire le clash assuré !...

C'est ainsi que l'on explique les antipathies spontanées: *je ne peux pas le sentir, elle me tape sur les nerfs, je ne supporte pas qu'il/elle me touche, lui serrer la main me débecte… et d'ailleurs, il/elle sent mauvais, etc.*

Barème pour l'évaluation de l'attraction sexuelle/affective

Sachant que vous devez faire l'opération croisée – c'est-à-dire dans les deux sens, attribuez :

– 6 ♥ pour la conjonction (planètes ou Asc. dans le même signe) ;
– 5 ♥ pour le trigone (planètes ou Asc. dans le même élément) ;
– 4 ♥ pour le sextile (planètes ou Asc. dans des éléments amis Feu/Air ou Terre/Eau) ;
– 2 ♥ pour le semi-sextile (30°), autrement dit situés dans des signes voisins ;
– 0 ♥ pour le quinconce (150°) ;
– 4 ♥ pour l'opposition (180°) ;
– 3 ♥ pour le carré (90°).

N.B. Pour mieux comprendre la « cuisine astrologique » des aspects, reportez-vous aux pages explicatives dans la mini-initiation (première partie) ainsi qu'au tableau de l'Évaluation de la comparaison Vénus/Mars (p. 290).

REMARQUE. Pour les Amoureux pressés – et/ou paresseux ? –, calculez d'ores et déjà votre QS (quotient sexuel/sensuel) indépendamment du score global de compatibilité (Q.A.), comme ci-dessous.

Quelques exemples pratiques de couples célèbres

FRANÇOIS HOLLANDE + VALÉRIE TRIERWEILER

	Vénus F. H. – Mars V. T.	ssext. 2 ♥♥
	Vénus V. T. – Mars F. H.	sext. 4 ♥♥♥♥
Total	Vénus – Mars	6 ♥♥♥♥♥♥

Sur un maximum (12) et un minimum (0) de ♥ possibles (12), on a un intéressant score de 6 : une moyenne honorable en somme…

FRANÇOIS HOLLANDE + SÉGOLÈNE ROYAL

	Vénus F. H. – Mars S. R.	ssext. 2 ♥♥
	Vénus S. R. – Mars F. H.	trig. 5 ♥♥♥♥♥
Total	Vénus – Mars	7 ♥♥♥♥♥♥♥

Un ♥ de différence en faveur de… Ségolène Royal par rapport au degré d'attraction sexuelle pure. Voir plus loin la comparaison sur *l'entente humaine globale* des deux couples.

Même résultat (7♥), par exemple, pour le couple *François Barouin/Michelle Laroque…*

Entre des milliers d'autres…

Un score en revanche assez étonnant : celui du couple *Johnny Hallyday-Laetitia* (10 ♥ !), pour lequel l'attraction sexuelle est très forte, *a contrario* d'une entente humaine non exempte d'accrocs (cf. plus loin) – il s'agit d'un couple chien-chat.

ELIZABETH TAYLOR

+ RICHARD BURTON

Vénus E. T. – Mars R. B.	opp.	4 ♥♥♥♥
Vénus R. B. – Mars E. T.	sext.	4 ♥♥♥♥
Total Vénus – Mars		8 ♥♥♥♥♥♥♥♥

Voir plus loin la comparaison sur *l'entente humaine globale* du couple.

PRINCE WILLIAM

+ KATE MIDDLETON

Vénus W. – Mars K.	quinc.	0
Vénus K. – Mars W.	trig.	5 ♥♥♥♥♥
Total		5 ♥♥♥♥♥

L'attraction sexuelle/affective joue effectivement un rôle, mais ce n'est pas le facteur qui prévaut dans l'entente de ce couple, soudé par d'autres éléments. Voir plus loin la comparaison sur *l'entente humaine globale* du couple.

SERGE GAINSBOURG

+ JANE BIRKIN

Vénus de S. G. – Mars J. B.	car.	3 ♥♥♥
Vénus J. B. – Mars S. G.	car.	3 ♥♥♥
Total		6 ♥♥♥♥♥♥

Une bonne moyenne, donc, pour ce qui est du quotient d'attraction sexuelle. On peut même parler d'attraction torride ponctuée probablement de scènes explosives récurrentes !

SERGE GAINSBOURG

+ BAMBOU, qui a succédé à Jane dans la vie et le cœur de Serge Gainsbourg.

Vénus S. G. – Mars B.	car. 3 ♥♥♥
Vénus B. – Mars S. G.	sext. 4 ♥♥♥♥
Total	7 ♥♥♥♥♥♥♥

Un score légèrement meilleur, mais surtout, celui de l'entente humaine se monte à 33♥, alors qu'il n'est que de 14 ♥ pour le couple *Serge Gainsbourg-Jane Birkin* ! Dans le quotidien, l'harmonie régnait donc *a priori* davantage dans cette seconde alliance de Serge Gainsbourg…

Nous parlerons plus amplement du score de l'entente humaine globale plus loin.

… Et maintenant, faites vos jeux !

II.
Tableau synoptique et récapitulatif des différentes combinaisons astrales et évaluation du quotient amoureux/affectif (Q.A.) du couple

COMPARAISON DES FACTEURS PLANÉTAIRES	NOMBRE DE ♥
Soleil de A – Soleil de B	−3
Soleil de A – Ascendant de B	+4
Ascendant de A – Ascendant de B	~~+3~~ −3
Ascendant de A – Soleil de B	+3
Soleil de A – Vénus de B	−3
Vénus de A – Soleil de B	−3
Vénus de A – Vénus de B	−3
Vénus de A – Mars de B	+4
Mars de A – Vénus de B	+4
Total des cœurs obtenus	0

Pour la légende et l'évaluation des résultats obtenus, référez-vous au texte.

REMARQUE IMPORTANTE. Dans le cas d'une relation amicale ou familiale (non sexuelle), comptez −3 ♡ (au lieu de + 3 ♥) dans le cas de dissonances Vénus/Mars.

1. Quelques exemples pratiques célèbres d'évaluation de l'entente humaine globale du couple

Comme évoqué dans la première partie, il s'agit d'évaluer au premier chef le degré d'entente basique entre deux êtres en procédant à l'addition des paramètres indiqués, avec le nombre de cœurs correspondants. L'exemple du couple emblématique Obama est pris en référence. Un exemple d'autant plus éclairant et utile sur le plan pratique que l'on ne connaît pas l'heure de naissance de Michelle Obama, ce qui m'a contrainte à trouver un palliatif – on remplace le paramètre de l'Asc. par Vénus, quitte à faire appel une seconde fois à ce croisement planétaire en vue d'une évaluation équilibrée.

Voici donc encore une fois la liste des paramètres planétaires à prendre en compte, sachant qu'il faut y ajouter à la fin la comparaison – et le score – Vénus/Mars, analysés ci-dessus :

- **Soleil de A – Soleil de B**
- **Soleil de A – Asc. de B**
- **Soleil de B – Asc. de A**
- **Asc. de A – Asc. de B**
- **Soleil de A – Vénus de B**
- **Vénus de A – Soleil de B**
- **Vénus de A – Vénus de B**

En fonction de la relation (*aspect*, ou angle) qui caractérise chacun de ces différents éléments et que l'on détermine au moyen des différents tableaux, on obtiendra, *via* la légende qui les accompagne, le *nombre de cœurs* propre à chaque croisement planétaire. Au total obtenu, il s'agit donc d'ajouter encore le score Vénus/Mars (cf. barème et calcul plus haut).

Voici quelques exemples de cette *évaluation de l'entente humaine globale,* avec le barème correspondant (cf. première partie) :

Attribuez :

- 5 ♥ pour la conjonction (planètes ou Asc. dans le même signe) ;
- 4 ♥ pour le trigone (planètes ou Asc. dans le même élément) ;
- 3 ♥ pour le sextile (planètes ou Asc. dans des éléments amis Feu/Air ou Terre/Eau) ;
- 2 ♥ pour le semi-sextile (30°) ;
- 1 ♥ pour le quinconce (150°) ;
- 3 ♥ pour l'opposition (180°) ;
- – 3 ♡ pour le carré (90°).

Étalonnage des résultats

On se fera une idée de l'intensité du lien, notamment affectif, entre deux êtres, à travers l'échelle d'évaluation suivante, sachant que celle-ci varie entre un minimum de **– 21** ♡ (7 x - 3 ♡) et un maximum de + 35♥ (7 x 5 ♥) + 12 ♥(2 x 6) pour le facteur maxima d'attraction sexuelle **= 42 ♥ au total.**

En effet, tout en bas de l'échelle, on devrait théoriquement trouver : – 21, hormis le facteur Vénus/Mars, noté à 0 au minimum (2 quinconces) ; le haut de l'échelle correspondant à sept conjonctions, notées à 5♥.

Donc entre – 21 ♡ et + 47 ♥, cela fait un écart de 68♥.

CONCLUSION :

De – 21 ♡ à 0 ♡, on a affaire à une relation difficile, celle entre – 21 ♡ et – 10 ♡ étant carrément mauvaise : sauve qui peut !

De 0 à 10 ♥, la relation est moyenne, honorable ; on a des goûts communs, des atomes crochus, mais ce n'est pas le rêve…

De 10 à 25 ♥, la relation est très bonne : on a des atomes crochus et on s'éclate.

Plus de 25 ♥, c'est carrément une relation idéale. Si vous avez trouvé cet oiseau rare, surtout gardez-le bien au chaud !

Remarque. Il faut savoir que les chiffres extrêmes sont purement théoriques et abstraits et ne peuvent se trouver dans la réalité. Ils sont donc juste là comme des repères pour une relation aussi irréelle que catastrophique, vu que deux personnes reliées uniquement par des dissonances sont une vue de l'esprit : si elles existent, un quelconque lien entre elles est difficilement imaginable. *Idem* en ce qui concerne deux êtres qui auraient tous les facteurs de leurs thèmes en conjonction – dans les mêmes signes : une éventualité tout aussi invraisemblable.

Voilà. Vous avez tout en main pour procéder au calcul de votre Q.A. (ou quotient amoureux/affectif), ou *quotient d'entente humaine globale*, à l'instar des couples ci-après.

FRANÇOIS HOLLANDE
+ VALÉRIE TRIERWEILER

Soleil A – Soleil B	opp.	3 ♥
Soleil A – Asc. B	conj.	5 ♥
Asc. A – Soleil B	trig.	4 ♥
Asc. A – Asc. B	sext.	3 ♥
Soleil A – Vénus B	opp.	3 ♥
Vénus A – Soleil B	trig.	4 ♥
Vénus A – Vénus B	trig.	4 ♥
	Vénus-Mars	
Vénus A – Mars B	ssext.	2 ♥
Vénus B – Mars A	sext.	4 ♥
TOTAL	32 ♥ (Vénus-Mars – 6 ♡ (sur un maximum de 12)	

Une entente globale exceptionnelle ! Ces deux-là se complètent admirablement et sont sur la même longueur d'ondes – en général ! (cf. mon analyse dans les *Couples Magnétiques/Complémentaires*)…

FRANÇOIS HOLLANDE
+ SÉGOLÈNE ROYAL

Soleil. A – Soleil. B	ssext.	2 ♥
Soleil A – Asc. B	opp.	3 ♥
Asc. A – Soleil B	car.	-3 ♡
Asc. A – Asc. B	trig.	4 ♥
Soleil A – Vénus B	conj.	5 ♥
Vénus A – Soleil B	ssext.	2 ♥
Vénus A – Vénus B	sext.	3 ♥

	Vénus-Mars	
Vénus A – Mars B	ssext.	2 ♥
Vénus B – Mars A	trig.	5 ♥
TOTAL		23 ♥ (Vénus-Mars 7 ♥)

Conclusion. L'entente humaine globale, bien que très bonne, est bien plus grande dans le couple présidentiel, alors même que le quotient d'attraction sexuelle est légèrement plus bas que dans le couple François Hollande/Ségolène Royal.

ELIZABETH TAYLOR
+ RICHARD BURTON

Soleil A – Soleil B	trig.	4 ♥
Soleil A – Asc. B	ssext.	2 ♥
Asc. A – Soleil B	ssext.	2 ♥
Asc. A – Asc. B	trig.	4 ♥
Soleil A – Vénus B	sext.	3 ♥
Vénus A – Soleil B	quinc.	1 ♥
Vénus A – Vénus B	car.	– 3 ♡
	Vénus-Mars	
Vénus A – Mars B	opp.	4 ♥
Vénus B – Mars A	sext.	4 ♥
Total		21 ♥ (Vénus-Mars 8 ♥)

Un quotient d'attraction sexuelle assez élevé – on s'en serait douté ! – avec un taux d'entente globale au-dessus de la moyenne. La raison pour laquelle il y eut remariage après un divorce – en dépit d'une relation turbulente (cf. l'analyse dans les *Couples Passionnés*) ?

PRINCE WILLIAM
+ KATE MIDDLETON

Soleil A – Soleil. B	opp.	3 ♥
Soleil A – Asc. B	sext.	3 ♥
Asc. A – Soleil. B	ssext.	2 ♥
Asc. A – Asc. B	quinc.	1 ♥
Soleil A – Vénus B	quinc.	1 ♥
Vénus A – Soleil B	trig.	4 ♥
Vénus A – Vénus B	car.	– 3 ♡
	Vénus-Mars	
Vénus A – Mars B	quinc.	0 ♥
Vénus B – Mars A	trig.	5 ♥
Total	16 ♥ (Vénus-Mars 5 ♥).	

Un taux très satisfaisant sur le plan de l'entente globale, l'attraction sexuelle légèrement au-dessous de la moyenne. Le premier compense sûrement la faiblesse relative de la seconde (cf. mon analyse dans les *Couples Magnétiques/Complémentaires*)…

NICOLAS SARKOZY
+ CARLA BRUNI

Soleil A – Soleil B	ssext.	2 ♥
Soleil A – Asc. B	quinc.	1 ♥
Asc. A – Soleil B	trig.	4 ♥
Asc. A – Asc. B	sext.	3 ♥
Soleil A – Vénus B	carré	– 3 ♡
Vénus A – Soleil B	ssext.	2 ♥

Vénus A – Vénus B	ssext.	2 ♥
	Vénus-Mars	
Vénus A – Mars B	sext.	4 ♥
Vénus B – Mars A	quinc.	0 ♥
Total	15 ♥ (Vénus-Mars 4 ♥)	

Des résultats très légèrement inférieurs par rapport au score du couple princier ci-dessus ! Une belle complicité, néanmoins ; et ce, à tous les niveaux.

NICOLAS SARKOZY
+ CÉCILIA ATTIAS

Soleil A – Soleil B	car.	– 3 ♡
Soleil A – Asc. B	car.	– 3 ♡
Asc. A – Soleil B	sext.	4 ♥
Asc. A – Asc. B	ssext.	2 ♥
Soleil A – Vénus B	ssext.	2 ♥
Vénus A – Soleil B	ssext.	2 ♥
Vénus A – Vénus B	ssext.	2 ♥
	Vénus-Mars	
Vénus A – Mars B	ssext.	2 ♥
Vénus B – Mars A	ssext.	2 ♥
Total	10 ♥ (Vénus-Mars 4 ♥)	

Une entente globale limite, loin d'être exaltante – on ne peut manquer de s'accrocher ou de se décevoir par moments, avec un taux d'attraction sexuelle très, très moyen…

PRINCE CHARLES
+ CAMILLA

Soleil A – Soleil B	trig.	4 ♥
Soleil A – Asc. B	car.	– 3 ♡
Asc. A – Soleil B	ssext.	2 ♥
Asc. A – Asc. B	conj.	5 ♥
Soleil A – Vénus B	trig.	4 ♥
Vénus A – Soleil B	car.	– 3 ♡
Vénus A – Vénus B	car.	– 3 ♡
	Vénus-Mars	
Vénus A – Mars B	trig.	5 ♥
Vénus B – Mars A	quinc.	0 ♥
Total	11 ♥ (Vénus-Mars 5 ♥)	

Pas vraiment le Pérou, ce score très proche de la moyenne ! Qui l'eût cru ? Et ce malgré des Soleils en trigone (cf. l'analyse dans les *Couples Passionnés*). Une image de la complicité de l'*Art royal des Astres*…

PRINCE CHARLES
+ DIANA

Soleil A – Soleil B	trig.	4 ♥
Soleil A – Asc. B	ssext.	2 ♥
Asc. A – Soleil B	ssext.	2 ♥
Asc. A – Asc. B	trig.	4 ♥
Soleil A – Vénus B	opp.	4 ♥
Vénus A – Soleil B	car.	– 3 ♡
Vénus A – Vénus B	quinc.	1 ♥

Vénus-Mars		
Vénus A – Mars B	ssext.	2 ♥
Vénus B – Mars A	quinc.	0 ♥
Total	14 ♥ (Vénus-Mars 2 ♥)	

Un score qui n'a rien de percutant *a priori* – sauf si les autres planètes (non prises en compte) le rattrapent (cf. *Réserves* ci-après) ; ni l'entente globale ni l'attraction sexuelle, assez minimaliste, ne paraissent exaltantes (cf. l'analyse dans les *Couples Passionnés*, car ils ont leurs Soleils en trigone –, preuve que cela ne suffit pas !)

P.S. On notera que le prince Charles a changé un Cancer pour un second *alter ego* du même signe, avec qui l'alcôve se trouve privilégiée : tout est relatif !

JOHNNY HALLYDAY
+ LAETITIA

Soleil A – Soleil B	car.	–3 ♡
Soleil A – Asc. B	opp.	3 ♥
Asc. A – Soleil B	opp.	3 ♥
Asc. A – Asc. B	car.	–3 ♡
Soleil A – Vénus B	sext.	3 ♥
Vénus A – Soleil B	quinc.	1 ♥
Vénus A – Vénus B	trig.	4 ♥
Vénus-Mars		
Vénus A – Mars B	opp.	4 ♥
Vénus B – Mars A	conj.	6 ♥
Total	18 ♥ (Vénus-Mars 10 ♥ !)	

Un score sexuel/affectif impressionnant – proche du maximum absolu (12 ♥) – et le plus élevé de cette liste d'exemples ! La sensualité du Poissons Laetitia a plus d'un secret dans ses nageoires de sirène, assez pour « incarner » le cérébral/sensitif Gémeaux Johnny. Et cela avec une très belle entente sur le quotidien – malgré des Soleils en dissonance (cf. analyse dans les *Couples Chiens-Chats*) ! Que demande le peuple ?

2. Réserves, ou ces chers absents : la Lune, Mercure et quelques autres

Comme l'Introduction à cet ouvrage le dit abondamment, il n'est pas ici question de prendre en considération tous les facteurs d'un ciel natal – cela nécessiterait un livre d'un millier de pages et par ailleurs j'ai souhaité garder l'aspect ludique au détriment – forcément – du caractère exhaustif d'un manuel didactique. On me pardonnera ces lacunes obligatoires… et cette obligatoire imperfection. En particulier, la Lune y est absente, ce reflet de nos émotions – cruel renoncement ! Mercure et son symbolisme lié au mental, à l'entente intellectuelle, y brille également par son absence – *sorry !* –, comme toutes les planètes lentes, pourtant extrêmement importantes, et parfois le soubassement d'une relation. Par exemple, ce qui fait le succès et l'harmonie évidente du couple Obama tient en grande partie au trigone parfait du Jupiter (chance, protection) en Bélier de Michelle au Soleil en Lion de son insigne époux.

Autres remarques importantes

Il a fallu simplifier. Dans l'impossibilité pratique de vérifier l'existence de vrais sextiles *stricto sensu* (aspect de 60°), trigones (120°), ou autres – le lecteur lambda ne possédant pas les positions précises de ses planètes natales –, on a donc considéré les signes dans leur ensemble – ainsi que leurs rapports (ou aspects) avec les autres signes –, en prenant en compte leurs *éléments,* en harmonie ou non. Même problème pour ce qui concerne les conjonctions, d'un angle théoriquement de 0° à 10° ; on a pris en compte le signe en son entier. Or, dans un même signe, si le Soleil de l'un est au début et celui de l'Autre à la fin du signe, il n'y a, *techniquement parlant,* pas de conjonction – mais il y a évidemment parenté dans les caractéristiques attribuées audit signe, ce qui m'a paru essentiel. *Idem* pour les carrés (ou quadratures), où la distance angulaire excédera peut-être les 90° en pratique. Cela dit, la dissonance entre les *éléments* en cause existe néanmoins, la nature desdits éléments est respectée et cela est essentiel.

En somme, *le mieux est l'ennemi du bien*, n'est-ce pas ? *Nobody's perfect!* Comme excuse/explication de ces absences/lacunes, notons de surcroît la complication, « hénaurme » comme dirait Ubu, des calculs pour le lecteur. Ce dernier, vous, chère lectrice, vous, cher lecteur, avez déjà à prendre en compte sept facteurs plus les deux liés au croisement de Vénus/Mars, donc neuf facteurs. Cela paraît déjà assez compliqué, diront certains – je les entends d'ici, ces râleurs ! Mais tout plaisir se mérite, *isn't it?*

Ma (bonne) conscience m'oblige à vous parler d'une exception qui annule tout ce que vous venez de lire, qui rend mon jeu caduc et inutile, qui m'empêche de dormir depuis que j'y pense. Comme un criminel contraint d'avouer ses forfaits, je vais vous dire cette énorme et encombrante exception qui, bien sûr, confirme la règle. Il s'agit du cas des *couples en croix*.

Qu'est-ce à dire ? Supposons que vous soyez Bélier avec l'Asc. Balance et que vous rencontriez un Cancer/Asc. Capricorne ou un Capricorne/Asc. Bélier, ce devrait être l'explosion assurée, la haine au premier regard, vu ces facteurs qui, tous, se trouvent en dissonance les uns avec les autres.

Eh bien, il n'en est rien. Cela se passe comme s'il y avait entre ces quatre points cardinaux du zodiaque un jeu de forces qui pousserait ces êtres les uns vers les autres, comme pour se compléter. Le fait est que, même s'il ne s'agit pas pour autant d'une relation de tout repos, cela sera probablement l'amour-passion intégral et au premier regard, une sorte d'aspiration irrésistible de l'un vers l'Autre, dans un besoin réciproque quasi viscéral. « Un seul être vous manque et tout est dépeuplé », dirait Lamartine…

Voilà, c'est dit. Il fallait en parler, même si ce cas est plutôt rare…

Last but not least, je vous avais promis un « jeu ». Et non un manuel d'astrologie. Contrat rempli !

Au fait, si vous voulez encore approfondir l'analyse de votre relation, sachez que de nombreux sites existent – dont le mien : www.eteissier.com – qui vous délivreront des portraits personnalisés. Sur mon site, par exemple, vous trouverez à la fois l'analyse de votre thème astral complet et, très indiqué pour le sujet qui nous occupe ici, celle de votre couple – ou de n'importe lequel, puisqu'il y a trois sortes différentes d'*Astrocouples* – amoureux, amical/familial et professionnel.

III.
Fluctuat nec mergitur Remarques. Bémols Les crises/chances/échecs

Les mauvaises langues diront : *les grands mots avant, les mots doux pendant et les gros mots après.* Sans aller jusque-là – on a de la classe ou on n'en a pas –, soyons sûrs que les turbulences ne seront épargnées à aucun couple ici-bas ! Nous ne sommes pas parfaits et, sous des influx astraux drastiques, les nuages s'accumulent, les côtés négatifs de l'Autre nous sautent aux yeux et – surtout ! – nous n'avons plus la même indulgence pour ses défauts et manquements. Si l'homme de vos rêves jette une fois de plus les mégots dans les toilettes, alors que non seulement il vous a promis depuis des lustres qu'il arrêterait de fumer et qu'il *jurait* en attendant de faire désormais un bon usage du cendrier disposé là exprès – eh bien, c'est une fois de trop ! Vous éructez de rage. De son côté, lui qui vous taquinait amoureusement quand vous ratiez un plat ironisait, hier encore, sarcastique, sur le fait que *décidément, t'es pas douée, ma chérie ; tu devrais prendre des cours chez ma mère !...* Bref, nos défauts respectifs nous apparaissent alors sous des verres grossissants. Tolérance zéro ! De plus – c'est là que le bât blesse surtout ! – la magie qui nous avait irrésistiblement attirés vers Lui ou Elle a fondu comme la neige sous le soleil impitoyable des méchants aspects. « On en vient à aimer le désir et non plus l'objet de son désir », comme dit subtilement la Balance Nietzsche...

Si on a tendance au drame – les Lion et les Scorpion surtout –, si on est spécialement critique ou maniaque – les Vierge et les Bélier surtout –, si on est pessimiste – les Poissons et les Cancer surtout –, si on est trop perfectionniste et intolérant – le Capricorne et le Scorpion surtout –, si on est colérique – les Taureau une fois « remontés »... et encore les Bélier – ou impatient – comme les Gémeaux et les Sagittaire –, si l'idée de liberté vous chatouille – les Verseau et encore les Centaures –, si on est hyper sensible et décidément trop romantique – les Balance et encore les Poissons –, on verra très vite l'envers de la médaille. Très vite ou peu à peu, cela dépend... Or voilà, nous avons tous nos faiblesses, mais avons tendance aussi à ne voir que celles d'« en face » et à oublier les nôtres. Mais attention : prenons garde cependant à ne pas jeter le bébé avec l'eau du bain !

Un timing précis

N'importe quel astrologue vous le dira : l'évolution de la relation est liée aux étoiles – ou plutôt aux transits planétaires. Pas de hasard ! De même que l'on peut déchiffrer dans un thème astral les moments propices à une rencontre marquante, de même peut-on, au vu d'une comparaison entre les ciels d'un couple existant, déterminer les périodes – voire les jours – à marquer en rouge dans leurs agendas : autrement dit, les passages agités qui les attendent.

Et là, signalons une grande injustice (apparente) : ce sont les couples les plus cimentés, les plus en osmose – qui, techniquement parlant, possèdent un ou plusieurs points de contact précis entre leurs deux ciels natals – qui sont les plus vulnérables.

Pourquoi ?

Parce que ces points communs – qui ont vibré au moment de la rencontre, stimulés par un trigone d'Uranus, de Jupiter/Vénus ou de Pluton, par exemple – deviennent, sous des influx agressifs, autant de points névralgiques, ce qui peut induire un climat explosif. La même explication préside à des événements – heureux ou malheureux – qui touchent l'entité du couple : une naissance, un accident, une maladie grave. Cette dernière se reflétera bien sûr dans le thème de la personne malade, mais également dans celui de son compagnon – ou de sa compagne. On observe d'ailleurs la même résonance entre les ciels d'une mère et de son enfant, voire entre les ciels d'un patron ou d'une entreprise avec ceux de leurs employés... Une même synergie cosmique les touche en l'occurrence.

Et si les fondements du couple sont fragiles, ne reposant par exemple que sur une entente purement charnelle et une attirance sexuelle volcanique, alors que l'harmonie sur le plan humain laisse fortement à désirer – une échelle de valeurs différente, des goûts et des objectifs divergents… –, il y a des chances pour que le bateau ne résiste pas à la tempête et que le naufrage menace. Triste bilan, alors que l'embarquement pour Cythère apparaissait comme un *must* incontournable, vu la passion torride qui les avait brûlés et presque consumés l'un et l'autre au départ…

Devant cette nouvelle réalité critique, deux voies se présentent : soit la crise – synonyme de chance en chinois ! – révèle une opportunité de *faire le ménage* et de purger la relation des poisons insidieux qui l'ont lentement mais sûrement dénaturée – et alors, avec un peu de maturité et d'honnêteté des deux côtés (et une bonne étoile commune !), le couple se régénérera et repartira sur des bases nouvelles ; soit – si l'épreuve est trop lourde, si les héros sont fatigués et les transits planétaires écrasants – l'attelage ira droit dans le mur. Et parfois, ce sera un gâchis, car le couple avait un vrai potentiel et là, pour le coup, il jette le bébé avec l'eau du bain…

L'échec du couple permet aux deux blessés, après une phase éprouvante, de se reconstruire et de renaître à soi-même, de se connaître mieux, d'apprendre en particulier ce qu'il (ou elle) recherche vraiment et surtout ce qu'il (ou elle) refusera désormais. En fait une phase de deuil est nécessaire, notamment si les circonstances ne sont pas symétriques, par exemple dans le cas d'une tromperie et/ou de l'abandon de (et par) l'un des deux partenaires.

Le reflet chez l'Autre de ses propres problèmes personnels... et *vice versa*

On sait bien que pour être capable d'aimer l'Autre, il faut d'abord s'aimer soi-même. Sinon, l'Autre ne servira que de miroir grossissant de nos propres défauts. S'accepter – fût-ce dans un processus de saine prise de conscience en vue d'un perfectionnement personnel – est donc une condition *sine qua non* d'une relation viable et enrichissante. Sachons aussi que les problèmes de comportement quasi pathologiques qu'on ne peut – ou ne veut – pas voir au début d'une relation (*tout le monde il est beau, tout le monde il est gentil !* pense-t-on alors), que ces défauts apparaissent avec force sous les mauvais transits de planètes lentes (donc *ipso facto* rares). Comme ceux de pervers narcissiques et/ou agressifs, de manipulateurs ou de dépressifs, de caractères aussi faibles que désespérants, de tyrans domestiques ou de personnes aux TOC (troubles obsessionnels compulsifs) détestables qui nous exaspèrent alors qu'ils nous étaient invisibles jusque-là, ou encore d'individus *borderline* dont les comportements déplaisants éclateront sous des climats planétaires violents. Ceux-ci mettront en lumière des attitudes critiquables jusqu'alors masquées par les climats positifs. Et là, ça passe ou ça casse... Sous des transits critiques de l'un des deux partenaires – une dissonance d'Uranus qui nous fait ruer dans les brancards, à la recherche d'une désaliénation/émancipation qui nous rende à nous-mêmes, ou de Pluton qui fait table rase du passé, qui exige que nous prenions conscience de nos vrais talents en nous transformant du tout au tout –, notre entourage, du coup, ne nous reconnaît plus… et nous-mêmes avons du mal à nous situer dans ce grand remue-ménage intérieur, source d'angoisse et de questionnement. Bref, la donne a changé. On est prêt pour une autre aventure ou simplement las de jouer un personnage qu'on n'est pas – ou plus.

En tout état de cause, il faut savoir qu'un couple n'est pas une entité statique mais en constante évolution. Et qu'il nous faut accepter le risque, nager avec le courant cosmique comme dit le *Tao.* Accepter cette impermanence, qui est celle-là même de notre existence ici-bas, en disant *oui* à la vie.

Épilogue

> *« La beauté de l'amour, c'est l'interpénétration de la vérité de l'Autre en soi, de celle de soi en l'Autre, c'est de trouver sa vérité à travers l'altérité. »*
>
> Edgar Morin (*Amour, poésie, sagesse*)

Les jeux sont faits, rien ne va plus !

Alors, vous êtes-vous amusés ? Avez-vous bien joué ? Êtes-vous heureux du résultat ? En savez-vous un peu plus sur Elle et vous, Lui et vous ?

Plus sérieusement : dans un univers de plus en plus impersonnel parce que technologique, la part du cœur et celle de l'âme accusent un cruel déficit. Le couple reste un des derniers refuges qui nous permet de vivre pleinement notre humanité. Rencontrer l'âme sœur est donc d'autant plus précieux. Crucial pour notre survie d'êtres sensibles.

Nous sommes tous bâtis sur le même modèle et cependant ô combien différents ! Différents de par nos gènes, de par les étoiles qui nous ont vus naître, différents de par notre vécu. « Ondoyants et divers » selon Montaigne, nous sommes à la recherche de notre moitié d'orange qui, telle la pièce aux contours bien précis d'un puzzle, nous complétera. Parfois, nous avons l'insigne chance de la rencontrer, et c'est la jubilation d'une adéquation parfaite, miraculeuse. Parfois cette moitié se révèle un misérable quartier d'orange et alors nous en « bavons ». C'est une traversée du désert, une descente aux enfers qui nous laisse seuls et désemparés. Nous pensons que notre horizon affectif s'est définitivement assombri, que le soleil ne brillera plus jamais pour nous et que l'ivresse de baisers d'amour nous sera à jamais interdite.

Faux ! Sous un magnifique et excitant trigone d'Uranus – planète des coups de foudre ! – ou de Pluton, le grand régénérateur, nous renaissons, et tout repart !

Dans d'autres cas, nous traînons notre relation comme une chaîne, un boulet ; nous la vivons comme une épreuve. C'est le mot exact : un test. Nous allons évoluer, avancer sur le chemin de la connaissance de soi, grandir, nous perfectionner, en somme. « L'homme est un apprenti, la douleur est son maître », dit Alfred de Musset…

Car nous avons un rôle à jouer ici-bas : *« The world's a stage and we are merely players »*… De simples acteurs, dit le poète élisabéthain. Le rôle qui nous est dévolu n'a rien à voir avec le hasard, mais bien avec la nécessité. Le *Mektoub* des Mahométans… Notre destin nous fera rencontrer celui ou celle qui va nous assigner notre rôle, nous obliger peut-être à passer sous les fourches caudines de la jalousie ou de la déception. Ce Mentor très spécial – et inconscient de son rôle – ne sera pas forcément l'élément dominant du couple ; la force du faible, on le sait, peut être redoutable. La force et la revanche de celui qui, abandonné par nous, humilié, peut-être – qui sait ? – battu par nous, anéanti par le chagrin, nous hantera plus tard et nous fera prendre conscience de notre coupable petitesse… Plus tard, sous des transits planétaires particuliers, comme une dissonance de Saturne qui nous oblige à payer les factures du passé, à régler notre passif, ou un passage de Pluton, synonyme de mutation psychique, de remords et de culpabilité. Car les voies du destin sont impénétrables – ou presque…

Trêve de malheurs et d'échecs… Par bonheur, il y a aussi des amours heureuses – n'en déplaise à Aragon – et à Brassens ! Et au soir de nos vies, tels Philémon et Baucis, lorsque nous nous regarderons au soleil couchant en nous tenant la main dans une tendre nostalgie, nous nous rappellerons l'exquise parole de la marquise de Sévigné, ce Verseau immortel : « Le cœur n'a pas de rides. »

En attendant, *carpe diem !*

Glossaire

ASCENDANT. L'Ascendant est le point où l'horizon oriental, prolongé sur la sphère céleste, vient couper le zodiaque (ou écliptique) au moment exact de votre naissance. Sa position dans votre thème astral est un élément très personnel, quatre minutes de temps faisant déjà bouger l'Ascendant d'un degré d'arc. Pointe de la Maison I, il détermine votre apparence physique, votre constitution et votre comportement.

ASPECTS. Distance angulaire de deux planètes (ou astres) par rapport à la Terre. C'est l'angle (exprimé en degrés de longitude) séparant deux planètes. On distingue les aspects harmoniques (trigone = 120°, sextile = 60°, semi-sextile = 30°), les aspects dissonants (carré = 90°, opposition = 180°) et les aspects neutres (conjonction = 0°).

ASTROLOGIE. Du grec *astrologos,* « discours sur les astres », l'Astrologie est à la fois un art, une science et une sagesse. Elle se fonde sur l'observation scientifique des astres. Elle cherche à déterminer leurs influences sur les événements terrestres (astrologie mondiale) et sur le caractère et sur la destinée des individus (astrologie généthliaque ou individuelle).

CARRÉ. Lorsque deux planètes sont dites « en carré », elles forment par rapport à la Terre un angle de 90°. Cet Aspect – majeur – est dit dissonant, car il s'agit d'un aspect de tension.

CARTE DU CIEL. On appelle « Carte du Ciel » le diagramme représentant la topographie céleste (planètes, signes, maisons…) pour un instant et un lieu précis. On peut ainsi élaborer la Carte du Ciel de la naissance d'un individu, de la création d'une entreprise, d'un pays, d'un bateau, d'un livre, etc.

CONJONCTION. Lorsque deux planètes sont dites « en conjonction », l'angle qu'elles forment par rapport à la Terre est de 0°, c'est-à-dire qu'elles se trouvent en un même point du ciel. La conjonction est un aspect ambivalent, dont la valeur, dissonante ou harmonique, dépend des planètes en jeu, ainsi que des aspects qu'elle forme avec d'autres astres du thème.

CONSTELLATION. Groupe d'étoiles fixes sans rapport avec les *signes* du zodiaque, qui sont tous égaux en proportion (30°), résultat de la division en douze de l'écliptique – ou zodiaque – et point de départ de l'année cosmique, le 21 mars. Le jour du printemps correspond à 0° sur l'écliptique. Les *constellations*, elles, sont inégales. La coïncidence entre zodiaque des signes et zodiaque des constellations existait au moment de la codification de l'astrologie, il y a quelque 2 000 ans. Actuellement, le décalage est d'environ un signe, résultat de la précession des équinoxes. Mais cela ne change rien au zodiaque tropique des astrologues, qui utilisent un zodiaque des *saisons*, car l'homme est un être de saison – et non des *constellations*.

DÉCAN. Dans l'Égypte ancienne, le zodiaque fut divisé en 36 zones égales, de 10 ° chacune, appelées « décans ». Chaque signe comprend 3 décans.

DOMINANTE. La Dominante est la – ou les – planète(s) qui gouverne(nt) un thème astral.

ÉCLIPTIQUE. L'écliptique, autour duquel s'étale la bande zodiacale, coïncide avec le parcours apparent du Soleil autour de la Terre. Il coupe l'équateur céleste en deux points, qui marquent l'équinoxe de printemps (ou point vernal) et l'équinoxe d'automne. En vue héliocentrique, il constitue le plan de l'orbite de la Terre.

ÉQUATEUR CÉLESTE. L'équateur céleste est le prolongement de l'équateur terrestre sur la voûte céleste.

FOND-DU-CIEL. Point fictif de la carte du ciel, le Fond-du-Ciel est opposé au Milieu-du-Ciel. Il marque le début de la Maison IV.

HOMME ZODIACAL. Depuis Hermès Trismégiste, mais surtout depuis la Renaissance, l'astrologie établit des correspondances entre les signes et le corps humain, plaqué symboliquement sur le firmament. L'*homme zodiacal* en est la représentation. Ainsi le Bélier se superpose à la tête (qu'il régit), le Taureau à la gorge et au cou, la Balance aux reins, pour finir avec les Poissons, qui régissent les pieds.

IDENTITÉ ASTRALE. L'étude du caractère est la première application de l'Astrologie. L'analyse du thème astral permet de tracer un portrait astropsychologique de l'individu et de dévoiler les multiples facettes de sa personnalité, ses ressorts cachés.

MAISON. Au Moyen Âge, on procède à la division du ciel en 12 secteurs ou Maisons, égales ou inégales, selon le système de calcul choisi. On appelle « Domification » cette division du ciel qui attribue à chaque Maison un domaine particulier de la vie. Exemples : la Maison II est associée aux gains et finances, la Maison IV au foyer, à l'enfance et à la fin de la vie, la Maison VI à la santé et à l'activité professionnelle, etc.

MÉRIDIEN. Élément de la construction du thème astral, le méridien est en rapport avec la longitude du lieu de naissance. C'est le cercle dessiné sur la sphère céleste et passant à la fois par les pôles de cette sphère et par le zénith du lieu de naissance.

MILIEU-DU-CIEL. Pointe de la Maison X, le Milieu-du-Ciel est le point d'intersection, dans la sphère céleste, du méridien et de l'écliptique.

OPPOSITION. Lorsque deux planètes sont dites « en opposition », elles forment par rapport à la Terre un angle de 180°. Cet aspect est dit dissonant ou complémentaire dans certaines analyses de synastries (cf. notre programme *Astrocouple*).

PLANÈTE. Du grec *planêtês*, « astre errant ». Corps céleste gravitant autour du Soleil ou d'une étoile. L'Astrologie prend en compte les huit planètes de notre système solaire, les deux luminaires – le Soleil et la Lune – et leurs influences sur la Terre.

POINT VERNAL. L'intersection entre l'écliptique et l'équateur céleste définit le point vernal correspondant au premier jour du printemps et au degré 0 du Bélier.

SEXTILE. Lorsque deux planètes sont dites « en sextile », elles forment par rapport à la Terre un angle de 60°. Cet aspect est dit *harmonique.*

SIGNE. Le zodiaque se divise en 12 signes de 30° chacun. Le signe du Bélier est le premier signe du zodiaque. Signe du printemps, il symbolise le renouveau de la Terre. Or, l'homme est un être de saison. Le Bélier débute donc au degré 0 du zodiaque. Les signes doivent leur nom aux constellations placées derrière eux, vues de la Terre. En effet, il y a quelque 2 000 ans, lorsque l'Astrologie fut codifiée (par Manilius et Ptolémée en particulier), la constellation du Bélier se trouvait bien *derrière* le signe du Bélier. Mais sous l'effet de la précession des équinoxes (mouvement de toupie de l'axe terrestre), le degré 0 a reculé de 72 secondes par an. En 2 176 ans il a donc parcouru un signe entier. Cependant, même s'ils ne correspondent plus aux constellations (bien trop éloignées pour avoir une influence ici-bas), les signes en ont conservé les noms. Mais le critère qui prévaut reste le début du printemps, même s'il bouge insensiblement sur le zodiaque.

SPHÈRE CÉLESTE. La sphère céleste est une sphère imaginaire, prolongement de la sphère terrestre. Elle a pour centre l'homme et sert à définir la position des astres.

SYNASTRIE. Étude comparative de deux ou plusieurs cartes du ciel destinée à apprécier les affinités et les tensions qui caractérisent la relation (cf. notre programme *Astrocouple*).

THÈME ASTRAL. On appelle « thème astral » le diagramme représentant la topographie céleste (planètes, signes, maisons…) pour un instant et un lieu précis. On peut ainsi élaborer le thème astral de la naissance d'un individu, de la création d'une entreprise.

TRANSIT PLANÉTAIRE. À partir d'un thème astral (ou photographie du ciel au moment de la naissance), il est possible de déterminer des climats, voire des événements, passés ou à venir, en fonction des positions planétaires données par les observatoires (et intégrées dans les programmes d'ordinateur). Plusieurs méthodes sont utilisées pour ces *prévisions*, la plus courante étant celle des « transits ». Elle consiste à déterminer les moments où divers astres qui évoluent plus ou moins rapidement dans le ciel passent dans des situations d'*aspect* (conjonction, carré, etc.) avec les astres du thème astral, réactivant ou freinant l'influx de ces derniers.

TRIGONE. Lorsque deux planètes sont dites « en trigone », elles forment par rapport à la Terre un angle de 120º. Cet aspect est dit *harmonique*.

ZODIAQUE. Disposé de part et d'autre de l'écliptique, le zodiaque est une bande de 17° sur laquelle cheminent les planètes de notre système solaire. Le zodiaque est divisé en 12 parties égales de 30° chacune, appelées « Signes ». Son commencement se situe sur le point vernal (0° Bélier).

Table

Première Partie
PARLONS ASTROLOGIE...

Deuxième Partie
DIS-MOI QUI TU AIMES/FRÉQUENTES...

Troisième Partie
LA RÉSONANCE SEXUELLE/AFFECTIVE

Mise en pages :
Edita sarl, Tours

Achevé d'imprimer
sur Roto-Page
par l'Imprimerie Floch
à Mayenne
en avril 2013

N° d'édition : 2402/01 – N° d'impression : 84760
Dépôt légal : avril 2013

Imprimé en France